U0015847

解深密經

賴永海◆主編
趙錠華◆譯注

前言

《解深密經》在浩瀚的佛經中是一部十分獨特的經典，唐代的窺基法師將其稱為「經中之論」。其原因是本經的組織、論說方式、論說主題極類似論的形式。本經對一切經律進行了抉擇，並從境、行、果的角度對佛法進行了十分深入的闡釋。

一、經名與版本

「解深密」是梵文「珊地涅暮折那」的意譯。「深密」原梵本有三義：兩物相續義，骨節相連義，深密義。兩物相續為指煩惱相續；骨節相連義是指煩惱結縛猶如人骨節一樣堅固。玄奘大師取其深密義，意為本經能夠解釋佛法的深奧隱秘義和佛果的甚深境界、功德秘密，從而稱為「解深密」。另外梵文中還有解脫意思，「解深密」也就含有深密解脫的意思。

本經的版本，據《圓測疏》說，有兩種，一種是廣本，有十萬頌，一種是略本，一千五百頌。

這是略本。本經在歷史上曾有多個譯本，在劉宋元嘉年間（四二四—四五三），中印度僧人求那跋陀羅法師在潤州江寧縣東安寺譯出本經的最後兩品，名為《相續解脫經》，二卷。元魏延昌三年（五一四），北印度的菩提流支法師在洛陽少林寺完整譯出本經，名為《深密解脫經》，五卷，開為十一品。南朝陳天嘉二年（五六一），西印度僧人真諦法師在建造寺譯出本經的前兩品，名為《佛說解節經》，一卷。玄奘大師（六〇〇—六六四）於唐貞觀二十一年（六四七）五月十八日至七月十三日在弘福寺將此經重新譯出，名為《解深密經》，五卷，並由沙門大乘光筆受。玄奘大師在印度曾三次聆聽戒賢三藏講《瑜伽師地論》，回國後譯出《瑜伽師地論》一百卷，其中《瑜伽師地論》中第七十五—七十八卷中內含《解深密經》除序品外的七品。在這些譯本中，玄奘法師的譯本最為完善，他所譯的譯本文義明淨，後世流傳的多是奘師譯的《解深密經》，本譯注亦以此本為底本。另在藏文大藏經《丹珠爾》中，有藏譯《聖解深密經》。

二、本經的內容

本經的內容，共有八品，除序品外，是按境、行、果的形式組成的。序品講在有十八種圓滿相的如來淨土中，如來具足二十一種功德，以如來為主，具足十三種功德的諸大聲聞眾、具足十大功德的諸菩薩眾來參加此次解深密法會。這是明教起因緣。後在聖教正說分中，〈勝義諦相品〉、〈心意識相品〉、〈一切法相品〉、〈無自性相品〉此四品稱為勝義了義之教，明所觀境；〈分別瑜伽品〉稱為瑜伽了義之教，〈地波羅蜜多品〉稱為地波羅蜜多了義之教，兩者辯所觀行；〈如來成所作事品〉稱為如來成所作事了義之教，顯所得果。因觀行者，要藉勝境，依境起行，由行得果。太虛法師曾總結為：「第二至第五明境深密，第六至第七明行深密，第八明果深密，所以境行果即全經之大綱。」

本經所觀境中再作兩分，分為真俗境和有無性境。其中〈勝義諦相品〉明真諦境，〈心意識相品〉明世俗境。〈一切法相品〉明三性境，〈無自性相品〉明三無性境。〈勝義諦相品〉抉擇了一切法，所謂的一切法分為有為法和無為法，是「諸聖者以聖智、聖見離名言故，現正等覺，即於如是離言法性，為欲令他現等覺故」，假立名相而說有為和無為，這是「一切法無二相」的原因。同時勝義諦相無相所行、不可言說、絕諸表示、絕諸諍論，超過一切尋思境相，另外勝義諦微細甚深超過諸行一異性相，具有遍於一切的一味相。〈心意識相品〉屬世俗諦，此品揭示了心意識的秘密之義，在有情或卵生或胎生或濕生或化生身分生時，這最初的一切種子心識，因執持身的緣故稱為「阿陀那識」，因對身攝受藏隱同安危也稱為「阿賴耶識」，因此識色、聲、香、味、觸等積集滋長也稱為「心」。以阿陀那識為依止、為建立，眼、耳、鼻、舌、身、意等六識身轉。在意識與其他五識的關係中，其他五識身轉時，不管是一識還是二、三、四、五識俱轉時都唯有一分別意識隨之而轉。而要成為於心意識一切秘密善巧的菩薩行者，則需於內各別如實不見阿陀那、不見阿陀那識，不見阿賴耶、不見阿賴耶識，不見積集、不見心，及不見其他「六根」、「六境」、「六識」等，本經對此總結說：「阿陀那識甚深細，一切種子如暴流，我於凡愚不開演，恐彼分別執為我。」

有無性境中〈一切法相品〉屬三性境，此品廣明一切法相三性道理，即遍計所執相，依他起相，圓成實相。這是從認知角度將一切法相分為了這三種。對於三相的了知，本品介紹：透過相名相應可以了知遍計所執相。透過依他起相上的遍計所執相執而可以了知依他起相本身。而在依他起相上不執著於遍計所執相，那麼圓成實相也可以了知。本品還介紹，在諸法依他起相上，如實了知遍計所執相，就能如實了知一切無相之法，如果如實了知了依他起相，就能如實了知一切雜染相法，如果能如實了知圓成實相，就能如實了知一切清淨相法。而若能於依他起相上如實了知無相之法，就能斷滅雜染相法，若能斷滅雜染相法，就能證得清淨相法。這也就是菩提道的清淨過程，〈無自性相品〉屬三無性境，本經依「三種無自性性，密意說言一切諸法皆無自性」，所謂的三種無自性性是相無自性性，生無自性性，勝義無自性性。其中一分勝義無自性性是由依他起相而立，一分勝義無自性性是依圓成實相而立。立三種無自性的原因是由於在依他起性和圓成實性上增益遍計所執自性，本品密意宣說了惟有一乘妙清淨道的原理，但承認有種姓的差別，承認一向趣寂聲聞種姓終不能成佛。本品還提出了義與不了義的三時教法。認為本經屬第三時，以「顯了相轉正法輪，第一甚奇、最為稀有」，是無上無容，是真了義的。

本經的觀行部分，一是〈分別瑜伽品〉，瑜伽，意譯作「相應」，本品以觀行說為瑜伽。本品講順法而行得勝果的過程，也是詮瑜伽。本品對奢摩他、毘缽舍那的涵義、分類，奢摩他、毘缽舍那、心的關係進行了詳細的闡釋，並從禪觀中的唯識所現，推而廣之日常中也是唯識所現，而成立一切唯識的道理。揭示了緣別法奢摩他、毘鉢舍那，緣總法奢摩他、毘鉢舍那的奧妙，還提到修奢摩他、毘鉢舍那的菩薩應該知法知義，有五種相可以了知於法，可以透過十種義或五種義或四種義或三種義了知於義。本品分析了修奢摩他，毘鉢舍那中的因、果、業和障礙，內心的散動，及菩薩十地中的對治障。本品宣說了大乘總空性相，這也是唯識與中觀的爭論焦點。在此品中還解釋了菩薩依奢摩他、毘鉢舍那勤修行證得阿耨多羅三藐三菩提的全過程：於見道前修真如觀捨離一切粗細相，見道登地後，以三種所緣境事作意，依「以楔出楔方便遣內相」，「一切隨順雜染分相皆悉除遣，相除遣故粗重亦遣」，如煉金法陶煉其心，直至證得阿耨多羅三藐三菩提。

另一屬觀行的是〈地波羅蜜多品〉，對於菩薩道的過程，上品止觀中略說或總說，此中依地起度而廣說或別說。本品對菩薩十地十一分圓滿過程、菩薩十地得名、所對治、功德殊勝、所具有的隨眠，特別對六種波羅蜜多進行了廣解，對波羅蜜多的戒定慧所攝，資糧所攝，五相修學，六波羅蜜多的次第，各自品類差別，諸相違事，間雜染法，非方便行，清淨相，因果義利等等廣論其中奧義。本品還宣說了聲聞乘、大乘惟是一乘的密意。

顯所得果是〈如來成所作事品〉，在本品中講了法身之相，如來化身生起相，如來化身善巧，如來言音差別（其中有契經四事，九事，二十九事，有調伏七相，本母十一相），如來心生起相，化身有心無心，如來所行境界差別相，成佛轉輪涅槃無二相，如來於有情為緣差別，如來法身三乘解脫身差別相，如來菩薩威德住持有情相，明淨穢二土差別相等。本品還宣說了契經、調伏、本母不共外道陀羅尼義。

三、本經的注疏

本經在歷史上的注疏有：《解深密經疏》十一卷，令因法師撰；《解深密經疏》四十卷，圓測法師撰；《解深密經疏》十卷，玄範法師撰；《解深密經疏》三卷，元曉法師撰；《解深密經疏》若干卷，憬興法師撰，但是現僅存的是圓測法師的疏。另因《瑜伽師地論》中內含《解深密經》中除序品外的七品，因此在《瑜伽師地論》的注疏中也含有《解深密經》的疏，而《瑜伽師地論》的注疏現存的也僅有窺基的《瑜伽師地論略纂》十六卷和遁倫法師撰的《瑜伽論記》四十八卷，可惜的是窺基的《略纂》現保存下來的只到《瑜伽師地論》的第六十六卷，而有關《解深密經》的注疏部分是在第七十五到七十八卷，因此其《解深密經》疏也遺失。近代有歐陽竟無居士，因遺失的《瑜伽論記》後半部分復出，錄其文於經下，其中的序品用親光法師的《佛地經論》補充之，這樣形成十卷的《解深密經注》，由金陵刻經處刊行。另外，在藏文大藏經《丹珠爾》中有無著菩薩的《解深密經釋》，文約義豐，有待從藏譯漢。韓鏡清居士還將《瑜伽師地論攝抉擇分所引解深密經慈氏品略解》（智藏論師造）一書，譯藏為漢。本經也是唯識與中觀的了義之爭中的焦點，宗喀巴大師曾在中觀的立場上作《依止〈解深密經〉辨了不了義》（已由法尊法師藏譯漢），可參閱。

完整版圓測法師的《解深密經疏》在中土的流傳，頗費一番周折。此疏在中土曾失傳，後經楊仁山居士從日本尋回，在金陵刻經處刊刻印行，但此版本仍缺失四十卷的後五卷和〈地波羅蜜多品〉的品題疏文，後觀空法師依據晚唐吐蕃的著名譯師法成所譯的藏文本還譯為漢文。因圓測法師本人是朝鮮人，對此趙樸初先生在金陵刻經處完整版的測疏序文中說道：「余維『深密』法門，傳於彌勒，授於戒賢，譯於玄奘，述於圓測，寶藏於東瀛，譯存於西藏，上下千百年，廣員數萬里，合印、漢、藏、朝、日無數大德之力，輾轉授受，始得倖存天壤。」

另外，近代太虛大師撰有《解深密經綱要》，論全經大義和綱要和《解深密經—如來成所作事品講錄》，講如來的果地功德。還有演培法師以白話文作《解深密經語體釋》，是引進入解深密門的佳作。巨贊法師曾作《〈解深密經．無自性相品〉述意》，對〈無自性相品〉有精到的闡釋。還有精治唯識的韓清淨居士撰《瑜伽師地論披尋記》，也為論中所引的《解深密經》作了注疏，當代濟群法師也精治《解深密經》，著有《〈解深密經〉要義說》、《〈解深密經〉與唯識思想》、《解深密經講義》等文。

四、本經的歷史地位與本譯注的特點

《解深密經》不僅是「經中之論」而且是唯識宗立宗的經典，其中提出了諸法唯識，一切種子心識、三性三無性，一向趣寂聲聞種姓終不能成佛、三時判教，瑜伽禪觀等唯識立宗的重要內容。唯識宗把《大方廣佛華嚴經》、《解深密經》、《楞伽經》、《如來出現功德莊嚴經》（未譯）、《阿毘達磨經》（未譯）、《厚嚴經》（未譯）等六經作為立宗依據，而《解深密經》在其中是最重要的。本經除序品外，被《瑜伽師地論》中的《攝抉擇分》全文引用，顯示了瑜伽行派對此經的推崇，因此，本經是學習唯識宗思想必讀的經典。另外，在諸經中，本經是對大乘禪觀的奧義分析最為細緻，最為系統的一部經典，是欲深入禪觀者極重要的依據經典。

本《解深密經》注譯，版本選用《藏要》本，此本是魏本、宋本、陳本、番本的校對本，可謂善本。注解和譯文等主要依據的是圓測法師的《解深密經疏》，測疏對經文分析詳盡，所引經論眾多，是現代研究《解深密經》最重要的參考文本。另對其中有難解之處，多有參照其他異譯本和《解深密經注》等，對近現代大德相關的著作多有參照。標點主要參照了北京慈氏學會的現代標點本，略有幾處改動。本書的注譯，尤其是對一些佛教名相的注釋，參照或直接引用《佛光大詞典》、《中華佛教百科全書》、《中國百科全書》（佛教篇）等，特此說明。另，本注譯後有一較詳細的附錄，主要以圖表等形式歸納諸品的內容要點和次第。這也是將古代的科判轉化為現代可理解形式的一種嘗試，希望對讀者的理解經文能有所助益。

目次

卷一

序品第一

本品是序品，講述舉行此次法會的背景。此次法會是在佛陀主持的淨土宮殿中舉行的，佛陀具足有二十一種殊勝的功德。來參加法會的有無量回心向大乘的大聲聞眾，這些大聲聞眾具足十三種德相。還有無量登地的大菩薩眾也來參加法會，諸菩薩眾具足十大功德。此次法會以解甚深義密意菩薩等十位大菩薩為首。

如是我聞❶。

一時❷，薄伽梵住最勝光曜七寶莊嚴❸，放大光明普照一切無邊世界，無量方所妙飾間列，周圓無際其量難測，超過三界所行之處❹，勝出世間善根所起❺，最極自在淨識為相❻，如來所都，諸大菩薩眾所雲集❼，無量天、龍、藥叉、健達縛、阿素洛、揭路茶、緊捺洛、牟呼洛伽人非人等常所翼從❽，廣大法味喜樂所持❾，現作眾生一切義利❿，蠲除一切煩惱纏垢⓫，遠離眾魔⓬，過諸莊嚴，如來莊嚴之所依處，大念慧行以為遊路⓭，大止妙觀以為所乘⓮，大空、無相、無願解脫為所入門⓯，無量功德眾所莊嚴大寶華王眾所建立大宮殿中⓰。

是薄伽梵最清淨覺⓱，不二現行⓲，趣無相法⓳，住於佛住⓴，逮得一切佛平等性㉑，到無障處㉒，不可轉法㉓，所行無礙㉔，其所安立不可思議㉕，遊於三世平等法性㉖，其身流布一切世界，於一切法智無疑滯，於一切行成就大覺，於諸法智無有疑惑，凡所現身不可分別，一切菩薩正所求智㉗，得佛無二住勝彼岸，不相間雜如來解脫妙智究竟㉘，證無中邊佛地平等㉙，極於法界㉚，盡虛空性，窮未來際。

與無量大聲聞眾俱㉛，一切調順皆是佛子㉜，心善解脫、慧善解脫、戒善清淨㉝，趣求法樂，多聞、聞持、其聞積集㉞，善思所思、善說所說、善作所作㉟，捷慧、速慧、利慧、出慧、勝抉擇慧、大慧、廣慧及無等慧慧寶成就㊱，具足三明㊲，逮得一切現法樂住㊳，大淨福田、威儀寂靜無不圓滿㊴，大忍柔和成就無減，已善奉行如來聖教。

復有無量菩薩摩訶薩眾從種種佛土而來集會㊵，皆住大乘㊶，遊大乘法，於諸眾生其心平等，離諸分別及不分別種種分別㊷，摧伏一切眾魔怨敵，遠離一切聲聞、獨覺所有作意，廣大法味喜樂所持㊸，超五怖畏㊹，一向趣入不退轉地㊺，息一切眾生一切災橫而現在前。其名曰：解甚深義密意菩薩摩訶薩，如理請問菩薩摩訶薩，法涌菩薩摩訶薩，善清淨慧菩薩摩訶薩，廣慧菩薩摩訶薩，德本菩薩摩訶薩，勝義生菩薩摩訶薩，觀自在菩薩摩訶薩，慈氏菩薩摩訶薩，曼殊室利菩薩摩訶薩等而為上首。

【譯文】

這部經典是我親自聽佛陀說的。

當時，佛陀住在具有最勝光曜的七寶所莊嚴的淨土宮殿中。此淨土宮殿放大光明普照一切無邊世界。宮殿的無量方所中，眾多妙飾間列其中。宮殿方圓無邊無際難以測量，超過了三界的所行之處。這是由佛陀的超出世間善根所起。宮殿以最極自在的淨識為相。宮殿由佛陀如來所住持，常有無量的大菩薩眾雲集，無量的天、龍、藥叉、健達縛、阿素洛、揭路荼、緊捺洛、牟呼洛伽等天龍八部眾作為佛陀的眷屬輔翼雲集，都以廣大法味喜樂為所持。淨土宮殿能現為眾生作一切義利，消除了一切煩惱纏垢，遠離了眾魔，超過諸種莊嚴，是如來妙莊嚴的所依處。大念慧行是通向此宮殿的道路，大止妙觀是所乘的工具，大空、無相、無願解脫為所入之門。無量功德眾所莊嚴的大寶華王眾是此淨土宮殿的依持處。

這時，佛陀達到了最清淨覺。現量行持不二境界，趣無相法，住於佛住，達到了一切佛的平等性，到無障處，不被餘法所轉，所行無礙，其所安立不可思議，佛陀能遊涉於三世平等法性中，其身流布一切世界，於一切法智善於決定而無疑滯，於一切行成就大覺，妙善了達一切法智無有疑惑，以非虛妄分別而隨有情示現其身。佛陀的智慧是一切菩薩的所依所求之處，獲得了諸佛的無二平等法身。如來解脫隨緣所顯現的妙智不相間雜，都已圓滿究竟，證得了遠離中間、邊地相的佛地平等法性的功德，極盡了清淨法界，獲得了盡虛空性的法界智慧功德，並且此功德窮盡未來際沒有間斷。

來參加佛陀法會的有無量大聲聞眾，他們一切調順都是佛子，心善解脫、慧善解脫、戒善清淨，趣求法樂，具足多聞，對於所聞之義能夠憶持不忘，研習文義使所聞積集，善思所思、善說所說、善作所作；成就捷慧、速慧、利慧、出慧、勝抉擇慧、大慧、廣慧及無等慧等慧寶，具足三明，達到了一切現法樂處，斷除了貪恚等諸煩惱，能成為眾生的福田，威儀寂靜無不圓滿，成就大忍柔和功德，並無減退，已身善於奉行如來聖教。

還有無量的大菩薩眾從種種佛土而來，到此淨土宮殿集會，這些大菩薩眾都精進地安住大乘，遊習於大乘法，對諸眾生其心平等，遠離了一切劫與非劫分別，也不分別劫與非劫，一切長時，猶如一念，平等而轉，能夠摧伏一切眾魔怨敵，遠離了一切聲聞、獨覺所有作意，以大乘的廣大法味喜樂為所持，超離了五種恐怖畏懼，一向趣入不退轉地；能夠息滅一切有情眾生的一切災橫，獲得地位現前。這些大菩薩的名字是：解甚深義密意菩薩摩訶薩，如理請問菩薩摩訶薩，法涌菩薩摩訶薩，善清淨慧菩薩摩訶薩，廣慧菩薩摩訶薩，德本菩薩摩訶薩，勝義生菩薩摩訶薩，觀自在菩薩摩訶薩，慈氏菩薩摩訶薩，曼殊室利菩薩摩訶薩等大菩薩眾作為上座。

【注釋】

❶ 如是我聞：每部佛經開頭的常用語句。第一次佛教典籍的結集時，經文部分由阿難尊者誦出，阿難尊者在誦每部經前均說「如是我聞」，以表示此下所誦乃直接從佛陀處所親聞，並表示沒有增減異分的過失。「如是」指經中內容，表信順之義，信順所聞之法，「我聞」是能持之人；「如是」表信成就，「我聞」表聞成就。

❷ 一時：指佛陀在聽眾根基成熟，聽說相會時，開說此經。

❸ 薄伽梵：佛的十號之一，意譯「有德」、「能破」、「世尊」、「尊貴」。即有德而為世所尊重者之意。在印度用於有德之神或聖者之敬稱。據佛地論，含有二義：一具自在、熾盛、端嚴、名稱、吉祥、尊貴六德；二能破煩惱魔、蘊魔、死魔、天魔四魔。因此名世皆尊重且能總攝諸德，因此經首皆置此名。最勝光曜：是七寶嚴飾的宮殿所發出的莊嚴光芒。七寶：即七種珍寶，《大智度論》指金、銀、吠琉璃、赤真珠、瑪瑙、車渠、頗胝迦等為七寶。《法華經》卷四以金、銀、琉璃、車渠、瑪瑙、真珠、玫瑰為七寶。此句彰顯佛淨土的名圓滿，顯色圓滿。

❹ 三界：欲界、色界、無色界為「三界」，欲界是指有食欲、淫欲、睡眠欲之處，即地獄、餓鬼、畜生、阿修羅、人間及六欲天。色界指有淨妙色法之處，即四禪天。無色界指無有色法之處，或

說尚存微細色法之處，即四無色天包括空無邊處天、識無邊處天、無所有處天、非非想天，或說尚存微細色法之處。此句彰顯佛淨土的處所圓滿。

❺ 善根：即善之根本。又稱「善本」、「德本」。指能生出善法的根本。將善以樹根為喻，故名「善根」。如依《俱舍論》所說，則善根是指行者入見道位時，能生無漏智的根本。此句彰顯佛淨土的因圓滿。

❻ 淨識：即如來大圓鏡智相應淨識。此句彰顯佛淨土的果圓滿。

❼ 大菩薩：菩薩，以智上求無上菩提，以悲下化眾生，修諸波羅蜜行，於未來成就佛果之修行者。深行的菩薩，於菩薩位中已達不退位，稱為大菩薩；尚在退位者，則為小菩薩。故若以初住以上不退位為大菩薩，則在十信位者為小菩薩；若以初地以上為大菩薩，則地前是小菩薩。此句彰顯佛淨土的輔翼圓滿。

❽ 天、龍、藥叉、健達縛、阿素洛、揭路荼、緊捺洛、牟呼洛伽人非人：天，指梵天、帝釋天、四天王等天神。果報殊勝，光明清淨。龍，指八大龍王等水族之主。藥叉，舊稱「夜叉」，指能飛騰空中的鬼神。健達縛，係帝釋天的音樂神，以香為食。阿素洛即「阿修羅」，意譯作非天、無端正、無酒。此神性好鬥，常與帝釋戰。「揭路荼」，即金翅鳥，身形巨大，其兩翅相去三三六萬里，取龍為食。「緊捺洛」，似人而有角，故又名「人非人」，又稱「天伎神」、「歌神」。「牟呼洛伽」，即大蟒神。此八部眾皆係佛之眷屬，受佛威德所化，而護持佛法。因此在大乘經

典中，彼等也往往是佛陀說法時的會眾。「人非人」，天龍八部的總稱。在這裡是佛淨土中所化現的，非為三界所攝。此句彰顯佛淨土的眷屬圓滿。

❾ 法味喜樂所持：意為佛在圓滿淨土中，得無漏，能說能受大乘法味，生大喜樂。此為彰顯佛淨土的任持圓滿。

❿ 眾生：一般指迷界有情，五蘊等眾緣假合而生，故稱「眾生」，廣義也包括佛菩薩。此句彰顯佛淨土的事業圓滿。

⓫ 蠲除：消除、遠離的意思。煩惱纏垢：煩惱即名「纏垢」，數起現行的煩惱為纏，而自性染污為垢。煩惱有一百二十八個根本煩惱，欲界四諦各有十，色無色界四諦除瞋各九，合有一百一十二。纏有三纏，八纏，十纏之說，其中三纏為「貪，瞋，癡」，八纏為「無慚、無愧、嫉、慳、悔、眠、掉舉、昏沉」，這裡加上「忿、覆」構成十纏。又此處也攝所知障，所知障，覆蔽所知境界，障智不令生之無知性，其執遍計所執諸法薩迦耶見以為上首，含攝所有無明、法愛、恚等諸心心所法，及所發業並所得果，以此障礙菩提。本惑名纏，而隨惑為垢。此句彰顯佛淨土的攝益圓滿。

⓬ 魔：梵語mâra，巴利語同。全稱為「魔羅」。意譯為「殺者」、「奪命」、「能奪」、「能奪命者」、「障礙」。舊譯作「磨」，至南朝梁武帝時始改為「魔」字。《瑜伽師地論》舉四魔說，即煩惱魔、蘊魔、死魔、天魔。常說的魔王波旬，住於欲界第六他化自在天之高處，為破壞正教

之神。此句彰顯佛淨土的無畏圓滿。

⑬大念慧行：是大念、大慧、大行的合稱。分別為聞所成慧、思所成慧、修所成慧的意思，指聽聞佛法，記持如義，思量得解，按理修習而趣向佛教真理。大則指緣於大乘佛法。遊路，意為按此「念慧行」而趣入佛淨土。此句彰顯佛淨土的路圓滿。

⑭止：又名「奢摩他」。主指對法義的專注思惟，連續不斷，身起輕安乃至心起輕安。觀：又名「毘鉢舍那」，是指在止(奢摩他)基礎上，對由止所緣的法義影像進行觀察、思惟、抉擇等深層的意識活動。本經有〈分別瑜伽品〉廣論此止觀之義。有解「止」為「三摩地」，「觀」為般若智慧的。此句彰顯佛淨土的乘圓滿。

⑮大空、無相、無願解脫：此即為三解脫門，遍計所執生法無我為空，緣此空三摩地，為空解脫門。相有十種：色、聲、香、味、觸、男女、生、老、病、死。而涅槃沒有此等相稱為無相，緣此無相三摩地稱為「無相解脫門」。願是求願，觀三界苦而無所求願，無所造作名「無願」，緣此無願三摩地為「無願解脫門」。此三解脫門是修所生慧，唯通無漏，不通有漏。《瑜伽師地論》卷七十四云「三種解脫門亦由三自性而得建立，謂由遍計所執自性故立空解脫門，由依他起自性故立無願解脫門，由圓成實自性故立無相解脫門」。此句彰顯佛淨土的門圓滿。

⑯大寶華王：寶紅蓮花，在所有花中最為殊勝，稱為花王，極難得為大，是無量功德眾善所起，是佛的依處。此句彰顯佛淨土的依持圓滿。

⑰最清淨覺：為佛陀於一切有為、無為所應覺境正開覺，一切所應覺境淨妙圓滿正開覺，於一切如所有性、盡所有性正開覺。此句講佛的總德。

⑱不二現行：指佛陀遠離有障、無障；內處、外處；生死、涅槃此等兩邊，具有於所知一向無障轉的功德。現行，「實現」、「現在發生作用」之義。此句講佛陀的第一德。

⑲無相：有三種涵義：真如（遠離有無兩種）；無住涅槃（不住生死涅槃）；二乘涅槃（無色、聲、香、味、觸、男女、生、老、病、死等十種相）等義。最勝清淨能入於真如之境。此句講佛陀的第二功德。

⑳佛住：住佛所住，無所住處，即安住無住涅槃，具有無功用佛事不休息住功德，即不用功用作一切事。又解為隨眾生其所應，正安住聖天梵住，或解為於空大悲善安住，或解為住大悲一切時觀世間。此句講佛陀的第三功德。

㉑一切佛平等性：顯示佛陀獲得一切諸佛相似事業殊勝功德，即所依的法身、意樂的應身、作業的化身，如是三身與一切十方三世如來平等無異。此句講佛陀的第四功德。

㉒無障：佛陀修一切障對治功德，已證得解脫一切煩惱所知二障智及已永斷一切障。此句講佛陀的第五功德。

㉓不可轉法：講佛陀降服外道的功德，意為佛陀的教證二法，不為一切外道所能動轉，也沒有餘法能勝過。此句講佛陀的第六功德。

㉔無礙：講佛陀生在世間不為世法所礙的功德，即行於世間不被世間利、衰、毀、譽、稱、譏、苦、樂八法所染污；在作利益安樂有情事業中，不被高下所拘礙；行於諸境，不被諸魔境所障礙。此句講佛的第七功德。

㉕安立：講佛陀安立正法的功德。此為佛陀的第八功德。

㉖三世平等法性：講佛陀的授記功德，佛陀能遊涉於三世平等法性中，能對過去、未來的曾轉、當轉的事情就像發生在現在一樣，而予以授記。也意為佛陀獲得三世諸佛相同的利益有情的事業。此句講佛陀的第九功德。

㉗正所求智：講佛陀無量所依調伏有情加行功德，即佛智是無量菩薩之所依。另解為佛陀成就佛種不斷方便殊勝功德，以此佛智是諸菩薩所求。此句講佛陀的第十五功德。

㉘不相間雜如來解脫妙智：指佛陀勝解現在前時，隨諸眾生所樂而顯現，這是說明佛陀雖然證得一切佛平等性智，但具有隨眾而顯現的分殊功德。也指一切如來自受用身各各不同，妙智顯現不同，諸佛淨土也不相同，在法會中，現種種身，諸菩薩所受用法樂各不相同，但皆到究竟。此句講佛陀的第十七功德。

㉙無中邊：此是說三種佛身方處無分限的功德。佛的法身不可分方所，受用身、變化身也是如此。沒有一法在法身之外，也沒一眾生界出應化兩身外。此句講佛的第十八功德。

㉚極於法界：極清淨法界的意思，即窮盡生死際而常現利益安樂一切有情。法界指意識所緣的一切

境界，「十八界」之一。法界的「法」，原有「軌持」之意。即一切事物都能保持各自的特性，互不相繫，且能讓人理解其究為何物。「界」，有「種族」、「分齊」之意，即分門別類的不同事物，各守其不同的界限。

㉛ 大聲聞眾：在《瑜伽師地論》中說，從他聽聞正法言，又能另他聞正法聲，而稱為「聲聞」。大聲聞在佛地論中認為有四義，一是利根波羅蜜多種性聲聞，二是無學果，三是如實義不定種性回心向大，四數量眾多。眾，梵語為僧伽，即和合眾，理事二和稱為「眾」。

㉜ 調順：在《大智度論》中「調順」有三個方面的意思，一是心調順，指對待別人的恭敬與打罵，心裡等同無異，對於珍寶與瓦石看成相同，對於被別人持刀斫身和用旃檀香塗身，視為等同；二是利鈍根本煩惱已斷；三是對待六情眾生，應貪不貪應瞋不瞋應疑不疑而守護眾生。佛子：此經將聲聞稱為「佛子」，也有唯菩薩稱為佛子的，在《大智度論》中將菩薩與聲聞通稱為佛子，意為皆從口生法生，包括須陀洹、斯陀含、阿那含、阿羅漢、入正位的菩薩。此文中講大聲聞眾的十三德，這裡是第一心善調順德，第二紹隆佛種德。

㉝ 心善解脫、慧善解脫、戒善清淨：指離三界貪，離貪心得解脫。此處解脫的煩惱指履心的愛煩惱。慧善解脫指離一切染污無明，離無明慧得解脫。此處解脫的煩惱是履慧的見煩惱。不能於一切解脫，有殘結使，退法阿羅漢不名好解脫。戒善清靜有三種解釋，一是具足六支，名戒善淨，六支指住淨尸羅；善自防守別解律儀；軌則具足；所行皆悉具足；於微細罪，見大怖畏；受學學

處。二是得無漏戒稱為「善清靜」。三是住無學位，回向大乘，自分戒淨，修菩薩戒為「善清淨」。此處說第三心慧解脫德，第四戒善清靜德。

34 多聞、聞持、其聞積集：對於無量經典，經典中初中後分皆能聽受稱為「多聞」。對於所聞義能夠憶持，令其不忘失稱為「聞持」。反覆地研習文義，令其堅住，稱為「其聞積集」。此為第六聞持積集德。

35 善思所思、善說所說、善作所作：指身、語、意三業清淨。此為第七三業隨智德。

36 捷慧、速慧、利慧、出慧、勝抉擇慧、大慧、廣慧及無等慧：指八慧。對於佛法迅速了知稱為「捷慧」；沒有滯礙稱為「速慧」；對於微細義能通解，知盡其所有，如所有名為「利慧」；對於出世間法善於了知稱為「出慧」；對於出世間諸離欲法能了知稱為「勝抉擇慧」；將此慧長時間串習稱為「大慧」；將此慧用於無量無邊所行境稱為「廣慧」；其餘諸慧不能與此慧相等，此慧最勝稱為「無等慧」。此是第八諸慧差別德。

37 三明：指住隨念智證通明，死生智證通明，漏盡智證通明即宿命明、天眼明、漏盡明，相當於六通中宿命通、天眼通、漏盡通。在六通中，神足通、天耳通、他心通僅是神通而不是能達無漏智慧的明，後三通既是神通又是明。直知過去宿命事稱為「宿命通」，而知過去因緣行業稱為明；直知死此生彼稱為「天眼通」，知行因緣際會不失稱為明；直知盡結使，不知更生不生稱為「漏盡通」，若知漏盡更不復生稱為「明」。這三種明是大阿羅漢和辟支佛所證得的。這是說第九具足三明德。

㊳現法樂住：色界「四等持」之一，禪定七名之一。《俱舍論》講即依淨、無漏之四根本靜慮而得現前之法樂。現法樂住唯指色界四靜慮（四禪），不通於近分及無色界，這是因為靜慮（禪定）中有兩種樂，一種是受樂，一種是輕安樂。前三靜慮兩種樂都有，第四靜慮雖只有輕安樂，但此輕安樂比前三靜慮的二樂勢用更為廣大。近分定時勢用不廣大，唯心邊生，不是極其充悅而不稱為樂住，無色界中因沒有這樣的樂受，也不稱為樂住。這是說第十現法樂住德。

㊴福田：指大聲聞眾斷除了貪恚等諸煩惱盡，因永離了煩惱，如良田去除了稊稗，能夠迅速地生長廣大果，因此被稱為眾生的福田。這是第十一勝淨福田德。

㊵菩薩摩訶薩：梵語全稱為「菩提薩埵摩訶薩埵」，菩提是「覺」的意思，薩埵是「有情」的意思，摩訶義為「大」。大有三義：願大、行大、利益眾生大，登地以上的諸大菩薩可稱為「菩薩摩訶薩」。

㊶大乘：音譯「摩訶衍那」、「摩訶衍」，乘，即交通工具之意，係指能將眾生從煩惱之此岸載至覺悟之彼岸的教法而言，能化眾生及求菩提。也有解為依法性真如為大乘的。菩薩摩訶薩有十大，此句講菩薩精進大，安住大乘，拔濟有情，令離生死。

㊷分別：劫名分別，梵音為「劫臘波」，翻譯為「分別」。以分分差別名分別，是有為之法，時劫所攝。無有時劫分分差別，名不分別，是無為法，非時劫所攝。分別與不分別是兩所緣境。種種

分別指能分別心，緣前面的分別與不分別境。這句是說諸大菩薩斷除了一切劫與非劫分別，不分別劫與非劫，能長時修行無厭，一切長時猶如一念，平等而轉。此句講菩薩摩訶薩時大。

㊸法味喜樂：大乘「十二部經」名大法，真如解脫等為味，此說大菩薩以大乘法味喜樂為食，長養菩薩戒、定、慧、解脫、解脫知見五分法身。此句講菩薩摩訶薩主持大。

㊹五怖畏：不活畏、惡名畏、死畏、惡趣畏、怯眾畏稱為「五怖畏」。此五怖畏，在菩薩證得清淨意樂地時皆已遠離。此句講菩薩摩訶薩清淨大。

㊺不退轉地：在菩薩地的前七地仍然有加行功用運轉，八地以上則得無加行功用運轉，一向趣入不退轉地。此句講菩薩摩訶薩證得大。

勝義諦相品第二

勝義諦相，勝義與世俗相對，勝指勝智，義指義境。以真如理為勝智的境義稱為「勝義」。諦有兩方面的意思，一方面是不捨離於所說義之義，諦在這裡與語言有關，另一方面是觀察以上所說義到究竟清淨義稱為「諦」，這裡含有清淨真如的意思。相是體相、相狀的意思。本品即是講勝義諦的真如有離言等五種自體相狀。本品與後面三品共同組成「境、行、果」中的所觀「境」。所觀境就是指佛教行者所觀照的對象，這裡有「世俗境」和「勝義境」之分（後面四、五兩品分為有性境和無性境）。大乘佛教中所觀「境」面對的是一切法，一切法包括了有為法和無為法，本品開始就分析了一切法，指出一切法中的有為法和無為法都是假名安立的，一切法的本質是無二，即非有為非無為。這就是「勝義諦境」所討論的問題。但是要怎樣來表示「勝義諦」呢？本品認為勝義諦相超過了我們一切的意識尋思境界，其無相所行，不可言說，絕諸表示，不是透過諍論來獲得的，是聖者的內證境界。「勝義諦相」奧義微細甚深，其與一切行相的關係，既不是相同也非不同，超過或「一」（相同）或「異」（不同）的行相境界，此中的偈頌說明：要真正了知「勝義諦相」的奧義，獲得解脫，需要勤修止觀。這也就是第六品所說的。本品還說「勝義諦相」於一切處中是同一味相。於如在蘊處所獲得的勝義諦相和於其他處如「緣起」、「食」、「四諦」、「三十七道品」等處所獲得的「勝義諦相」是相同的。

爾時，如理請問菩薩摩訶薩即於佛前問解甚深義密意菩薩摩訶薩言❶：「最勝子！言一切法無二❷。一切法無二者，何等一切法？云何為無二？」

解甚深義密意菩薩謂如理請問菩薩曰：「善男子！一切法者，略有二種：所謂有為、無為❸。是中有為，非有為、非無為，無為，亦非無為、非有為❹。」

如理請問菩薩復問解甚深義密意菩薩言：「最勝子！如何有為，非有為、非無為，無為，亦非無為、非有為？」

解甚深義密意菩薩謂如理請問菩薩曰：「善男子！言有為者，乃是本師假施設句❺。若是本師假施設句，即是遍計所集言辭所說❻，若是遍計所集言辭所說，即是究竟種種遍計言辭所說，不成實故，非是有為。善男子！言無為者，亦墮言辭，設離有為無為少有所說，其相亦爾。然非無事而有所說，何等為事？謂諸聖者以聖智聖見離名言故現正等覺，即於如是離言法性，為欲令他現等覺故，假立名相謂之有為。

「善男子！言無為者，亦是本師假施設句。若是本師假施設句，即是遍計所集言辭所說，若是遍計所集言辭所說，即是究竟種種遍計言辭所說，不成實故，非是無為。善男子！言有為者，亦墮言辭，設離無為有為少有所說，其相亦爾。然非無事而有所說，何等為事？謂諸聖者以聖智聖見離名言故現正等覺，即於如是離言法性，為欲令他現等覺故，假立名相謂之無為。」

爾時，如理請問菩薩摩訶薩復問解甚深義密意菩薩摩訶薩言：「最勝子！如何此事彼諸聖者以聖智聖見離名言故現正等覺，即於如是離言法性，為欲令他現等覺故假立名相，或謂有為、或謂無為？」

解甚深義密意菩薩謂如理請問菩薩曰：「善男子！如善幻師或彼弟子住四衢道❼，積集草葉、木、瓦礫等現作種種幻化事業❽，所謂象身、馬身、車身、步身、末尼、真珠、琉璃、螺貝、璧玉、珊瑚、種種財穀庫藏等身❾。若諸眾生愚癡頑鈍惡慧種類❿，無所知曉⓫，於草葉木瓦礫等上諸幻化事，見已聞已作如是念：此所見者，實有象身，實有馬身、車身、步身、末尼、真珠、琉璃、螺貝、璧玉、珊瑚、種種財穀庫藏等身，如其所見，如其所聞，堅固執著、隨起言說『唯此諦實，餘皆愚妄』，彼於後時應更觀察。

「若有眾生非愚非鈍善慧種類有所知曉⑫，於草葉木瓦礫等上諸幻化事，見已聞已作如是念：此所見者，無實象身，無實馬身、車身、步身、末尼、真珠、琉璃、螺貝、璧玉、珊瑚、種種財穀庫藏等身，然有幻狀迷惑眼事，於中發起大象身想，或大象身差別之想，乃至發起種種財穀庫藏等想，或彼種類差別之想，不如所見，不如所聞，堅固執著隨起言說『唯此諦實，餘皆愚妄』，為欲表知如是義故，亦於此中隨起言說，彼於後時不須觀察。

「如是若有眾生是愚夫類、是異生類，未得諸聖出世間慧，於一切法離言法性不能了知，彼於一切有為無為見已聞已作如是念：此所得者，決定實有有為無為，如其所見，如其所聞，堅固執著隨起言說『唯此諦實，餘皆愚妄』，彼於後時應更觀察。

「若有眾生非愚夫類，已見聖諦、已得諸聖出世間慧，於一切法離言法性如實了知，彼於一切有為無為見已聞已作如是念：此所得者，決定無實有為無為，然有分別所起行相，猶如幻事迷惑覺慧，於中發起為、無為想，或為無為差別之想，不如所見，不如所聞，堅固執著隨起言說『唯此諦實，餘皆癡妄』，為欲表知如是義故，亦於此中隨起言說，彼於後時不須觀察。

「如是善男子！彼諸聖者於此事中，以聖智聖見離名言故現正等覺，即於如是離言法性，為欲令他現等覺故，假立名相謂之有為、謂之無為。」

爾時，解甚深義密意菩薩摩訶薩欲重宣此義而說頌曰：

「佛說離言無二義，甚深非愚之所行，
愚夫於此癡所惑，樂著二依言戲論。
彼或不定或邪定⑬，流轉極長生死苦，
復違如是正智論，當生牛羊等類中。」

【譯文】

這時，如理請問大菩薩（菩薩名）即在佛前問解甚深義密意大菩薩（菩薩名）說：「佛子，佛陀常說『一切法無二』，在這『一切法無二』中，什麼是一切法？怎麼說是無二的？」

解甚深義密意大菩薩回答如理請問大菩薩說：「善男子！一切法簡單來說有兩種：一種是有為法，一種是無為法。這裡所說的有為法非有為、非無為；所說的無為法，也非無為、非有為。」

如理請問菩薩再問解甚深義密意菩薩說：「佛子，如何說所說的有為法非有為、非無為；所說的無為法，也非無為、非有為？」

解甚深義密意菩薩回答如理請問菩薩說：「善男子！講說有為法，這是本師佛陀假立施設的語句，如果是佛陀假立施設的，也就是說周遍計度的所集言辭所說，如果是周遍計度的所集言辭所說，也就是說畢竟所有種種言說都是周遍計度的，不是實有，故不存在實有的有為。善男子！說無為，也是言辭遍計的。另外如果離開了有為法、無為法外，還有如『非有為非無為』等少許說法的話，這類說法和有為法、無為法一樣也是遍計名言所說，不是實有的。但是佛陀如來也不是無事而說。那麼是為了什麼事呢？這是因為諸聖者因聖智、聖見現正等正覺，而此聖智、聖見無法用名言來表達，但為了使其他眾生也能夠明白這離言的真如法性，假立名相而說有為。

「善男子！說無為也是本師佛陀假施設的語句，如果是佛陀假立施設的，也就是說周遍計度所集言辭所說，如果是周遍計度所集言辭所說，也就是說畢竟所有種種言說都是周遍計度的，不是實有的，因此不是存在實有的無為。善男子！說有為，也是言辭遍計，另外，如果離開了無為法和有為法，還有如『非無為非有為』的等少許說法的話，這類說法和無為法有為法一樣也是遍計名言所說，不是實有的。但是佛陀如來也不是無事而說。那麼是為了什麼事呢？這是因為諸聖者因聖智、聖見現正等正覺，而此聖智、聖見無法用名言來表達，但為了使其他眾生也能夠明白這離言的真如法性，假立名相而說無為。」

這時，如理請問大菩薩再問解甚深義密意大菩薩說：「佛子！為什麼說諸聖者因聖智、聖見現正等正覺，而此聖智、聖見是無法用名言來表達的，但為了使其他眾生也能夠明白這離言的真如法性，假立名相而說有為無為？」

解甚深義密意菩薩對如理請問菩薩說：「善男子！這好像一位幻化功能高超的幻化師或幻化師的弟子住在四街道中，積集了草葉、木、瓦礫等物，變現作種種幻化事業，將它們都幻化成象身、馬身、車身、步身、末尼、真珠、螺貝、璧玉、珊瑚、種種財穀庫藏等身。如果有眾生是愚癡、頑鈍、惡慧的種類，對幻境無所知曉，於由草葉、木、瓦礫等幻化出來的現象，看到聽到後認為：這裡所看到的，真實有象身，真實有馬身、車身、步身、末尼、真珠、琉璃、螺貝、璧玉、珊瑚、種種財穀庫藏等身，堅固執著所看到所聽到的，從而說『只有這是真實的，其餘的都是愚妄的』。這類眾生以後還需要作進一步觀察來認識幻相。

「如果有眾生不是愚癡也非頑鈍，是具有善慧的種類，對幻境有所知曉，對由草葉、木、瓦礫等幻化出來的現象，看到聽到後認為：這裡所看到的，不是實際有象身，不是實際有馬身、車身、步身、末尼、真珠、琉璃、螺貝、璧玉、珊瑚、種種財穀庫藏等身，是由於幻狀迷惑眼睛的緣故，從而於幻境中生起大象身想，或種種大象身的差別想，乃至發起其他種種財穀庫藏等想或者這些的種類差別想。事實上並非是眼所看到的，耳所聽到的，對此堅固執著，而說：『只有這樣才是真實的，其他的都是愚妄的』。為了表達這種意義，而在其中隨起言說。這類眾生因如實了解幻相，所以後面就不須再作觀察了。

「如果有眾生是愚夫種類，是異生類，沒有得到諸聖者的出世間智慧。對一切法的離言法性不能了知。他對於一切有為法無為法，見到聽到的，會作這樣想：這些所看到聽到的有為法無為法決定是實有的。堅固執著所看到所聽到的，從而說『只有這是真實的，其餘的都是愚妄的』。這類眾生以後還需要做進一步觀察來認識真相。

「如果有眾生不是愚夫種類，已見到聖諦，已得到了諸聖出世間的智慧。對一切法的離言法性都如實了知。那麼他對於一切有為法無為法，見到聽到的，會作這樣想：這些所看到聽到的有為法無為法決定不是實有的。但因有分別而產生了種種行相，這猶如幻事迷惑覺慧一樣。在這裡面發起有為無為的想法，或有為無為差別的想法。事實上並非是眼所看到的，耳所聽到的，對此堅固執著，而說：『只有這樣才是真實的，其他的都是愚妄的』。為了表達這種意義，而在其中隨起言說。這類眾生因如實了解了真相，所以後面就不須再作觀察了。

「正因為這樣，善男子，那些聖者在此事中，以無法用名言來表達的聖智、聖見現正等覺，但為了使其他眾生也能夠明白此離言的真如法性，而假立名相而說有為，無為的。」

這時，解甚深義密意大菩薩想重新宣說這道理，以頌的形式來說：

「佛說離言無二義，甚深非愚之所行，
愚夫於此癡所惑，樂著二依言戲論。
彼或不定或邪定，流轉極長生死苦，
復違如是正智論，當生牛羊等類中。」

【注釋】

❶ 如理請問菩薩：這是第一位發問的菩薩，因他順理發問，故稱為「如理請問菩薩」。解深密義菩薩：因能解釋甚深義理密意而得名。又名「寶冠頂菩薩」，「寶冠頂」是佛的名號，該菩薩是此

佛的弟子。解深密義菩薩回答了如理請問菩薩的提問。

❷法：音譯為「達摩」。意義較為複雜。主要有兩種意思，一是「任持自性」的意思、一是「軌生物解」的意思。任持自性，意指能保持自體的自性（各自的本性）不改變；軌生物解，指能軌範人倫，令人產生對一定事物理解之根據。這裡主要是前一種意義。

❸「略有二種」數句：法略說分「有為法」和「無為法」；非略非廣分為五種：心法、心所有法、色法、心不相應行法、無為法；廣說有百法。有為、無為：《瑜伽師地論》中說，有生滅的依因緣和合作用的稱為「有為」，反之稱為「無為」，《大智度論》中有說有所得為「有為」，無所得為「無為」，有說取相是「有為」，不取相是「無為」。在此經中，以三性來分「有為」與「無為」，有三種「有為」與「無為」，第一種是遍計所執有為和無為，堅固執著實有有為法與無為法；第二種是唯依依他起相分有為無為，這裡意思為決定沒實有有為法與無為法；第三種是講有為法即是依他起性，無為法即是圓成實性。在此處文中，有為法無為法是從第三種說法來說的。後文有解釋。

❹「是中有為」數句：這裡所說的「有為法」是依他起性的有為法，不是遍計所執的有為法和無為法，所說的「無為法」是圓成實性意義上的無為法，不是遍計所執性的無為法和有為法。

❺本師假施設句：「本師」此處是指佛陀如來，「假施設句」指為了說明某一道理而假立施設的語句。

❻遍計：周遍計度，也有譯師翻譯成「分別」。

❼幻師：在真諦《金光明記》中認為，幻師是阿賴耶識無始以來的能造虛妄。弟子：比喻「七識」。《瑜伽師地論》卷八十四中也說八識為師。四衢道有解為「四諦」或「四念處」或「四識住」（識住於色、受、想、行四蘊）。

❽積集草葉、木、瓦礫等：比喻諸種子積集在本識中。草葉細軟可比喻善種，木石等粗強的可比喻為惡種。此句可譬喻說因善惡種子生出諸果來。

❾象身、馬身、車身、步身、末尼、真珠、琉璃、螺貝、璧玉、珊瑚、種種財穀庫藏等身：象身、馬身、車身、步身可喻為「因緣」或「有情」；而末尼等可喻為「果」或「無情」。

❿愚癡頑鈍惡慧種類：愚癡可喻無明體，頑鈍可喻癡用，惡慧可喻諸見。

⓫無所知曉：可比喻惡慧（諸見）用。

⓬非愚非鈍善慧種類有所知曉：非愚非鈍，是指起悟近緣，無癡善根。善慧種類有所知曉比喻地前加行位中分證能取所取空性或地上了知勝義無二的道理。

⓭不定或邪定：三定聚眾生中的兩聚。三定聚指：正定聚、邪定聚、不定聚。《大智度論》卷八十四講：「能破顛倒者，稱為正定；不能破顛倒者，稱為邪定；得因緣能破，不得因緣則不能破者，稱為不定。」

爾時，法涌菩薩摩訶薩白佛言❶：「世尊！從此東方過七十二殑伽河沙等世界❷，有世界名具大名稱，是中如來號廣大名稱，我於先日從彼佛土發來至此。我於彼土曾見一處，有七萬七千外道並其師首同一會坐，為思諸法勝義諦相，彼共思議、稱量、觀察遍尋求時❸，於一切法勝義諦相竟不能得，唯除種種意解、別異意解、變異意解互相違背共興諍論❹，口出矛穳❺，更相穳刺，惱壞既已，各各離散。

「世尊！我於爾時，竊作是念：如來出世甚奇稀有！由出世故，乃於如是超過一切尋思所行勝義諦相亦有通達作證可得❻。」

說是語已，爾時世尊告法涌菩薩摩訶薩曰：「善男子！如是如是，如汝所說，我於超過一切尋思勝義諦相現正等覺，現等覺已，為他宣說、顯現開解、施設照了。何以故？我說勝義是諸聖者內自所證❼，尋思所行是諸異生展轉所證❽，是故法涌，由此道理當知勝義超過一切尋思境相。

「復次法涌，我說勝義無相所行，尋思但行有相境界❾。是故法涌，由此道理當知勝義超過一切尋思境相。

「復次法涌，我說勝義不可言說❿，尋思但行言說境界。是故法涌，由此道理當知勝義超過一切尋思境相。

「復次法涌，我說勝義絕諸表示⓫，尋思但行表示境界。是故法涌，由此道理當知勝義超過一切尋思境相。

「復次法涌，我說勝義絕諸諍論⑫，尋思但行諍論境界。是故法涌，由此道理當知勝義超過一切尋思境相。

「法涌當知，譬如有人盡其壽量習辛苦味，於蜜、石蜜上妙美味不能尋思、不能比度、不能信解⑬，或於長夜由欲貪勝解、諸欲熾火所燒然故，於內除滅一切色聲香味觸相妙遠離樂不能尋思、不能比度、不能信解⑭，或於長夜由言說勝解樂著世間綺言說故，於內寂靜聖默然樂不能尋思、不能比度、不能信解⑮，或於長夜由見聞覺知表示勝解樂著世間諸表示故，於永除斷一切表示薩迦耶滅究竟涅槃不能尋思、不能比度、不能信解⑯，法涌當知，譬如有人於其長夜，由有種種我所攝受諍論勝解樂著世間諸諍論故，於北拘盧洲無我所、無攝受、離諍論不能尋思、不能比度、不能信解⑰。如是法涌，諸尋思者於超一切尋思所行勝義諦相不能尋思、不能比度、不能信解。」

爾時，世尊欲重宣此義而說頌曰：

「內證無相之所行，不可言說絕表示，
息諸諍論勝義諦，超過一切尋思相。」

【譯文】

　　這時，法涌大菩薩對佛陀說：「世尊！從這裡向東方過相當於七十二條恆河所有沙數量的世界，有一個世界名字叫做具大名稱，那裡有位稱號為『廣大名稱』的如來，我前幾天從那佛的國土出發來到這裡。我在那裡曾看到一地方，有七萬七千外道為了思考諸法的勝義諦相和他們的師長聚坐在一起。他們在共同思議、稱量、觀察周遍尋求一切法的勝義諦相時，對於一切法的勝義諦相竟不能得，只是產生互相違背的種種意解、別異意解、變異意解，並造成了彼此之間的諍論，甚至惡語相向，互相煩惱之後，各各離去。

　　「世尊！當我看到這種現象時，私下想到：如來出世是非常稀有的！由於如來出世的緣故，對於超過一切尋思所行的勝義諦相，就有通達作證的因緣了。」

　　在法涌菩薩說完此話後，這時佛陀告訴法涌菩薩摩訶薩說：「善男子！是的，是的，正像你所說的，我已獲得了對超離一切尋思的勝義諦相的了知，成就了無上正等正覺，我成正覺後，為他人宣說、顯現開解、施設照了此離一切尋思的勝義諦相。為什麼說勝義諦相超過一切尋思境相呢？我說勝義諦相是聖者們內自所證的，而尋思是凡夫們依他言說輾轉所證的，因此法涌，從這個道理可以知道所謂的勝義諦相是超過一切尋思境相的。

　　「還有法涌，我說勝義諦相是無相境界，而尋思所行的是有相境界。因此法涌，從這個道理可以知道所謂的勝義諦相是超過一切尋思境相的。

　　「還有法涌，我說勝義諦相是不可以言說的，而尋思所行的是言說境界。因此法涌，從這個道理可以知道所謂的勝義諦相是超過一切尋思境相的。

「還有法涌，我說勝義諦相是不可以表示的，而尋思所行的是表示境界。因此法涌，從這個道理可以知道所謂的勝義諦相是超過一切尋思境相的。

「還有法涌，我說勝義諦相遠離諸種諍論，而尋思所行的是諍論境界。因此法涌，從這個道理可以知道所謂的勝義諦相是超過一切尋思境相的。

「法涌下面這些譬喻的道理你是應該知道的。譬如有人盡其一生常常品嘗的是辛苦的味道，因此對於蜜糖，石蜜（冰糖）的上妙美味是沒法透過尋思來了解的，也沒法透過比較來了解的，也是沒法真正信解這種妙味的。或者有人在生死長夜中勝解貪欲，樂著信解貪欲，常處在被諸貪欲熾火所燃燒的境界中，因此對遠離外在散亂，同時於內滅除一切色聲香味觸相的妙遠離樂是沒法透過尋思來了解，也沒法透過比較來了解，也是沒法真正信解這種妙樂。或者有人在生死長夜中勝解言說，執著言說，樂於世間的綺語，因此對遠離外在散亂的內在寂靜聖默妙樂沒法透過尋思來了解，也沒法透過比較來了解，也沒法真正信解這種妙樂。或者有人勝解見聞覺知表示，執著世間諸表示，因此對於永遠除斷一切表示的薩迦耶見到達究竟涅槃的境界是沒法透過尋思來了解，也沒法透過比較來了解，也沒法真正信解這種境界。譬如有人在生死長夜中，勝解有種種我所，種種攝受，種種諍論，樂著世間諍論，因此對北拘盧洲的無我所、無攝受、離諍論的境界是沒法透過尋思來了解，也沒法透過比較來了解，也沒法真正信解這種境界。正是這樣，法涌，樂著於尋思的人對於透過一切尋思所行的勝義諦相是不能透過尋思來了解的，也沒法透過比較來了解，也沒法真正信解這種境界。」

這時，佛陀為了重新宣說勝義諦相的道理而說頌為：

「內證無相之所行，不可言說絕表示，
息諸諍論勝義諦，超過一切尋思相。」

【注釋】

❶ 法涌菩薩：第二個發問的菩薩，此菩薩住居八地，依法身上起，法辯用而不竭，猶如湧泉。也有翻譯成「曇無竭」、「法盛」、「法上」。

❷ 殑伽河：即為恆河。

❸ 思議、稱量、觀察：思議就是外道所說的現量，稱量就是比量，觀察就是聖言量，此句講外道依此三量遍尋求時，對於勝義諦相竟不能得。

❹ 種種意解、別異意解、變異意解：種種意解，指以為用種種諸法以為勝義而沒有別的真如；別異意解，指離諸法外，別有勝義；變異意解，指認為勝義不是常住的是變化的。

❺ 矟：意為小矛，古代的一種擊刺兵器，也可作動詞，意為「刺」。

❻ 尋思：尋思即用分別為體。是故不證無相真如。本經說尋思是通說尋、伺都名尋思。因都有推求思量的意思。

❼內自所證：是說聖者用無分別智緣真如境，內證自體。玄奘法師認為是正智親證自體不變而緣，如自證分。而無分別相分是後得智變影而緣。

❽展轉：此說尋思所行即是凡夫眾生依他言說，而不是內自所證，因此稱為「展轉」。

❾有相境界：相的行處是指「十八界」。相即「六塵」，行即「六識」，處即「六根」，此根塵識只是覺觀境。但是真如不是覺觀境。此中無相的解釋，與中觀唯識不同，清辯宗認為通約三性說無所得，護法等宗只遣遍計所執。

❿不可言說：大乘中有四種不可言說的道理：一離損益等而不可說。如《大智度論》中，說火應燒舌。二現量境故名不可說。玄奘法師認為：「諸部皆云，說諸法言多是表詮。但比量中異法喻言唯是遮詮。大乘亦爾。」這是說諸法自相不可言說，若詮釋共相，就要遮除餘法。「隨其所應，破諸妄執，我等皆妄，誰復為真？畢竟空，心言路絕，分別戲論皆不能行，唯諸聖賢內智所證示正道理。」三名義相對互為客的原因而不可言說。四一切法無所得而不可言說。如《金剛般若波羅蜜多經》說「如來所說法，皆不可取，不可說。何以故？一切聖人皆以無為法而有差別。」又如《維摩詰經》中維摩詰「默然無言」明不二法門。

⓫勝義絕諸表示：此說勝義諦理不是見、聞、覺、知四種境界之所表示。因見、聞、覺、知都是有漏戲論所攝。《大智度論》第四十卷說：「眼識所知名為所見，耳識所知名為所聞，鼻舌身三識所知名為所覺，意識所緣名為所知。」

⓬諍論：指有我、我所見，於五蘊中執有真我。但是真如離我我所，不是我見等諍論煩惱所行之處。因此說「絕諸諍論」。

⓭「於蜜、石蜜上妙美味」句：這可謂出家上味勝樂喻。喻在家久在生死，恆習在世間憂苦粗味，對於出家樂妙梵行味不能尋思、比度、信解。

⓮「於內除滅一切色聲香味觸」句：這可謂遠離五欲妙樂喻，是四種樂中的遠離樂。

⓯「於內寂靜聖默然樂」句：這可謂賢聖默然寂靜樂喻，是四種樂中的寂靜樂。

⓰「於永除斷一切表示薩迦耶滅」句：這可謂絕諸表示寂樂喻，是四種樂中菩提樂。

⓱「於北拘盧洲無我所」句：這可謂離諸諍論覺樂喻。是四種樂中菩提樂。

爾時，善清淨慧菩薩摩訶薩白佛言：「世尊甚奇，乃至世尊善說，謂世尊言勝義諦相微細甚深，超過諸法一異性相❶，難可通達。世尊！我即於此曾見一處，有眾菩薩等正修行勝解行地，同一會坐，皆共思議勝義諦相與諸行相一異性相。於此會中，一類菩薩作如是言『勝義諦相與諸行相都無有異』，一類菩薩復作是言『非勝義諦相與諸行相都無有異，然勝義諦相異諸行相』，有餘菩薩疑惑猶豫，復作是言『是諸菩薩誰言諦實、誰言虛妄？誰如理行、誰不如理』？或唱是言『勝義諦相與諸行相都無有異』，或唱是言『勝義諦相異諸行相』❷。世尊！我見彼已，竊作是念：此諸善男子愚癡頑鈍、不明不善、不如理行，於勝義諦微細甚深超過諸行一異性相不能解了。」

說是語已，爾時世尊告善清淨慧菩薩摩訶薩曰：「善男子！如是如是！如汝所說，此諸善男子愚癡頑鈍、不明不善、不如理行，於勝義諦微細甚深超過諸行一異性相不能解了。何以故？善清淨慧！非於諸行如是行時，名能通達勝義諦相❸，或於勝義諦而得作證❹。何以故？善清淨慧！若勝義諦相與諸行相都無異者，應於今時一切異生皆已見諦，又諸異生皆應已得無上方便安隱涅槃，或應已證阿耨多羅三藐三菩提。若勝義諦相與諸行相一向異者，已見諦者於諸行相應不除遣，若不除遣諸行相者，應於相縛不得解脫，此見諦者於諸相縛不解脫故，於粗重縛亦應不脫❺，由於二縛不解脫故，已見諦者應不能得無上方便安隱涅槃❻，或不應證阿耨多羅三藐三菩提。

「善清淨慧！由於今時非諸異生皆已見諦，非諸異生已能獲得無上方便安隱涅槃，亦非已證阿耨多羅三藐三菩提，是故『勝義諦相與諸行相都無異相』不應道理。若於此中作如是言『勝義諦相與諸行相都無異』者，由此道理當知一切非如理行、不如正理。善清淨慧！由於今時非見諦者於諸行相不能除遣，然能除遣，非見諦者於諸相縛不能解脫，然能解脫，非見諦者於粗重縛不能解脫，然能解脫，以於二障能解脫故，亦能獲得無上方便安隱涅槃，或有能證阿耨多羅三藐三菩提，是故『勝義諦相與諸行相一向異相』不應道理。若於此中作如是言『勝義諦相與諸行相一向異』者，由此道理當知一切非如理行、不如正理。

「復次善清淨慧！若勝義諦相與諸行相都無異者，如諸行相墮雜染相，此勝義諦相亦應如是墮雜染相。善清淨慧！若勝義諦相與諸行相一向異者，應非一切行相共相名勝義諦相。善清淨慧！由於今時勝義諦相非墮雜染相，諸行共相名勝義諦相，是故『勝義諦相與諸行相都無異相』不應道理，『勝義諦相與諸行相一向異相』不應道理。若於此中作如是言『勝義諦相與諸行相都無有異』或『勝義諦相與諸行相一向異』者，由此道理當知一切非如理行、不如正理。

「復次善清淨慧！若勝義諦相與諸行相都無異者，如勝義諦相於諸行相無有差別，一切行相亦應如是無有差別，修觀行者於諸行中如其所見、如其所聞、如其所覺、如其所知不應後時更求勝義。若勝義諦相與諸行相一向異者，應非『諸行唯無我性、唯無自性之所顯現是勝義相』，又應俱時別相成立，謂雜染相及清淨相。善清淨慧！由於今時一切行相皆有差別、非無差別，修觀行者於諸行中如其所見、如其所聞、如其所覺、如其所知復於後時更求勝義，又即『諸行唯無我性、唯無自性之所顯現名勝義相』，又非俱時染淨二相別相成立，是故『勝義諦相與諸行相都無有異』或『一向異』不應道理。若於此中作如是言『勝義諦相與諸行相都無有異』或『一向異』者，由此道理當知一切非如理行、不如正理。

「善清淨慧！如螺貝上鮮白色性，不易施設與彼螺貝一相異相。如螺貝上鮮白色性，金上黃色亦復如是。如箜篌聲上美妙曲性，不易施設與箜篌聲一相異相，如黑沉上有妙香性，不易施設與彼黑沉一相異相，如胡椒上辛猛利性，不易施設與彼胡椒一相異相，如胡椒上辛猛利性，訶梨澀性亦復如是，如蠹羅綿上有柔軟性❼，不易施設與蠹羅綿一相異相，如熟酥上所有醍醐，不易施設與彼熟酥一相異相，又如一切行上無常性、一切有漏法上苦性、一切法上補特伽羅無我性，不易施設與彼行等一相異相❽，又如貪上不寂靜相及雜染相，不易施設此與彼貪一相異相，如於貪上，於瞋癡上當知亦爾❾。如是，善清淨慧！勝義諦相不可施設與諸行相一相異相。

「善清淨慧！我於如是微細極微細、甚深極甚深、難通達極難通達、超過諸法一異性相勝義諦相現正等覺，現等覺已，為他宣說、顯示開解、施設照了。爾時，世尊欲重宣此義而說頌曰：

「行界勝義相，離一異性相，
若分別一異，彼非如理行。
眾生為相縛，及為粗重縛，
要勤修止觀❿，爾乃得解脫。」

【譯文】

這時，善清淨慧大菩薩對佛說：「佛陀是極為稀有的，佛陀的善說也是極為稀有的。佛陀所說的勝義諦相微細甚深，超過諸法一異性相的道理很難通達。世尊！我在這裡曾看到一處，有許多菩薩修行勝解行地，他們聚坐在一起，大家共同思量議論勝義諦與諸行相的一異性相問題。在這會中，有一類菩薩認為：『勝義諦相與諸行相都無有異。』有一類菩薩認為：『勝義諦相與諸行相不是都無有異，應該說勝義諦相與諸行相是不同的。』還有些菩薩疑惑猶豫，認為：『這些菩薩誰說的是真實的呢？誰說的是虛幻呢？誰說的是如理的，誰說的是不如理的呢？』或說『勝義諦相與諸行相都無有異，』或說『勝義諦相與諸行相是不同的』，佛陀！我見到這種情況，私下想：這些善男子愚癡頑鈍、不明不善、不如理行，對於勝義諦相微細甚深，超過諸行一異性相的奧義不能了解。」

當善清淨慧大菩薩說完這話後，那時佛陀告訴善清淨慧大菩薩說：「善男子！是這樣的！是這樣的！正像你所說的，這些善男子愚癡頑鈍、不明不善、不如理行，對於勝義諦相微細甚深，超過諸行一異性相的奧義不能了解。為什麼呢？善清淨慧！不是通過執著於勝義諦相與諸行相是一相還是異相的方式，來通達勝義諦相，或者以此來證明勝義諦相的。為什麼呢？善清淨慧！如果勝義諦相和諸行相是一的話，那麼現在一切輪迴的眾生都應見到道諦了，一切輪迴的凡夫都應該獲得無上方便的安隱涅槃了，或者說都已證得了無上正等正覺了。如果勝義諦相與諸行相始終是異的話，那麼已經見到道諦的行者對諸行相就不用除遣了，如果不除遣諸行相的話，那麼就不能從相縛中解脫出來，那麼這所謂的見到道諦的人因不能從相縛中解脫，當然也就不能從粗重縛中解脫出來，而因不能從此二縛中解脫，那麼已經見到道諦的行者也就不能獲得無上方便安隱涅槃了，或者說也就不應證得無上正等正覺了。

「善清淨慧！因為現在輪迴的凡夫都沒見到道諦，也沒有獲得無上方便安隱的涅槃，也沒證得無上正等正覺，因此『勝義諦相與諸行相都無有異』的看法是沒有道理的。如果對這問題說『勝義諦相與諸行相都無有異』，那麼由上面道理可以知道這一切都是不如理行，與正理違背的。善清淨慧！由於現見到道諦的行者對於諸行相能除遣，而不是不能除遣，現見到道諦的行者對於粗重縛能夠解脫，而不是不能解脫，由於能夠從這二障中解脫的原因，也就能夠獲得無上方便的安隱涅槃，或者說可以證得無上正等正覺。因此說『勝義諦相與諸行相一向異相』是沒有道理的。如果對這問題說『勝義諦相與諸行相一向異相』，那麼由以上道理可以知道這一切都是不如理行，與正理違背的。

「還有善清淨慧！如果勝義諦相和諸行相都無異，像諸行相都是墮入雜染相的，那麼勝義諦相也應墮入雜染相。善清淨慧！如果勝義諦相和諸行相一向是異的，那麼不應說一切行相的共相稱為勝義諦相。善清靜慧！由於事實上勝義諦相是不會墮入雜染相中的，而諸行的共相名為勝義諦相，因此說：『勝義諦相和諸行相都無異相』是沒有道理的，同樣『勝義諦相和諸行相一向異相』也是沒有道理的。如果對這問題說：『勝義諦相與諸行相都無有異』，或者『勝義諦相和諸行相一向異』，那麼由以上道理可以知道這一切說法都是不如理行，與正理違背的。

「還有善清淨慧！如果勝義諦相和諸行相都無異，那麼像勝義諦相和諸行相沒有差別一樣，一切行相也應像這樣沒有差別，修觀行者在修行中對諸行相如其所見、如其所聞、如其所覺、如其所知後就不應該進一步尋求勝義諦相了。如果勝義諦相和諸行相始終一向異的話，應該不是『以諸行唯無我性，唯無自性所顯現的是勝義相』來說明勝義諦相的，勝義諦相與諸行相應該分別獨立成立，即雜染相和清淨相獨立成立。善清淨慧！由於現實中一切行相都有差別而不是沒有差別，修觀行者在修行時對諸行相如其所見、如其所聞、如其所覺、如其所知後，是更要進一步去尋求勝義諦相，另外也是以『諸行唯無我性，唯無自性所顯現的是勝義相』來說明勝義諦相的，雜染相和清淨相也不是分別獨立成立的。因此說，『勝義諦相和諸行相無有異』或『一向異』是沒有道理的。如果對這問題說：『勝義諦相與諸行相無有異』，或者『勝義諦相和諸行相一向異』，那麼由以上道理可以知道這一切說法都是不如理行，與正理違背的。

「善清淨慧！像螺貝上所顯示的鮮白色特性，不能施設說此鮮白色性和螺貝是一相還是異相。像螺貝上的鮮白色性一樣，其他顏色金色、黃色也是這樣的。像對箜篌奏出樂曲所聽到的美妙性，不能施設說此美妙性和箜篌的樂曲聲是一相還是異相。像對黑色沉香所嗅到的妙香性，不能施設說此妙香性和黑色沉香是一相還是異相。像對胡椒所嘗到的辛猛味性，不能施設說此辛猛味性和胡椒是一相還是異相，訶梨澀性也是這樣的。像對蠹羅綿所觸到的柔軟性，不能施設說這柔軟性與蠹羅綿是一相還是異相。像從熟酥中所提煉出來的最上層的醍醐，不能施設說這醍醐與熟酥是一相還是異相。又一切行的無常性，一切有漏法的苦性、一切法的補特伽羅無我性，不能施設說它們各白與一切行，一切有漏法，一切法是一相還是異相。又如心煩惱貪的不寂靜相和雜染相，不能施設說與貪是一相或異相，像對於貪來說一樣，對於其他心煩惱瞋、癡也可以推知是如此的。正是這樣的原因，善清淨慧！勝義諦相不可施設說與諸行相是一相還是異相。

「善清淨慧！我對如此微細極微細、甚深極甚深、難通達極難通達、超過諸法一異性相勝義諦相現正等覺，現正等覺後，為其他眾生宣說，顯現開解，施設照了。這時，佛陀為了重新宣說這道理而說頌為：

「行界勝義相，離一異性相，
若分別一異，彼非如理行。
眾生為相縛，及為粗重縛，
要勤修止觀，爾乃得解脫。」

【注釋】

❶一異：彼此皆同為一，彼此皆異為異。都為偏於一方的思想。《中論》中因緣品有說：「不生亦不滅，不常亦不斷，不一亦不異，不來亦不去。」嘉祥法師疏中說：「不一不異，治外道計執一異障。」《大智度論》卷二十有說：「諸聖人，破吾我相，滅一異相。」

❷「或唱是言」三句：這是第三師計。是對於以上二說，猶豫不決，不是別有計。

❸通達：知勝義稱為「通達」。

❹作證：能得涅槃及菩提果稱為「作證」。

❺於諸相縛不解脫故，於粗重縛亦應不脫：對於這二縛，玄奘法師介紹印度有兩種看法。一種看法是以一切有漏相分為「相縛」，而能緣見分貪等諸惑為「粗重縛」。一種看法是相縛即末那識以為自性，末那識名為相縛。粗重縛有兩種，一種是以六識中的惑稱為粗重。一種是煩惱所知二障勢力使諸有漏五蘊等法無所堪任，而說此為粗重縛。《顯揚聖教論》中說兩者是依他起：相縛為緣起於粗重縛，粗重縛為緣又能生相縛。

❻安隱涅槃：宗鏡錄中說：「安隱快樂者，則寂靜妙常。世事永息者，則攀援心斷。」涅槃，原是印度語，具稱「涅槃那」，其意義包括有滅、寂、寂滅、寂靜、滅度。在印度的原語應用上，是指火的熄滅或風的吹散，如燈火熄滅了稱為「燈焰涅槃」。《般涅槃經》，說涅槃具足法身、般若、解脫的三德，具足常、樂、我、淨的四德，具足常、恆、安、清涼、不老、不死、無垢、快樂如甜酥之具八味的八德。

❼蠹羅綿：傳說是蒲柳華。

❽「不易施設與蠹羅綿一相異相」以下六句：此為理事一異喻。

❾「如螺貝上鮮白色性」至「於瞋癡上當知亦爾」數句：以上有十種比喻。究其次第是約六境說。初二約色，次一約聲，次一約香，二約味，次二約觸，後二約法。

❿止：梵音名「奢摩他」，翻譯為「止」，體即定。止息散亂，名之為止。觀：梵音「毘缽舍那」，翻譯為「觀」。體即是慧，審察諸法，名之為觀。後文「分別瑜伽品」有詳論。

爾時，世尊告長老善現曰❶：「善現！汝於有情界中，知幾有情懷增上慢、為增上慢所執持故記別所解❷？汝於有情界中，知幾有情離增上慢記別所解？」

爾時，長老善現白佛言：「世尊！我知有情界中，少分有情離增上慢記別所解❸。世尊！我知有情界中，有無量無數不可說有情懷增上慢，為增上慢所執持故記別所解❹。

「世尊！我於一時住阿練若大樹林中❺，時有眾多苾芻亦於此林依近我住❻，我見彼諸苾芻於日後分展轉聚集❼，依有所得現觀❽，各說種種相法記別所解。於中一類由得蘊故、得蘊相故、得蘊起故、得蘊盡故、得蘊滅故、得蘊滅作證故記別所解❾。如此一類由得蘊故，復有一類由得處故、復有一類得緣起故❿，當知亦爾。復有一類由得食故、得食相故、得食起故、得食盡故、得食滅故、得食滅作證故記別所解⓫，復有一類由得諦故、得諦相故、得諦遍知故、得諦永斷故、得諦作證故、得諦修習故記別所解⓬，復有一類由得界故、得界相故、得界種種性故、得界非一性故、得界滅故、得界滅作證故記別所解⓭，復有一類由得念住故、得念住相故、得念住能治所治故、得念住修故、得念住未生令生故、得念住生已堅住不忘、倍修增廣故記別所解[14]。如有一類得念住故，復有一類得正斷故、得神足故、得諸根故、得諸力故、得覺支故[15]，當知亦爾。復有一類得八支聖道故、得八支聖道相故、得八支聖道能治所治故、得八支聖道修故、得八支聖道未生令生故、得八支聖道生已堅住不忘、倍修增廣故記別所解[16]。

「世尊！我見彼已，便作是念：此諸長老依有所得現觀，各說種種相法記別所解，當知彼諸長老一切皆懷增上慢，為增上慢所執持故，於勝義諦遍一切一味相不能解了。是故世尊甚奇乃至世尊善說，謂世尊言勝義諦相微細最微細、甚深最甚深、難通達最難通達遍一切一味相。世尊！此聖教中修行苾芻於勝義諦遍一切一味相尚難通達，況諸外道。」

爾時，世尊告長老善現曰：「如是如是，善現！我於微細最微細、甚深最甚深、難通達最難通達遍一切一味相勝義諦現正等覺，現等覺已，為他宣說、顯示開解、施設照了。何以故？善現！我已顯示於一切蘊中清淨所緣是勝義諦，我已顯示於一切處、緣起、食、諦、界、念住、正斷、神足、根、力、覺支、道支中清淨所緣是勝義諦，此清淨所緣於一切蘊中是一味相、無別異相。如於蘊中，如是於一切處中、乃至一切道支中是一味相、無別異相。是故善現，由此道理當知勝義諦是遍一切一味相。

「復次善現！修觀行苾芻通達一蘊真如、勝義、法無我性已，更不尋求各別餘蘊、諸處、緣起、食、諦、界、念住、正斷、神足、根、力、覺支、道支真如勝義法無我性，唯即隨此真如、勝義、無二智為依止故，於遍一切一味相勝義諦審察趣證。是故善現，由此道理當知勝義諦是遍一切一味相。

「復次善現！如彼諸蘊展轉異相，如彼諸處、緣起、食、諦、界、念住、正斷、神足、根、力、覺支、道支展轉異相，若一切法真如、勝義、法無我性亦異相者，是則真如、勝義、法無我性亦應有因，從因所生，若從因生應是有為，若是有為應非勝義，若非勝義應更尋求餘勝義諦。善現！由此真如、勝義、法無我性不名有因非因所生，亦非有為是勝義諦，得此勝義更不尋求餘勝義諦，唯有常常時、恆恆時，如來出世、若不出世，諸法法性安立、法界安住。是故善現，由此道理當知勝義諦是遍一切一味相。善現！譬如種種非一品類異相色中，虛空無相、無分別、無變異、遍一切一味相，如是異性異相一切法中，勝義諦遍一切一味相當知亦爾。」

爾時，世尊欲重宣此義而說頌曰：

「此遍一切一味相，勝義諸佛說無異，
若有於中異分別，彼定愚癡依上慢⑰。」

【譯文】

這時，佛陀問長老須菩提說：「須菩提！你在有情界中，知道有多少有情懷有增上慢，並由於被增上慢所影響而執持記別自己所解的？你在有情界中，知道有多少有情遠離增上慢執持記別自己所解的？」

這時，長老須菩提對佛陀說：「世尊！我知道有情界中有少部分有情遠離了增上慢執持記別自己所解。世尊！我知道有情界中有無量無數不可說的有情懷有增上慢，並因增上慢執持記別自己所解。「世尊！我有一段時間住在寂靜的阿練若大樹林中，那時有很多的比丘也依近我而住，我看到那些比丘在日後時分展轉聚集，依照有所得的現觀，說種種相法並執著於自己所得的見解。他們其中一類獲得了對蘊、蘊相、蘊起、蘊盡、蘊滅、蘊滅作證相法的了解，並由此執著於自己所得的見解。這樣一類是得到了對蘊的了解，還有的一類是獲得了對處的了解，還有一類是獲得了對緣起的了解，也像上面對蘊的執著一樣，由此執著於自己所得的見解。還有一類獲得了對食、食相、食起、食盡、食滅、食滅作證的了解，並由此執著於自己所得的見解。還有一類獲得了對諦、諦相、諦遍知、諦永斷、諦作證、諦修習的了解，並由此執著於自己所得的見解。還有一類獲得了對界、界相、界種種性、界非一性、界滅、界滅作證的了解，並由此執著於自己所得的見解。還有一類獲得了念住、念住相、念住能治所治、念住修故、念住未生令生、念住生已堅住不忘、倍修增廣的了解，並由此執著於自己所得的見解。正像有一類獲得念住的了解一樣，還有一類獲得了對正斷、神足、諸根、諸力、覺支的了解，並由此執著於自己所得的見解。還有一類獲得了對八支聖道、八支聖道相、八支聖道能治所治、八支聖道修、八支聖道未生令生、八支聖道生已堅住不忘、倍修增廣的了解，並由此執著於自己所得的見解。

「世尊！我看到他們，便想到：這些長老依照有所得現觀，各說種種相法記別自己所解，應該知道這是由於諸位長老一切皆懷增上慢，並被增上慢所執持的原因，而對勝義諦遍一切一味相不能明瞭。因此世尊佛陀是極為殊勝的，佛陀的言說也是極為殊勝的。世尊所說的勝義諦相是微細、最微細、甚深、最甚深、難通達、最難通達的，是遍一切一味相。世尊！在這如來聖教中修行的比丘對勝義諦遍一切一味相尚難以通達，何況是諸外道呢。」

這時，佛陀告訴長老須菩提說：「是這樣的，是這樣的，須菩提！我對微細最微細、甚深最甚深、難通達最難通達的遍一切一味相勝義諦已經現成正等正覺，我自己現成正等正覺後，為其他眾生宣說，顯示開解，施設照了。什麼原因呢？須菩提！我已經顯示了一切蘊中清淨所緣是勝義諦，我已顯示了一切處、緣起、食、諦、界、念住、正斷、神足、根、力、覺支、道支中清淨所緣是勝義諦，這裡清淨所緣於一切蘊中是一味相、沒有其他異相。像在蘊中一樣，其他在一切處中、乃至一切道支中也是一味相、沒有異相。因此須菩提，由此道理應該知道勝義諦是遍一切一味相的。

「還有須菩提！修觀行的比丘通達一蘊的真如、勝義、法無我性後，就不會再去尋求其他諸蘊、諸處、緣起、食、諦、界、念住、正斷、神足、根、力、覺支、道支的真如、勝義法無我性。僅隨這通達的真如、勝義、無二智為依止，對遍一切一味相的勝義諦審察趣證。因此須菩提，由此道理應該知道勝義諦相是遍一切一味相的。

「還有須菩提！像那諸蘊展轉呈不同相一樣，那諸處、緣起、食、諦、界、念住、正斷、神足、根、力、覺支、道支也展轉呈不同相，假如一切法真如、勝義、法無我性也呈不同相的話，那麼真如、勝義、法無我性也應該是有原因的，是有原因才生起的，如果是有原因才生起的那麼應該是有為，如果是有為應該不是勝義的，如果不是勝義的那麼應該尋求其他勝義諦。須菩提！由此道理可知真如、勝義、法無我性不說是有因生或非因所生，也不說有為是勝義諦，獲得這勝義後就不須再去尋求其他的勝義諦了，只存在常常時、恆恆時，不管如來出世或不出世，諸法法性都是這樣安立的、法界都是這樣安住的。須菩提！譬如在不是同一品類的不同的色中，虛空是無相、無分別、無變異、遍一切色中都是一味相的，而在異性異相一切法中，勝義諦遍一切一味相也應該知道是類似相同的。」

這時，佛陀為了重新宣說此義而說頌為：

「此遍一切一味相，勝義諸佛說無異，
若有於中異分別，彼定愚癡依上慢。」

【注釋】

❶ 善現：須菩提尊者的意譯名。

❷ 增上慢：是慢、過慢、慢過慢、我慢、增上慢、卑慢、邪慢七慢中之一。慢以恃己於他高舉為性。增上慢，在《法華經》中所說的，未得謂得未證謂證名增上慢。

❸ 少分有情：圓測疏中認為此處指初地以上菩薩，如實了知一味相法空勝義，不生起法增上慢。不是指二乘和凡夫等。

❹ 為增上慢所執持故：圓測疏中認為，此「增上慢」是凡夫和有學聖者所起。

❺ 阿練若處：又稱「阿蘭若處」，指適合於出家人修行與居住之僻靜場所。又譯為「遠離處」、「寂靜處」、「最閒處」、「無諍處」。即距離聚落一俱盧舍而適於修行之空閒處。其住處或居住者，即稱「阿練若處」。

❻ 苾芻：即為「比丘」的音譯。有五義：一是乞士，乞食而清淨活命；二是破煩惱；三是出家人號；四是清淨持戒；五是怖魔。

❼ 日後分：指六時中的日沒時，約下午四點。印度分一晝夜為六時，即晝三時、夜三時。晨朝、日中、日沒為晝三時，初夜、中夜、後夜為夜三時。晨朝即上午八時頃，日中為正午十二時頃，日沒為下午四時頃；初夜即午後八時頃，中夜為子夜十二時頃，後夜為晨四時頃。

❽ 有所得現觀：現觀，《瑜伽師地論》講決定義為現觀，《俱舍論》則說對諸諦境現見分明。此處有所得現觀是指這些比丘，依初法輪所說十三法門，如言執義。不了解無所得一味法句勝義，從而起增上慢，便自認為證得究竟勝義。

❾ 得蘊故、得蘊相故、得蘊起故、得蘊盡故、得蘊滅故、得蘊滅作證：蘊，積集之義，謂許多物事聚集一起，係指有為法而言，此處指五蘊。得蘊者，是總顯所證五蘊法門；得蘊相者，是指得蘊

自性差別相；蘊起故，得蘊盡此二句顯生滅無常見；得蘊滅，得蘊滅作證此二句如次顯示滅道二諦，斷苦集諦得滅諦故，由道斷蘊作證滅。此段分別從五蘊、處、緣生、四食、四諦、十八界六種善巧所觀境界來說。

❿處：舊譯作「入」。心、心所生長門之義。心王、心所以處為所依，緣處而生長，若離處，則不得生長。「六根」、「六境」合為「十二處」。亦即指以「六根」為所依、「六境」為所緣，根與境為能生長心、心所作用之處所，故稱「十二處」或「十二入」。緣起：即「十二因緣」，具有：「此有故彼有，此生故彼生；此無故彼無，此滅故彼滅」的意義。

⓫食：牽引、長養、持續之意。即牽引、養育眾生之肉身或聖者之法身，而使之存在，並永遠保持其狀態以及觸等精神作用（心、心所）之飲食。三界中能長養肉身之食物，稱作「世間食」；長養悟智（法身）之食物，稱「出世間食」。世間食有四種：段食、觸食、思食、識食。出世間食有禪悅食、法喜食、願食、念時、解脫食。

⓬諦：即為「四諦」。諦是指真實不虛的道理意思。在《瑜伽師地論》二十七卷中說：「是如是實非不如實。是無顛倒非是顛倒。故名為諦。」

⓭界：這裡指「十八界」。界本身有層、根基、成分、要素、領域、種族、分界等涵義。「十八界」指眼界、色界、眼識界、耳界、聲界、耳識界、鼻界、香界、鼻識界、舌界、味界、舌識界、身界、觸界、身識界、意界、法界、意識界。事實上就是把宇宙諸法分析成為「六根」、

「六境」和「六識」所組成。

⓮念住：即「四念住」，「三十七道品」中之一科。指集中心念於一點，防止雜念妄想生起，以得真理之四種方法。以身、受、心、法四境為所緣，並以四境的自相及一切法的共相分別來觀身不淨、受是苦、心無常、法無我，以次第對治淨、樂、常、我等四顛倒之觀法。此文中提到六句，念住，念住相二句同蘊初兩句，後面說念住能治所治是說明四念住能對治四顛倒，「得念住修故、得念住未生令生故、得念住生已堅住不忘、倍修增廣句」三句是以四種修來說明四念住。《顯揚聖教論》說有七種修意同此：一已生善法、二令住、三不忘、四令修滿、五令倍修、六令增長、七令廣大。其中已生者是已得，令住是聞慧。令不忘是思慧。令修滿是修慧。

⓯正斷：即「四正斷」或稱「無為四正勤」。㈠為除斷已生之惡，而勤精進。㈡為使未生之惡不生，而勤精進。㈢為使未生之善能生，而勤精進。㈣為使已生之善能更增長，而勤精進。以一心精進，行此四法，故稱四正勤。神足：即「三十七道品」中的「四神足」。又稱「四如意足」。「如意」是指如意自在的神通。從其「不測」這點來說，又稱為「神」，此種通以定為其依止的腳足，故稱「定」為「如意足」或「神足」。四神足係由欲求（欲）、心念（心）、精進（勤）、觀照（觀）四法之力，引發種種神用而產生之三摩地（定）。諸根：「三十七道品」中的「五無漏根」，有信根、精進根、念根、定根、慧根。諸力：即「三十七道品」中的五力，指由信等五根之增長所產生之五種維持修行、達到解脫之力量，即信力、精進力、念力、定力、慧

力。覺支：即「三十七道品」的「七覺支」，有念覺支、擇法覺支、精進覺支、喜覺支、安覺支、定覺支、捨覺支。

⑯八支聖道：即「三十七道品」中的「八正道」：正見、正思惟、正語、正業、正命、正精進、正念、正定。

⑰上慢：即為增上慢。

心意識相品第三

心意識：在佛教中，心、意、識是三者相互並提的。其義有通義和別義。以別義來說，心是梵語「質多」（citta）的意譯，意思是集起，意是梵語「末那」（manas）的意譯，是思量的意思，識是梵語「毘若南」（vijñāna）的意譯，是了別的意思。如《成唯識論》中說「集起名心，思量名意，了別名識，是三別義。」通義，則是三者其體為一，這也如《俱舍論》卷四中說「心意識三名所詮，義雖有異，而體是一」。本經義趣在於通義。相：指體相、相狀的意思。本品題目就是指心意識的體相或相狀。本品是所觀境中的世俗諦境，不過本品不是從「五蘊」，「十二處」，「十八界」來廣講，而是揭示心意識深層體相的秘密。唯識所說的一切唯識的思想，本品是極重要的依據。本品講有情生命開始的時候，最初的一切種子心識執著於五根與名相分別，這樣展轉和合，獲得生命的增長廣大和成熟。這最初的一切種子心識由於執持身的緣故，稱為「阿陀那識」，另方面此識對身攝受並藏隱同安危，由這樣的原因也稱為「阿賴耶識」，此識又是色、聲、香、味、觸等積集滋長，也稱為「心」。因此，在本經中一切種子心識、阿陀那識、阿賴耶識、心這四者是等同的。其他眼、耳、鼻、舌、身、意等六識是依止此阿陀那識而建立。其中，意識與其他五識的關係也具奧妙：當其他五識身轉時，不管是一識還是二、三、四、五識俱轉時都唯有一分別意識隨之而轉，而不是五識單獨的活動。因此在本品中，意識相較於其他五識，跟阿陀那識的關係更為特殊。本品舉了「大暴水流喻」和「善淨鏡面喻」來說明以阿陀那識為依止建立，五識身轉的情況。而要成為於心意識一切秘密善巧的菩薩行者，則需於內各別如實不見阿陀那、不見阿陀那識，不見阿賴耶、不見阿賴耶識，不見積集、不見心，及不見其他「六根」、「六境」、「六識」等，本品對此總結說：「阿陀那識甚深細，一切種子如暴流，我於凡愚不開演，恐彼分別執為我。」

爾時廣慧菩薩摩訶薩白佛言❶：「世尊！如世尊說於心意識秘密善巧菩薩❷，於心意識秘密善巧菩薩者，齊何名為於心意識秘密善巧菩薩？如來齊何施設彼為於心意識秘密善巧菩薩？」

說是語已，爾時世尊告廣慧菩薩摩訶薩曰：「善哉！善哉❸！廣慧！汝今乃能請問如來如是深義，汝今為欲利益安樂無量眾生，哀愍世間及諸天人阿素洛等❹，為令獲得義利安樂故發斯問❺。汝應諦聽❻！吾當為汝說心意識秘密之義。

「廣慧！當知於六趣生死❼，彼彼有情墮彼彼有情眾中，或在卵生、或在胎生、或在濕生、或在化生身分生起❽。於中最初一切種子心識成熟❾，展轉和合❿，增長廣大⓫，依二執受：一者有色諸根及所依執受，二者相名分別言說戲論習氣執受⓬。有色界中具二執受，無色界中不具二種。

「廣慧！此識亦名阿陀那識⓭。何以故？由此識於身隨逐執持故。亦名阿賴耶識⓮。何以故？由此識於身攝受藏隱同安危義故。亦名為心⓯。何以故？由此識色、聲、香、味、觸等積集滋長故。

「廣慧！阿陀那識為依止、為建立故六識身轉⓰，謂眼識，耳、鼻、舌、身、意識。此中有識，眼及色為緣生眼識，與眼識俱隨行同時同境有分別意識轉⓱，有識耳鼻舌身及聲香味觸為緣生耳鼻舌身識，與耳鼻舌身識俱隨行同時同境有分別意識轉。

「廣慧！若於爾時一眼識轉，即於此時唯有一分別意識與眼識同所行轉，若於爾時二、三、四、五諸識身轉，即於此時唯有一分別意識與五識身同所行轉。廣慧！譬如大暴水流，若有一浪生緣現前唯一浪轉，若二若多浪生緣現前有多浪轉，然此暴水自類恆流無斷無盡。又如善淨鏡面，若有一影生緣現前唯一影起，若二若多影生緣現前有多影起，非此鏡面轉變為影，亦無受用滅盡可得。如是廣慧，由似暴流阿陀那識為依止為建立故，若於爾時有一眼識生緣現前，即於此時一眼識轉，若於爾時乃至有五識身生緣現前，即於此時五識身轉。

「廣慧！如是菩薩雖由法住智為依止為建立故⑱，於心意識秘密善巧，然諸如來不齊於此施設彼為於心意識一切秘密善巧菩薩。廣慧！若諸菩薩於內各別如實不見阿陀那⑲、不見阿陀那識，不見阿賴耶、不見阿賴耶識，不見積集、不見心，不見眼、色及眼識，不見耳、聲及耳識，不見鼻、香及鼻識，不見舌、味及舌識，不見身、觸及身識，不見意、法及意識，是名勝義善巧菩薩，如來施設彼為勝義善巧菩薩。廣慧！齊此名為於心意識一切秘密善巧菩薩，如來齊此施設彼為於心意識一切秘密善巧菩薩。」

爾時，世尊欲重宣此義而說頌曰：

「阿陀那識甚深細，一切種子如暴流⑳，
我於凡愚不開演，恐彼分別執為我。」

【譯文】

這時，廣慧大菩薩對佛陀說：「世尊！像世尊所說的心意識秘密善巧菩薩，對於這位心意識秘密善巧菩薩為何稱為心意識秘密善巧菩薩？佛陀如來為何施設說其為心意識秘密善巧菩薩？」

說完這話後，這時，佛陀回答廣慧大菩薩說：「很好啊！很好啊！廣慧！你如今能夠問如來這樣的深義，你如今是為了利益和安樂無量的眾生，哀愍世間和諸天人、阿修羅等眾生，為了能夠使諸眾生獲得義利與安樂而發此問的。你應該諦聽！我應當為你說心意識秘密的道理。

「廣慧！你應該知道，在六趣輪迴的生死中，種種有情眾生墮入種種有情眾生的過程中，或以卵生，或以濕生，或以化身生，在這出生的最初中，一切種子心識先成熟，然後展轉和合，並增長廣大，此識依據兩種執受：一種是有色諸根和諸根所依的執受，第二種是對名相的分別言說戲論習氣持受。在有色界中具有這兩種執受，而無色界中則不具有這兩種執受。

「廣慧！這識也叫阿陀那識。為什麼這麼說呢？這是因為此識對身體隨逐執持的緣故，所以稱為阿陀那識。同時這識也稱為阿賴耶識，為什麼這麼說呢？這是因為此識能對身體攝受，藏隱同安危的緣故。同時這識也稱為心。為什麼這麼說呢？這是因為此識是色、聲、香、味、觸等境界積集滋長緣故。

「廣慧！以阿陀那識為依止，為建立而有六識身，這六識身為眼識、耳識、鼻識、舌識、身識、意識。這裡有識，因眼和所緣色而生眼識，跟這眼識同時同境的有分別意識隨轉。類似還有識，因耳、鼻、舌、身和所緣的聲、香、味、觸而生耳識、鼻識、舌識、身識，與耳識、鼻識、舌識、身識同時同境也有分別意識隨轉。

「廣慧！如果有眼識轉，那麼即在此時有一分別意識和眼識同所行所轉，如果當時有二、三、四、五種諸識身轉，那麼也惟有一分別意識與五識身同所轉。廣慧，這就像大瀑布的水流一樣，如果有一浪緣現前生起，那麼就只一浪轉，如果有多浪緣現前生，那麼就有多浪轉，但是這大瀑水流自體是恆常流動無斷無盡的。這又像一清淨的鏡面，如果有一影緣現前生，那麼只有一影生起，如果有兩個或多個影緣現前生，那麼鏡面也有多影生起。這裡並不是鏡面轉變為影，也沒受用滅盡可得。正是這樣的，廣慧，以像瀑流一樣的阿陀那識為依止而建立諸識，如果有一眼識緣現前生起，那麼此時只是一眼識隨轉，如果這時有二、三、四乃至五識身緣現前就有五識身隨轉。

「廣慧！這樣菩薩雖然以法住智為依止，為建立的緣故，而對心意識秘密有了善巧的了解，但是諸如來不因為達到這樣的認識就施設其為於心意識一切秘密善巧菩薩。廣慧！如果諸菩薩對內各別如實的不見阿陀那、不見阿陀那識，不見阿賴耶、不見阿賴耶識，不見積集、不見心，不見眼、色及眼識，不見耳、聲及耳識，不見鼻、香及鼻識，不見舌、味及舌識，不見身、觸及身識，不見意、法及意識，這才稱為勝義善巧菩薩，如來才施設其為勝義善巧菩薩。廣慧！這樣才能稱為於心意識一切秘密善巧菩薩。這樣如來才施設其為於心意識一切秘密善巧菩薩。」

這時，世尊想重新宣說此義而說頌為：

「阿陀那識甚深細，一切種子如暴流，
我於凡愚不開演，恐彼分別執為我。」

【注釋】

❶ 廣慧菩薩：此菩薩以廣慧立名。此慧無量無邊所行境故，名為廣慧。

❷善巧：如實了知稱為「善巧」。

❸善哉！善哉：稱讚德之美。《大智度論》中說，言可信並能問於佛，能斷除大眾的疑惑，使大眾能獲大利益而稱為「善哉」。

❹世間：《大智度論》中提到有三世間：一器世間，二五蘊世間，三眾生世間。這裡指五蘊眾生。

❺義利安樂：《佛地論》中認為：現益稱為樂，當益稱為利。世間稱為樂，出世稱為利。離惡稱為樂，攝善稱為利。福德稱為樂，智慧稱為利。

❻諦聽：心專一境。《瑜伽師地論》第八十三卷說：「言諦聽者，謂如是相法勸令審聽。」

❼六趣：也稱「六道」。有地獄趣、餓鬼趣、畜生趣、阿修羅趣、人趣、天趣。趣是趣向之義，眾生受報，皆由因趣果，故「六道」又名「六趣」。

❽卵生：「四生」之一，指破卵殼而出生者，如鵝、雁、命命鳥等，佛經中載有卵生之人，例如《俱舍論》卷八之世羅與鄔波世羅兄弟；胎生：「四生」之一，即由母胎而生，如人類在母胎之內完成身體之後才出生。劫初的人類，男女未分，所以都是化生，後來因為發生淫情，生出男女二根，才變為胎生。濕生：亦作「因緣生」，「四生」之一，由濕氣而生之意，如蟋蟀、飛蛾、蚊蟲、蠓蚋、麻生蟲等及某類人、龍等，以彼等依糞聚、注道、穢廁、腐肉、陳粥、叢草、池沼、江河等潤濕之地出生。化生：「四生」之一，為無所依託而自然借業力生出者，此有一切之天眾、地獄之有情、中有之有情及某類人。人與傍生趣各具「四生」。這裡「四生」攝「六

趣」，「六趣」對中有有情未攝。

❾最初一切種子心識成熟：指各趣生受生位中，最初結生一切種子心識成熟。最初結生的時候種識成熟，成為羯羅藍，稱為「結生」。結生時，父母貪愛俱極，最後決定時各出一滴濃厚精血，二精血和合。住在母胎中，合為一段，正像熟乳凝結的時候，而此處是一切種了異熟所攝，並執受所依的阿賴耶識，和合依託於此。這羯羅藍，有諸根大種，只與身根和根所依的大種俱生。這羯羅藍，是識最初依託的地方，也叫「肉心」。識最初依託於此，最後也從這裡捨離。

❿展轉和合：有以識為緣，根大種等展轉和合和識與羯羅藍展轉和合兩種解釋。

⓫增長廣大：也有兩種解釋，一種是由前面展轉和合的力量使羯羅藍等漸增長位，根大種等也增長廣大。一種因和合的原因名色漸漸增長廣大。

⓬二執受：指受生位，有異熟識執受二種為所緣境。一者執受五根；二者執相名分別。《瑜伽師地論》說，阿賴耶識由二種所緣境轉，一是了別內執受，二是了別外無分別器相。了別內執受是指了別遍計所執自性妄執習氣，及諸色根根所依處；了別外無分別器相是指阿賴耶識一切時沒有間斷像燈焰內執受膏燭，外發光明一樣，緣內執受同時緣外器相。對於執受，圓測法師認為有兩義，「一者賴耶執根依處，為自所依；二者執持種子，為自所攝」。

⓭阿陀那識：梵語「阿陀那」。真諦法師翻譯成「無解」，玄奘法師翻譯成「執持」。因此識隨逐於身，執受色根使其不失壞而說此識名為執持。《攝大乘論》中有二義來解釋阿陀那識：一是指

執受色根令不壞故，二是指執受自體取彼生。《成唯識論》認為阿陀那識有執持、執受、執取三義：「以能執持諸法種子，及能執受色根依處，亦能執取結生相續。故說此識。」在此經中是阿賴耶識的別名，是第八識。舊譯中指第七識。

⑭ 阿賴耶識：梵語「阿賴耶」。翻譯為「藏」。藏有三義：一者能藏，二者所藏，三者執藏。此經中講此識攝受有根身為所依止，並同所依身藏隱同安危而稱為藏。小乘部派佛教只建立眼識、耳識、鼻識、舌識、身識、意識等「六識」；中觀派中也立「六識」，如清辯法師在《中觀心論》中說：「離六識外。無別阿賴耶識。」瑜伽行派卻認為在此「六識」的深處，有不斷地生死輪迴、經常都有持續活動的根本性的心，並稱之為「阿賴耶識」。而最先提到此阿賴耶識的就是此《解深密經》。

⑮ 心：梵語「質多」。有三義，一是集起義，集諸法種，起諸法。二是積集，有兩方面的意思，一是諸法種子所積集，指種種法熏習種子所積集；二是指外六境界積集滋長。三是採集，指採集種種所緣境。此經中是第二義積集的意思。

⑯ 六識：眼識、耳識、鼻識、舌識、身識、意識為六識。指眼、耳、鼻、舌、身、意等六根對境所產生的六種認知作用。眼識指眼根對色境時，即產生眼識；但能見色，未起分別。耳識指耳根對聲境時，即產生耳識；但能聞聲，未起分別。鼻識指鼻根對香境時，即產生鼻識；但能聞香，未起分別。舌識指舌根對味境時，即產生舌識；但能嘗味，未起分別。身識指身根對觸境時，即產

生身識；但能覺觸，未起分別。意識指意根對法境時，即產生意識。此意識與前五識之最大差別，在於能對五境分別善惡好醜。

⓱ 分別意識轉：眼識生起的時候，必然有一分別意識同時隨行，同緣一境。

⓲ 法住智：《瑜伽師地論》卷九十四中說：「謂如有一聽聞隨順緣生緣起，無倒教已。於緣生行因果分位。住異生地，便能如實。以聞思修所成作意，如理思惟。能以妙慧，悟入信解，苦真是苦，集真是集，滅真是滅，道真是道，諸如是等。如其因果安立法中所有妙智，名法住智。」指凡夫依教法而生起的智慧。經中是說地前菩薩雖然因法住智而能了知心意識中的世俗差別，但是未能證解心意識的秘密勝義。

⓳ 於內各別：阿陀那等諸法體上，都有自相共相的道理。對於其中自相現量境稱為「內」。諸法自相各附自體稱之「各別」。如實不見：指如實了知阿陀那等自相，離諸分別稱為「不見」。而不是無分別稱為「不見」。真諦法師認為，此是指地上菩薩依勝義諦，由根本智。對內各別於真如境上證知，如實不見阿陀那用，如實不見阿陀那體，賴耶及心體用差別。

⓴ 種子：原指植物種子，借喻為現象生起之根據。即世間的種種行為在發生過後尚有餘勢潛在地存留著，並成為未來行為生起的原因，或影響未來的行為。換言之，初期佛教將促使善惡業及其果報連續不絕的潛在功能，譬喻為種子。部派佛教時代，經量部、化地部等部派，認為種子是支持人類生存的力量。大乘瑜伽行派則以之構成及維持阿賴耶識，並以之為生起現行的功能。此說為

唯識思想之重要概念。

卷二

一切法相品第四

一切法相：這裡一切法略說有三種：一者有為法，二者無為法，三者不可說法。《大智度論》中說有色法、心法、心所法、心不相應行法、無為法等，廣說有百法等。此品說三性（遍計所執性、依他起性、圓成實性）是一切法的體性相狀，稱為「一切法相」，講法相三性的道理，屬於所觀的有性境。本品是唯識宗三性思想的依據，從認知的角度將一切法相分為三種，即遍計所執相、依他起相、圓成實相。遍計所執相是指一切法假名安立的自性，依他起相是指一切法的緣生自性，圓成實相是指一切法的平等真如。本品舉了「眩翳過患喻」和「清淨頗胝迦寶喻」來說明此三相。透過相名相應可以了知遍計所執相，以依他起相上的遍計所執相為緣，可以了知依他起相，以依他起相上遍計所執相無執以為緣故，可以了知圓成實相。同時，三相的了知與菩提道的清淨過程直接相關：在諸法依他起相上，如果能如實了知遍計所執相，就能如實了知一切無相之法，如果能如實了知依他起相，就能如實了知一切雜染相法，如果能如實了知圓成實相，就能如實了知一切清淨相法。而若能於依他起相上如實了知無相之法，就能斷滅雜染相法，若能斷滅雜染相法，就能證得清淨相法。

爾時德本菩薩摩訶薩白佛言❶：「世尊！如世尊說於諸法相善巧菩薩，於諸法相善巧菩薩者，齊何名為於諸法相善巧菩薩？如來齊何施設彼為於諸法相善巧菩薩？」說是語已，爾時世尊告德本菩薩曰：「善哉！德本！汝今乃能請問如來如是深義，汝今為欲利益安樂無量眾生，哀愍世間及諸天人阿素洛等，為令獲得義利安樂故發斯問。汝應諦聽！吾當為汝說諸法相。

「謂諸法相略有三種。何等為三？一者遍計所執相❷，二者依他起相❸，三者圓成實相❹。云何諸法遍計所執相？謂一切法假名安立自性差別，乃至為令隨起言說。云何諸法依他起相❺？謂一切法緣生自性，則此有故彼有，此生故彼生，謂無明緣行乃至招集純大苦蘊。云何諸法圓成實相❻？謂一切法平等真如❼，於此真如，諸菩薩眾勇猛精進為因緣故、如理作意無倒思惟為因緣故乃能通達，於此通達漸漸修習，乃至無上正等菩提方證圓滿❽。

「善男子！如眩翳人眼中所有眩翳過患❾，遍計所執相當知亦爾，如眩翳人眩翳眾相，或發毛輪、蜂蠅、苣藤❿，或復青黃赤白等相差別現前，依他起相當知亦爾，如淨眼人遠離眼中眩翳過患，即此淨眼本性所行無亂境界，圓成實相當知亦爾。

「善男子！譬如清淨頗胝迦寶⑪，若與青染色合，則似帝青、大青末尼寶像，由邪執取帝青、大青末尼寶故惑亂有情，若與赤染色合，則似琥珀末尼寶像，由邪執取琥珀末尼寶故惑亂有情，若與綠染色合，則似末羅羯多末尼寶像⑫，由邪執取末羅羯多末尼寶故惑亂有情，若與黃染色合，則似金像，由邪執取真金像故惑亂有情。

「如是德本！如彼清淨頗胝迦上所有染色相應，依他起相上遍計所執相言說習氣當知亦爾，如彼清淨頗胝迦上所有帝青、大青、琥珀、末羅羯多、金等邪執，依他起相上遍計所執相執當知亦爾⑬，如彼清淨頗胝迦寶，依他起相當知亦爾，如彼清淨頗胝迦上所有帝青、大青、琥珀、末羅羯多、真金等相，於常常時於恆恆時無有真實、無自性性，即依他起相上由遍計所執相於常常時於恆恆時無有真實、無自性性，圓成實相當知亦爾。

「復次德本！相名相應以為緣故，遍計所執相而可了知，依他起相上遍計所執相執以為緣故，依他起相而可了知，依他起相上遍計所執相無執以為緣故，圓成實相而可了知。

「善男子！若諸菩薩能於諸法依他起相上，如實了知遍計所執相，即能如實了知一切無相之法，若諸菩薩如實了知依他起相，即能如實了知一切雜染相法，若諸菩薩如實了知圓成實相，即能如實了知一切清淨相法。善男子！若諸菩薩能於依他起相上如實了知無相之法，即能斷滅雜染相法，若能斷滅雜染相法，即能證得清淨相法。

「如是德本！由諸菩薩如實了知遍計所執相、依他起相、圓成實相故，如實了知諸無相法、雜染相法、清淨相法，如實了知無相法故，斷滅一切雜染相法，斷滅一切染相法故，證得一切清淨相法。齊此名為於諸法相善巧菩薩，如來齊此施設彼為於諸法相善巧菩薩。」

爾時，世尊欲重宣此義而說頌曰：

「若不了知無相法，雜染相法不能斷，
不斷雜染相法故，壞證微妙淨相法。
不觀諸行眾過失，放逸過失害眾生，
懈怠住法動法中，無有失壞可憐愍。」

【譯文】

這時德本大菩薩對佛陀說：「世尊！像世尊所說的於諸法相善巧菩薩，對於這位於諸法相善巧菩薩，怎樣才稱為於諸法相善巧菩薩呢？如來為何施設其為於諸法相善巧菩薩？」

說這話後，這時，佛陀告訴德本菩薩說：「很好啊！德本！你現能請問如來這樣的深義，你現為了能夠利益安樂無量的眾生，哀愍世間和諸天人，阿修羅等眾生，為了能夠使諸眾生獲得義利安樂而發此問。你應諦聽！我應當為你說諸法相。

「所謂的諸法相略有三種。哪三種呢？第一種是遍計所執相，第二種是依他起相，第三種是圓成實相。什麼是諸法的遍計所執相呢？遍計所執相是指一切法透過假名來安立自性差別，乃至為了能夠隨起言說而假名安立。什麼是諸法的依他起相呢？依他起相是指一切法由緣而生的自性，就是指「此有故彼有，此生故彼生」，是指如十二緣起中的，由無明而緣行乃至由此而招集純大苦蘊的緣生性。什麼是諸法圓成實相呢？圓成實相是說一切法平等真如，諸菩薩眾只有透過勇猛精進，如理作意，無倒思惟為因緣才能通達真如，通達後漸漸修習，到達獲得無上正等菩提時才圓滿獲證此真如。

「善男子！如眩翳人眼中有類毛輪等的眩翳錯覺過患一樣，遍計所執相應該知道也是這樣的，如眩翳人的有諸多眩翳相，或顯發為毛輪、蜂蠅、苣蕂等，或以青、黃、赤、白等顏色差別相現前，依他起相應該知道也是如此，如無眼疾的淨眼人遠離眼中眩翳過患一樣，淨眼的本性所行不會產生雜亂不實的境界，應該知道圓成實相也是如此的。

「善男子！譬如清淨的頗胝迦寶，如果與青染色合，則像帝青色末尼寶、大青色末尼寶像，由於邪執取帝青色末尼寶、大青色末尼寶的緣故從而惑亂了有情，如果和赤染色合，則像琥珀末尼寶像，由於邪執取琥珀末尼寶的原因從而惑亂了有情；如果和綠染色合，則像末羅羯多末尼寶像，由於邪執取末羅羯多末尼寶的原因從而惑亂了有情，如果和黃染色合，則似金像，由於邪執取真金像的原因從而惑亂了有情。

「是這樣的，德本！就像那清淨頗胝迦上所有相應的染色一樣，依他起相上的遍計所執相的言說習氣應當知道也是這樣的。就像對那清淨頗胝迦寶上的所有帝青、大青、琥珀、末羅羯多、金等的邪執一樣，依他起相上的遍計所執相執應當知道也是這樣的。就像那清淨頗胝迦寶一樣，依他起相應當知道也是這樣的。就像那清淨頗胝迦寶上所有的帝青、大青、琥珀、末羅羯多、真金等相，於常常時於恆恆時無有真實、無自性性一樣，在依他起相上由遍計所執相於常常時於恆恆時沒有真實、無自性性，圓成實相應當知道也是這樣的。

「還有德本！從相與名相應以為緣，遍計所執相可以了知；從依他起相上的遍計所執相執著以為緣，依他起相可以了知；從依他起相上遍計所執相無執以為緣，圓成實相可以了知。

「善男子！如果諸菩薩能在諸法依他起相上，能夠如實了知遍計所執相，那麼就能如實了知一切無相之法；如果諸菩薩能夠如實了知依他起相，那麼就能如實了知一切雜染相法；如果諸菩薩能夠如實了知圓成實相，那麼就能如實了知一切清淨相法。善男子！如果諸菩薩能夠在依他起相上如實了知無相之法，那麼就能斷滅雜染相法；如果能夠斷滅雜染相法，那麼就能證得清淨相法。

「是這樣的，德本！由於諸菩薩如實了知遍計所執相、依他起相、圓成實相的緣故，諸菩薩就如實了知了諸無相法、雜染相法、清淨相法，由如實了知無相法的緣故，諸菩薩就斷滅一切雜染相法，由斷滅一切染相法的緣故，諸菩薩就證得一切清淨相法。達到這樣才稱名為於諸法善巧菩薩，達到這樣如來才施設彼為於諸法相善巧菩薩。」

這時，世尊想重新宣說此義而說頌為：

「若不了知無相法，雜染相法不能斷，

不斷雜染相法故，壞證微妙淨相法。
不觀諸行眾過失，放逸過失害眾生，
懈怠住法動法中，無有失壞可憐愍。」

【注釋】

❶ 德本菩薩：此菩薩以無量劫來種植富智兩種德本為因立號。

❷ 遍計所執相：本經中以「謂一切法假名安立自性差別，乃至為令隨起言說」來說明遍計所執相。

《攝大乘論》第四卷講：「云何成遍計所執，何因緣故名遍計所執？無量行相意識遍計，顛倒生相，故名遍計所執。自相實無。唯有遍計所執可得。是故說名遍計所執。」無著菩薩對此的解釋是：「無量行相者，謂種種我法境界影像，一云依他因緣我法，一云所執我法。意識遍計者，謂即意識說名遍計。顛倒生相者，謂亂識所取能取義相生因：一云遍計所執境義，相生顛倒亂識之因；一云所執無量行相，與依他起相見生因，故名遍計所執者。謂即遍計所執義相，名為遍計所執自性。自相實無，唯有遍計所執可得者。謂於實無我及法中，唯有遍計所執影像相貌可得。故名遍計所執。」世親菩薩的解釋是：「無量行相者。所謂一切境界行相。意識遍計者。謂即意識說名遍計。顛倒生相者。謂是能生虛妄顛倒所緣境相。自相實無者。實無彼體。唯有遍計所執可得者。唯有亂識所執可得。」《瑜伽師地論》卷七十四曾列舉遍計所執的五種業㈠能生依他起自性，㈡即於彼性能起言說，㈢能生補特伽羅執，㈣能生法執，㈤能攝受彼二種執習氣粗重。

❸依他起相：本經中以「謂一切法緣生自性，則此有故彼有，此生故彼生，謂無明緣行乃至招集純大苦蘊」來說明依他起性。《攝大乘論》中說：「若依他起自性，實唯有識，似義顯現之所依止。云何成依他起？何因緣故名依他起？從自熏習種子所生依他緣起，故名依他起。生剎那後無有功能自然住故，名依他起。」《唯識三十頌》中說「依他起自性，分別緣所生」。護法論師解釋為依他眾緣而得生起，稱為「依他起」。

❹圓成實相：本經中以「謂一切法平等真如」來說明圓成實相。《攝大乘論》中說：「由無變異性故，又由清淨所緣性故，一切善法最勝性故，由最勝義，名圓成實。」

❺依他起：因緣生的一切煩惱、業、生雜染都是從緣生的因此稱為「依他」。泛說依他有二種：一種雜染；一種清淨。《成唯識論》說有漏無漏皆依他起，都是依他眾緣而得起。本經說染非淨。在《攝大乘論》中透過十一識來說明依他起：「此中何者依他起相，謂阿賴耶識為種子，虛妄分別所攝諸識。此復云何？謂身身者受者識，彼所受識、彼能受識、世識、數識、處識、言說識、自他差別識、善趣惡趣死生識，此中若身身者受者識，彼所受識、彼能受識、世識、數識、處識、言說識。此由名言熏習種子，若自他差別識，此由我見熏習種子。若善趣惡趣死生識，此由有支熏習種子。」這樣稱為「依他起相」。

❻圓成實：在《辯中邊論》中認為圓成實性有二種，分無為與有為。無為總攝真如涅槃，因沒有變

異，所以稱為「圓成實」；有為總攝一切聖道，因於境無倒也稱為「圓成實」。在《攝大乘論》中，圓成實性有四種：「云何應知圓成實自性，應知宣說四清淨法：一者自性清淨，謂真如空實際無相勝義法界；二離垢清淨，謂即此離一切障垢；三者得此道清淨，謂一切菩提分法波羅蜜多等；四者生此境清淨，謂諸大乘妙正法教，由此法教清淨緣故，非遍計所執自性，最淨法界等流性故，非依他自性。如是四法，總攝一切清淨法盡。」

❼真如：在本經提到七種真如：流轉真如、相真如、了別真如、安立真如、邪行真如、清淨真如、正行真如。《成唯識論》卷九稱：「真謂真實，顯非虛妄；如謂如常，表無變異。謂此真實於一切位常如其性，故曰真如。」中觀派以性空為如（真如），亦名諸法實相。《大智度論》卷三十二稱：「諸法實相，常住不動。」瑜伽行派主要以「法無我」、「聖智行」為真如。唯識家以「唯識實性」為真如，《大乘起信論》曰：「一切法從本已來，離言說相，離名字相，離心緣相，畢竟平等，無有變異，不可破壞，唯是一心，故名真如。」

❽「諸菩薩眾勇猛精進」五句：此顯勝用，於真如修觀，諸菩薩眾在資糧位中勇猛精進，在加行位中無倒思惟，由此在見道位中能夠通達。住修道位漸漸修集，至究竟位中方證圓滿。《瑜伽師地論》中說有三用：「一證得清淨用；二解脫二縛用；三引發功德用。」以上三性具有不即不離之關係。若以蛇、繩、麻三物為喻，則愚人（能遍計）於黑夜中見繩，信以為真蛇（實我相之遍計所執性），遂心生恐怖；後經覺者（佛、菩薩）教示，而知非蛇（生空），僅為似蛇之繩（指依

他起性之假有）。且更進一步了解實際所執著之繩（實法相之遍計所執性）亦不具實體之意義（法空），其本質為麻（圓成實性）；繩（依他起性）僅為因緣假合，由麻而成之形態。

❾ 翳：目疾引起的障膜。

❿ 苣蕂：即胡麻、芝麻。

⓫ 頗胝迦寶：又稱「水玉」、「白珠」。《俱舍論》中說妙高山王由四寶所成：金、銀、吠琉璃、頗胝迦。這頗胝迦，應當為赤色。又日輪下面有頗胝迦寶是火珠所成，月輪下面有頗胝迦寶是水珠所成。因此頗胝迦寶具眾色。這裡是為白色。

⓬ 末羅羯多：一種說法稱此寶為「煞色寶」，因由此寶能煞一切色盡壞的緣故。

⓭ 依他起相上遍計所執相執：前喻說執種子故，能生依他似色等相。這裡指由現執，執彼為實。這兩喻顯遍計所執相。

無自性相品第五

自性，指自體之本性。即諸法各自具有真實不變、清純無雜之個性，稱為自性。《十八空論》說「自性有兩義，一無始，二因」。又顯識論亦舉出不雜、不變二義。另在《楞伽阿跋多羅寶經》卷一，將自性分為七種，即：集性自性、性自性、相性自性、大種性自性、因性自性、緣性自性、成性自性。本經將一切法之性相分為遍計所執性、依他起性、圓成實性三種。本品是所觀的無性境，與上品相對。太虛大師曾將第二品〈勝義諦相品〉判為明般若真空之理，第三〈心意識相品〉和第四〈一切法相品〉判為明唯識法相之義，而本品判為明真俗不二，空有圓融，回歸中道。這也頗有道理。本品與唯識宗立宗關係密切，三種無自性性，五種種性，三時判教等都在本品中有所提出或提及。本品講的三種無性性是：相無性性、生無性性、勝義無自性性。此與上品所說的三性密切相關，但不是一一對應關係。相無自性性是指遍計所執相，假名安立為相，因此說相無性性。生無性性是指依他起相，諸法依他緣力而有，不是自然有，因此說依他無性性。勝義無自性性則特別一些，分為兩分來說：一分是指因緣生法的依他起相中不存在勝義的自性，因此說為勝義無自性性；一分是諸法的圓成實相稱為「勝義無自性性」。在勝義無自性性中空有關係得到了圓融。這與中觀的一切法空詮釋有所不同。另外說有三種無自性性，不是因為三種自性別別成立，而是由於在依他起性和圓成實性上增益遍計所執自性的情況下來說三種無性性。本品還約修行位次來說三種無自性性：佛陀先為十信前種解脫分善根位，資糧位上行者宣說生無自性性，後對加行位、通達位、修習位行者宣說相無自性性及勝義無自性性，眾生依此而行能獲得遍解脫煩惱、業、生三種雜染（這也說明了在邁入解脫道時，首先最能受益的是對緣生法的了解，從而悟緣起達性空）。一切聲聞、獨覺、菩薩都共此一妙清淨道，同此一究竟清淨，本品就此密意宣說只有一乘，而不是說沒有種性差別，宣說了一向趣寂聲聞種姓終不能成佛，這也為唯識宗的五種種性說提供了依據。本品就諸蘊、十二處、十二有支、四食、十八界、四聖諦、三十七道品廣說了三種無自性性。還舉了毘濕縛藥、雜彩畫地、熟酥、虛空四喻來說明以此三種無自性性而說的諸法皆無自性，無生無滅，本來寂靜，自性涅槃無自性性的了義言教，遍於一切不了義經中能夠安處、顯發、增勝的特性。在品末提出辨別了義與不了義的著名的三時判教，認為本經屬第三時，以「顯了相轉正法輪，第一甚奇、最為稀有」，是無上無容，是真了義的。這也是唯識宗立本宗為了義的依據。

爾時，勝義生菩薩摩訶薩白佛言❶：「世尊！我曾獨在靜處，心生如是尋思：世尊以無量門曾說諸蘊所有自相、生相、滅相、永斷、遍知，如說諸蘊，諸處、緣起、諸食亦爾，以無量門曾說諸諦所有自相、遍知、永斷、作證、修習，以無量門曾說諸界所有自相、種種界性、非一界性、永斷、遍知，以無量門曾說念住所有自相、能治所治及以修習、未生令生、生已堅住不忘、倍修增長廣大，如說念住，正斷、神足、根、力、覺支亦復如是，以無量門曾說八支聖道所有自相、能治所治及以修習、未生令生、生已堅住不忘、倍修增長廣大❷，世尊復說一切諸法皆無自性、無生無滅、本來寂靜、自性涅槃❸。未審世尊依何密意作如是說：一切諸法皆無自性、無生無滅、本來寂靜、自性涅槃。我今請問如來斯義，惟願如來哀愍解釋，說『一切法皆無自性、無生無滅、本來寂靜、自性涅槃』所有密意。」

爾時，世尊告勝義生菩薩曰：「善哉！善哉！勝義生！汝所尋思甚為如理。善哉！善哉！善男子！汝今乃能請問如來如是深義，汝今為欲利益安樂無量眾生，哀愍世間及諸天人阿素洛等，為令獲得義利安樂故發斯問。汝應諦聽！吾當為汝解釋所說『一切諸法皆無自性、無生無滅、本來寂靜、自性涅槃』所有密意。

「勝義生！當知我依三種無自性性，密意說言一切諸法皆無自性。所謂相無自性性、生無自性性、勝義無自性性。善男子！云何諸法相無自性性？謂諸法遍計所執相。何以故？此由假名安立為相，非由自相安立為相，是故說名相無自性性。云何諸法生無自性性？謂諸法依他起相。何以故？此由依他緣力故有，非自然有，是故說名生無自性性。云何諸法勝義無自性性？謂諸法由生無自性性故，說名無自性性，即緣生法亦名勝義無自性性。何以故？於諸法中若是清淨所緣境界，我顯示彼以為勝義無自性性。依他起相非是清淨所緣境界，是故亦說名為勝義無自性性❹。復有諸法圓成實相亦名勝義無自性性。何以故？一切諸法法無我性名為勝義❺，亦得名為無自性性，是一切法勝義諦故，無自性性之所顯故，由此因緣名為勝義無自性性。

「善男子！譬如空華，相無自性性當知亦爾，譬如幻象，生無自性性當知亦爾，一分勝義無自性性當知亦爾，譬如虛空，惟是眾色無性所顯，遍一切處，一分勝義無自性性當知亦爾，法無我性之所顯故，遍一切故。

「善男子！我依如是三種無自性性，密意說言一切諸法皆無自性。勝義生！當知我依相無自性性，密意說言一切諸法無生無滅、本來寂靜、自性涅槃。何以故？若法自相都無所有，則無有生，若無有生則無有滅，若無生無滅則本來寂靜，若本來寂靜則自性涅槃，於中都無少分所有更可令其般涅槃故，是故我依相無自性性，密意說言一切諸法無生無滅、本來寂靜、自性涅槃。

「善男子！我亦依法無我性所顯勝義無自性性，密意說言一切諸法無生無滅、本來寂靜、自性涅槃。何以故？法無我性所顯勝義無自性性，於常常時於恆恆時，諸法法性安住無為，一切雜染不相應故。於常常時於恆恆時，諸法法性安住故無為，由無為故無生無滅，一切雜染不相應故，本來寂靜自性涅槃。是故我依法無我性所顯勝義無自性性，密意說言一切諸法無生無滅、本來寂靜、自性涅槃。」

【譯文】

這時，勝義生大菩薩對佛說：「世尊！我曾經獨自在靜處，心裡這樣尋思：佛陀曾經以無量法門宣說諸蘊的自相、生相、滅相、永斷、遍知，佛陀如說諸蘊一樣，對諸處、緣起、諸食的自相、生相、滅相、永斷、遍知也作以宣說。佛陀也曾經以無量法門宣說諸諦的所有自相、遍知、永斷、作證、修習。也曾以無量法門宣說諸界的所有自相、種種界性、非一界性、永斷、遍知，也曾以無量法門宣說念住所有自相、能治所治及以修習、未生令生、生已堅住不忘、倍修增長廣大，如對說念住一樣，也對正斷、神足、根、力、覺支也作這樣的宣說。佛陀也曾經以無量法門宣說八支聖道所有自相、能治所治及以修習、未生令生、生已堅住不忘、倍修增長廣大。佛陀還宣說一切諸法皆無自性、無生無滅、本來寂靜、自性涅槃。但不知佛陀是依照什麼密意作這樣說的：一切諸法皆無自性、無生無滅、本來寂靜、自性涅槃。我今請問如來這裡面的奧義，希望如來能哀愍眾生解釋『一切法皆無自性、無生無滅、本來寂靜、自性涅槃』的所有密意。」

這時，佛陀告訴勝義生菩薩說：「很好啊！很好啊！勝義生！你所尋思的很有道理。很好啊！

很好啊！善男子，你現在能請問如來這樣的深義，你現今為了利益安樂無量眾生，哀慈憐愍世間及諸天、人、阿素洛等，為了讓他們獲得義利安樂而發此問。你應仔細諦聽！我將為你解釋我所說的『一切諸法皆無自性、無生無滅、本來寂靜、自性涅槃』的所有密意。

「勝義生！應當知道我是依三種無自性性的密意來說一切諸法皆無自性。這三種無自性性是指相無自性性、生無自性性、勝義無自性性。善男子！為什麼說諸法相無自性性呢？這是因為諸法是遍計所執相的緣故。為什麼呢？這是由假名安立為相而不是由自相安立為相來說名相無性性。為什麼說諸法生無自性性呢？這是說諸法是依他起相的緣故。為什麼呢？這是因為諸法是依他緣力才有的，而不是自然有的，因此說是生無自性性。為什麼說諸法勝義無自性性？是由於諸法生無自性性，而說名無自性性，也就是說緣生法也稱為勝義無自性性。為什麼呢？在諸法中如果是清淨所緣的境界，我顯示其為勝義無自性性。依他起相不是清淨所緣境界，因此也可名為勝義無自性性。還有諸法圓成實相也稱為勝義無自性性。為什麼呢？一切諸法的法無我性稱為勝義，也稱名為無自性性。由於一切法勝義諦的原因，是無自性性所顯的緣故，由此因緣稱為勝義無自性性。

「善男子！好像空花，相無自性性應該知道也是這樣的，好像幻象，生無自性性應該知道也是這樣的，一分勝義無自性性也應該知道是這樣的。好像虛空，只是眾色無性所顯，遍一切處，一分勝義無自性性應該知道也是這樣的。因為是法無我性所顯現的，所以遍一切處。

「善男子！我依這樣三種無自性性，密意說言一切諸法都沒有自性。勝義生！應該知道我依相無自性性，密意說言一切諸法無生無滅，本來寂靜，自性涅槃。為什麼呢？如果白相都無所有，那麼就沒有生，如果沒有生那麼就沒有滅，如果無生無滅那麼本來寂靜，如果本來寂靜，那麼自性就是涅槃，對於其中沒有少分所有可以使自性趨入涅槃，因此我依照相無自性性，密意說一切諸法無生無滅，本來寂靜、自性涅槃。

「善男子！我也依照法無我性所顯勝義無自性性，密意說言一切諸法無生無滅，本來寂靜、自性涅槃。為什麼呢？法無我性所顯勝義無自性性，於常常時，於恆恆時，諸法的法性安住無為，一切雜染不相應的緣故。由於常常時、恆恆時，諸法法性安住的原因而呈現無為，由於是無為的，因此也就是無生無滅，一切雜染與此不相應的緣故，本來寂靜，自性涅槃。因此我依法無我性所顯的勝義無自性性，密意說一切諸法無生無滅、本來寂靜、自性涅槃。」

【注釋】

❶ 勝義生菩薩：勝義就是所證之境，勝智之境稱為「勝義」。生是指能證智緣勝義而生這樣稱之為生。從其立號稱為「勝義生」。

❷ 「世尊以無量門曾說諸蘊」至「倍修增長廣大」數句：以上分說蘊教、四諦教、諸界、四念住、八聖道。

❸ 自性涅槃：涅槃原是印度語，具稱「涅槃那」，其意義包括有滅、寂、寂滅、寂靜、滅度。在印

度的原語應用上，是指火的熄滅或風的吹散，如燈火熄滅了稱為「燈焰涅槃」。《大般涅槃經》說涅槃具足法身、般若、解脫的三德，具足常、樂、我、淨的四德，具足常、恆、安、清涼、不老、不死、無垢、快樂如甜酥之具八味的八德。《成唯識論》總結有四種涅槃：「一本來自性清淨涅槃，謂一切法相真如理，雖有客染而本性淨。一切有情平等共有。與一切法不一不異，離一切相一切分別，尋思路絕名言道斷，唯真聖者自內所證。其性本寂故名涅槃；二有餘依涅槃，謂即真如出煩惱障，雖有微苦所依未滅，而障永寂故名涅槃；三無餘依涅槃，謂即真如出生死苦，煩惱既盡餘依亦滅，眾苦永寂故名涅槃；四無住處涅槃，謂即真如出所知障，大悲般若常所輔翼，由斯不住生死涅槃利樂有情窮未來際用而常寂故名涅槃。一切有情皆有初一。二乘無學容有前三。唯我世尊可言具四。」此處的自性涅槃就是自性清淨涅槃，指「佛如、眾生如」的法爾真實如是之理。

❹「於諸法中若是清淨所緣境界」以下四句：此中文句較為難解，因從文義的邏輯上似乎是矛盾的，因先說「若是清淨所緣境界，我顯示彼以為勝義無自性性」後又說「非是清淨所緣境界，是故亦說名為勝義無自性性」。演培法師曾認為其中有多字，前面的「勝義無自性性」中「無自性性」幾字多餘。然就其文中語氣來說，玄奘法師翻譯並非是多餘字，這裡的主要的矛盾在於理解依他起相為什麼稱為勝義無自性性，這裡的勝義無自性性涵義是什麼。本來此段就是講此原因的，綜合看此段的文義思路，是說清淨所緣的境界，佛陀顯示為勝義，並且此勝義是無自性性

的，而依他起相不是清淨所緣，因此是沒有勝義自性性的。也就是說從依他起相中去看是找不到勝義的自性，所以說依他起相也是一分勝義無自性性。這在《顯揚勝教論》卷十六中曾提到：「依他起性，由異相故，亦得建立為勝義無性，何以故？由無勝義性故。」這裡也說是因沒有勝義自性性的原因而說依他起相是勝義無自性性的。對於為什麼於依他起相說勝義無自性性，而不對遍計所執相說勝義無自性性。宗喀巴大師在《依止〈解深密經〉辯了不了義》文中對此解釋道：「謂緣依他起上遍計執空，數數修習，能淨諸障，如是亦緣有法依他，疑彼亦是清淨所緣，故是勝義。遍計執上無彼疑故，無彼疑過。」這主要是說修觀上會對依他起懷疑為清淨所緣，而遍計所執是不會的，從而說依他起沒有勝義自性性。

❺ 法無我：無我是佛教的根本教義之一，無我分為人無我和法無我。人無我是指人是由五蘊假和合而成，沒有常恆自在的主體——我（靈魂）的存在；法無我則是指一切法都由種種因緣和合而生，不斷變遷，沒有常恆的主宰者。本經以三種無性性來說無我。

「復次勝義生！非由有情界中諸有情類，別觀遍計所執自性為自性故，亦非由彼別觀依他起自性及圓成實自性為自性故，我立三種無自性性，然由有情於依他起自性及圓成實自性上增益遍計所執自性故，我立三種無自性性。由遍計所執自性相故，彼諸有情於依他起自性及圓成實自性中隨起言說，如如隨起言說，如是如是由言說熏習心故、由言說隨覺故、由言說隨眠故，於依他起自性及圓成實自性中執著遍計所執自性相。如如執著，如是如是於依他起自性及圓成實自性上執著遍計所執自性，由是因緣生當來世依他起自性。由此因緣，或為煩惱雜染所染、或為業雜染所染、或為生雜染所染❶，於生死中長時馳騁、長時流轉，無有休息，或在那洛迦、或在傍生、或在餓鬼、或在天上、或在阿素洛、或在人中受諸苦惱。

「復次勝義生！若諸有情從本已來未種善根、未清淨障、未成熟相續、未多修勝解、未能積集福德、智慧二種資糧❷，我為彼故，依生無自性性宣說諸法，彼聞是已，能於一切緣生行中，隨分解了無常無恆是不安隱變壞法已，於一切行心生怖畏、深起厭患，心生怖畏深厭患已，遮止諸惡，於諸惡法能不造作，於諸善法能勤修習，習善因故未種善根能種善根、未清淨障能令清淨、未成熟相續能令成熟，由此因緣多修勝解，亦多積集福德、智慧二種資糧。

「彼雖如是種諸善根，乃至積集福德、智慧二種資糧，然於生無自性性中，未能如實了知相無自性性及二種勝義無自性性，於一切行未能正厭、未正離欲、未正解脫、未遍解脫煩惱雜染、未遍解脫諸業雜染、未遍解脫諸生雜染，如來為彼更說法要，謂相無自性性及勝義無自性性，為欲令其於一切行能正厭故、正離欲故、正解脫故、超過一切煩惱雜染故、超過一切業雜染故、超過一切生雜染故。彼聞如是所說法已，於生無自性性中能正信解相無自性性及勝義無自性性，揀擇思惟，如實通達，於依他起自性中能不執著遍計所執自性相，由言說不熏習智故、由言說不隨覺智故、由言說離隨眠智故能滅依他起相❸，於現法中智力所持，能永斷滅當來世因，由此因緣於一切行能正厭患、能正離欲、能正解脫、能遍解脫煩惱、業、生三種雜染。

「復次勝義生！諸聲聞乘種姓有情，亦由此道、此行跡故證得無上安隱涅槃，諸獨覺乘種姓有情、諸如來乘種姓有情，亦由此道、此行跡故證得無上安隱涅槃。一切聲聞、獨覺、菩薩皆共此一妙清淨道，皆同此一究竟清淨，更無第二。我依此故，密意說言惟有一乘，非於一切有情界中無有種種有情種姓，或鈍根性、或中根性、或利根性有情差別。

「善男子！若一向趣寂聲聞種姓補特伽羅❹，雖蒙諸佛施設種種勇猛加行方便化導，終不能令當坐道場證得阿耨多羅三藐三菩提。何以故？由彼本來惟有下劣種姓故，一向慈悲薄弱故，一向怖畏眾苦故。由彼一向慈悲薄弱，是故一向棄背利益諸眾生事，由彼一向怖畏眾苦，是故一向棄背發起諸行所作。我終不說一向棄背利益眾生事者、一向棄背發起諸行所作者當坐道場能得阿耨多羅三藐三菩提，是故說彼名為一向趣寂聲聞。若回向菩提聲聞種姓補特伽羅，我亦異門說為菩薩。何以故？彼既解脫煩惱障已❺，若蒙諸佛等覺悟時，於所知障其心亦可當得解脫❻，由彼最初為自利益修行加行脫煩惱障，是故如來施設彼為聲聞種姓。

【譯文】

「還有勝義生！我不是因為有情界中諸有情眾生，離開依他起自性和圓成實自性，別觀遍計所執自性為自性，也不是有情眾生，離開遍計所執自性，別觀依他起自性和圓成實自性為自性，而立三種無自性性的。而是有情在依他起自性和圓成實自性上增益遍計所執自性的原因，我才立三種無自性性的。由於有遍計所執自性相的緣故，諸有情眾生在依他起自性和圓成實自性中隨起言說，如如隨起言說，如是如是由言說熏習心的原因，由言說而說隨覺，由言說而說隨眠的原因，在依他起自性和圓成實自性上執著遍計所執性自性，由於這樣的原因，生來世依他起自性。由此因緣，或被煩惱雜染所染、或被業雜染所染、或被生雜染所染，在生死中長時馳騁、長時流轉，無有休息，或在那洛迦、或在傍生、或在餓鬼、或在天上、或在阿素洛、或在人中受諸苦惱。

「還有勝義生！如果諸有情從本以來就沒有種善根、沒有清淨障、沒能成熟相續、沒能多修勝解、沒能積集福德、智慧二種資糧，就這種情況，我就為其依生無自性性來宣說諸法。這類有情聽聞這道理以後，能對於一切緣生行中，隨分開解無常無恆的道理，對一切緣生行法認為都是不安隱的，會變壞的法。於是對一切行心裡生起怖畏、深起厭患。心裡生起怖畏深厭患後，就遮止諸惡，對於諸惡法就能夠不造作，對於諸善法能夠勤加修習，因修習善的原因，未種善根能種善根、未清淨障能令清淨、未成熟相續能令成熟，由於這些因緣而能夠多修勝解，也能多積集福德、智慧二種資糧。

「這些諸有情眾生，雖然種了諸種善根，甚至積集了福德、智慧二種資糧，但在生無自性性中，不能如實了知相無自性性和二種勝義無自性性，對一切行不能正厭，不能正離欲，不能正解脫，不能遍解脫煩惱雜染、不能遍解脫諸業雜染，不能遍解脫諸生雜染，如來就進一步為他宣說相無自性性和勝義無自性性的法要，為了使其有情能對一切行能夠正厭、正離欲、正解脫、超過一切煩惱雜染故、超過一切業雜染故、超過一切生雜染的原因。這類有情聽聞這樣說法後，在生無自性性中能夠正信解相無自性性和勝義無自性性，揀擇思惟，如實通達，在依他起自性中能不執著遍計所執自性相。由言說的不熏習智、言說的不隨覺智、言說的離眠智的原因能滅依他起相，以這種智力持住現法，能永斷滅當來世的因，由此的因緣對一切行能夠正厭患、能夠正離欲、能夠正解脫、能夠遍解脫煩惱、業、生三種雜染。

「還有勝義生！不僅諸聲聞乘種姓有情是由此道，由此行跡而證得無上安隱涅槃的，而且諸獨覺乘種姓有情、諸如來乘種姓的有情，也是由此道，此行跡證得無上安隱涅槃。一切聲聞、獨覺、菩薩都是同此妙清淨道，都同此一究竟清淨，而沒有第二種。我依照這個道理，密意說佛法只有一乘，但不是說一切有情界中沒有種種有情種姓如鈍根性、中根性、利根性有情的差別。

「善男子！如果是一向趣寂聲聞種姓的補特伽羅，雖然蒙諸佛施設種種勇猛加行方便的化導，但終究不能使其坐道場證得阿耨多羅三藐三菩提。為什麼呢？由於其本來只有下劣種性的緣故，一向慈悲薄弱，一向怖畏眾苦。由於其一向慈悲薄弱的緣故，所以一向棄背利益諸眾生事，由於其一向怖畏眾苦的緣故，所以一向棄背發起諸行所作。我終不說一向棄背利益眾生事的有情、一向棄背發起諸行所作的有情，能夠坐道場得阿耨多羅三藐三菩提。由於這樣，說這類有情為一向趣寂聲聞。如果是回向菩提的聲聞種姓的補特伽羅，我也異門說為菩薩。為什麼呢？因為其已經解脫煩惱障了，如果蒙佛化導覺悟時，對於其心的所知障也可以解脫，由彼最初是因為了自利益而修行，並透過加行解脫煩惱障，所以如來施設這類有情為聲聞種姓。

【注釋】

❶ 煩惱雜染：指身見、邊見及貪瞋癡等一切煩惱能染污真性，令不清淨。包括一切之煩惱與隨煩惱。業雜染：指由煩惱所生，或以煩惱為助緣所生之一切身語意三業，種種造作，染污真性。生雜染：因煩惱及業而有生，由此生苦，更有老病死苦、愛別離苦、求不得苦、怨憎會苦等，皆能染污真性，令不清淨。

❷ 善根：又稱「善本」、「德本」。指能生出善法的根本。將善以樹根為喻，故名善根。如依《俱舍論》所說，則善根是指行者入見道位時，能生無漏智的根本。相續：即法之前後連續無間斷之意。《俱舍論》卷四說：「何名相續？謂因果性三世諸行。」卷三十說：「業為先後色心起，中無間斷，名為相續。」勝解：又作「信解」。心所之名。為「俱舍七十五法」中「十大地法」之一，「唯識百法」中屬「五別境」之一，指殊勝了解之義。即於所緣之境起印可的精神作用（即作出確定之判斷）。資糧：指長養、資益菩提因的諸善法。諸經論多說資糧有福德、智慧二種之

別，如《金光明最勝王經》卷六說：「我常擁護令彼眾生離苦得樂，能成福智二種資糧。」《大寶積經》卷五十二中說：「菩薩摩訶薩修行般若波羅蜜多故，善能通達二種資糧，何者是耶？謂福及智。舍利子，云何名為福德資糧？所謂布施體性福所作事、尸羅體性福所作事、諸修體性福所作事及大慈定大悲方便。（中略）復次舍利子，云何菩薩摩訶薩智德資糧善巧？舍利子，是菩薩摩訶薩修行般若波羅蜜多時，由住如是如是因緣法故，攝取於智，是故名曰智德智糧。」

❸ 隨眠：小乘中，說一切有部以貪、瞋、癡等根本煩惱為隨眠；經部將煩惱的現行稱為「纏」，將其種子稱為「隨眠」。大乘唯識家亦將眠伏於阿賴耶識中的煩惱種子，稱為隨眠。

❹ 補特伽羅：就是通常說的「眾生」的別名，還有譯為「數取趣」、「眾數者」等。這是指輪迴轉生之主體而言。數取趣，意為數度往返六趣輪迴者。乃外道「十六知見」之一。即「我」之異名。或單指人之意而言。佛教主張無我說，故不承認有生死主體之真實補特伽羅（勝義之補特伽羅），但為解說權便之故，而將人假名為補特伽羅（世俗之補特伽羅）。

❺ 煩惱障：與所知障並稱為「二障」。《成唯識論》卷九謂，擾亂眾生身心，妨礙至涅槃之一切煩惱，稱為「煩惱障」。至於雖不令起業而不生於三界（迷界），然能覆蓋所知之境界而妨礙正智產生之一切煩惱，則稱「所知障」（智障）。此二障均屬薩迦耶見，而依據百二十八之根本煩惱為體。其中，由於執著有「真實之人」、「真實之眾生」，遂執著於「我的存在」（我執），此即為煩惱障；至於執著有「實體萬法」之法執，即為所知障；以上即是同一煩惱之二面觀。故煩

惱障以我執為根本，所知障以法執為根本。若由作用之特徵而言，煩惱障乃障礙涅槃，而所知障乃障礙菩提；此即言，煩惱障為障礙涅槃之正障，而所知障為給與正障力量之兼障，故僅有所知障並無障礙涅槃之能力。

❻所知障：指對一切所知及菩提的障礙。又名「智障」或「智礙」。「二障」之一。如《佛地經論》卷七中說：「所知障者，謂執遍計所執諸法薩迦耶見以為上首，所有無明、法愛、恚等諸心心所法，及所發業並所得果皆攝在中，皆以法執及無明為根本故。」《成唯識論》卷九說：「所知障者，謂執遍計所執諸法薩迦耶見而為上首，見、疑、無明、愛、恚慢等，覆所知境，無顛倒性，能障菩提，名所知障。（中略）此障但與不善、無記二心相應，論說無明唯通不善無記性故；癡、無癡等不相應故；煩惱障中，此障必有，彼定用此為所依。」

「復次勝義生！如是於我善說、善制法、毘奈耶最極清淨意樂所說善教法中❶，諸有情類意解種種差別可得。

「善男子！如來但依如是三種無自性性，由深密意於所宣說不了義經，以隱密相說諸法要，謂一切法皆無自性、無生無滅、本來寂靜、自性涅槃。於是經中，若諸有情已種上品善根、已清淨諸障、已成熟相續、已多修勝解、已能積集上品福德智慧資糧，彼若聽聞如是法已，於我甚深密意言說如實解了，於如是法深生信解，於如是義以無倒慧如實通達，於此通達善修習故，速疾能證最極究竟，亦於我所深生淨信，知是如來應正等覺於一切法現正等覺。

「若諸有情已種上品善根、已清淨諸障、已成熟相續、已多修勝解，未能積集上品福德智慧資糧，其性質直❷，是質直類，雖無力能思擇廢立，而不安住自見取中。彼若聽聞如是法已，於我甚深秘密言說雖無力能如實解了，然於此法能生勝解、發清淨信，信此經典是如來說，是其甚深顯現、甚深空性相應，難見難悟，不可尋思，非諸尋思所行境界、微細詳審聰明智者之所解了，於此經典所說義中自輕而住，作如是言『諸佛菩提為最甚深，諸法法性亦最甚深，惟佛如來能善了達，非是我等所能解了，諸佛如來為彼種種勝解有情轉正法教，諸佛如來無邊智見，我等智見猶如牛跡』，於此經典雖能恭敬為他宣說、書寫護持、披閱流布、殷重供養、受誦溫習，然猶未能以其修相發起加行❸，是故於我甚深密意所說言辭不能通達，由此因緣，彼諸有情亦能增長福德智慧二種資糧，於彼相續未成熟者亦能成熟。

「若諸有情廣說乃至未能積集上品福德智慧資糧，性非質直，非質直類，雖有力能思擇廢立，而復安住自見取中。彼若聽聞如是法已，於我甚深密意言說不能如實解了，於如是法雖生信解，然於其義隨言執著，謂一切法決定皆無自性、決定不生不滅、決定本來寂靜、決定自性涅槃，由此因緣，於一切法獲得無見及無相見，由得無見、無相見故，撥一切相皆是無相，誹撥諸法遍計所執相、依他起相、圓成實相。何以故？由有依他起相及圓成實相故，遍計所執相方可施設。若於依他起相及圓成實相見為無相，彼亦誹撥遍計所執相，是故說彼誹撥三相。雖於我法起於法想，而非義中起於義想，由於我法起法想故及非義中起義想故，於是法中持為是法，於非義中持為是義，彼雖於法起信解故福德增長，然於非義起執著故退失智慧，智慧退故退失廣大無量善法。

「復有有情從他聽聞，謂法為法、非義為義，若隨其見，彼即於法起於法想、於非義中起於義想，執法為法、非義為義，由此因緣當知同彼退失善法。

「若有有情不隨其見，從彼欻聞『一切諸法皆無自性、無生無滅、本來寂靜、自性涅槃』便生恐怖❹，生恐怖已，作如是言『此非佛語，是魔所說』，作此解已，於是經典誹謗毀罵，由此因緣獲大衰損、觸大業障❺。

「由是緣故，我說若有於一切相起無相見、於非義中宣說為義，是起廣大業障方便，由彼陷墜無量眾生，令其獲得大業障故。

「善男子！若諸有情未種善根、未清淨障、未熟相續、無多勝解、未集福德智慧資糧，性非質直，非質直類，雖有力能思擇廢立，而常安住自見取中，彼若聽聞如是法已，不能如實解我甚深密意言說，亦於此法不生信解，於是法中起非法想，於是義中起非義想，於是法中執為非法，於是義中執為非義，唱如是言『此非佛語，是魔所說』，作此解已，於是經典誹謗毀罵、撥為虛偽，以無量門毀滅摧伏如是經典，於諸信解此經典者起怨家想，彼先為諸業障所障，由此因緣復為如是業障所障，如是業障初易施設，乃至齊於百千俱胝那庾多劫無有出期❻。

「善男子！如是於我善說善制法毘奈耶最極清淨意樂所說善教法中，有如是等諸有情類意解種種差別可得。」

爾時，世尊欲重宣此義而說頌曰：

「一切諸法皆無性，無生無滅本來寂，
諸法自性恆涅槃，誰有智言無密意？
相生勝義無自性，如是我皆已顯示，
若不知佛此密意，失壞正道不能往。
依諸淨道清淨者，惟依此一無第二，
故於其中立一乘，非有情性無差別。
眾生界中無量生，惟度一身趣寂滅，
大悲勇猛證涅槃，不捨眾生甚難得。
微妙難思無漏界，於中解脫等無差，
一切義成離惑苦，二種異說謂常樂。」

【譯文】

「還有勝義生！這樣，在我善說和善制的法藏和毘奈耶藏中，在我最極清淨意樂所說善教法中，諸有情類的意解還是有種種差別的。

「善男子！如來只是依這樣生無自性性，相無自性性，勝義無自性性三種無自性性，用甚深密意的方式宣說不了義經，其中以隱密相宣說諸法要為：一切法皆無自性、無生無滅、本來寂靜、自性涅槃。對於這類經中，如果諸有情眾生已種上品善根、已清淨諸障、已成熟相續、已多修勝解、已能積集上品福德智慧資糧，那麼他如果聽聞到這樣的法後，對我甚深密意言說能夠如實解了，對這樣法深生信解，並以無倒慧如實通達法義。因為能夠通達並善於修習的緣故，速疾能夠證得最極究竟，同時對我也深生淨信，知道如來應正等覺對一切法現正等覺。

「如果諸有情眾生已種上品善根、已清淨諸障、已成熟相續、已多修勝解，但是未能積集上品福德智慧資糧，其性質直具足信心，是質直類眾生，雖然沒有能力去思擇廢立聖教的道理，但是不安住於自見取中。他如果聽聞這樣的教法後，對我的甚深秘密言說，雖然無力如實解了，然而對於此法能生勝解、發清淨信，相信此經典是如來所說，是其甚深義的顯現，是與甚深空性相應的，難見難悟，不可尋思，不是諸尋思所行的境界、是微細詳審的聰明智者才能解了的，對經典所說奧義，這類有情自輕己智不能解了經義而住。作這樣的言說：『諸佛所有能證菩提真俗二智的菩提法最為甚深，諸法的法性也最為甚深，只有佛如來能善了達，不是我等所能解了的，諸佛如來為了那些具有種種勝解的有情轉正法教，諸佛如來具有無量無邊像海一樣的智慧，而我等眾生智慧猶如象牛走過留下足跡中的淺水。』這類有情對此經典雖然能恭敬為他人宣說、書寫護持、披閱流布、殷重供養、受誦溫習，但是還不能依此修行發起加行，因此對於我所說的甚深密意言辭不能通達。由於這種因緣，這類有情也能增長福德智慧二種資糧，雖然現在相續沒有成熟，但是以後還是會成熟。

「如果諸有情在上品善根、清淨諸障、成熟相續、多修勝解，積集上品福德智慧資糧這五事中缺一乃至全無，性不質直，不具足信心，不是質直類，雖然有能力思擇廢立，但是安住在自見取中。他如果聽聞了這樣的教法後，對於我甚深密意言說不能如實解了，對於這樣的教法雖然生起信解，然而對於其中的奧義隨言執著，認為一切法決定皆無自性、決定不生不滅、決定本來寂靜、決定自性涅槃。由於這樣的因緣，對於一切法獲得無見和無相見，由於獲得無見、無相見的原因，撥一切相都是無相，而誹撥諸法具有遍計所執相、依他起相、圓成實相。為什麼呢？因為有依他起相及圓成實相的緣故，遍計所執相才可以施設。如果有情對於依他起相及圓成實相見為無相，那麼其也誹撥遍計所執相，因此說其誹撥三相。雖對於我法中生起法想，但是對於非正義中也生起正義想。由於對我教法起法想和對非正義中起正義想的緣故，於是對我的教法持為是法，對於非正義中也執為是正義，其雖然對於法起信解因此福德增長，但是對於非正義起執著，因此退失智慧。因智慧退失的原因也就退失了廣大無量善法。

「還有有情從他人那聽聞，說此法是法，此非正義是正義的，如果跟隨他的見解，這類有情也對於此法起法想，此非正義中起正義想，認為執著之法是法，非正義為正義，由此的因緣應當知道這類有情同以上的情形一樣退失善法。

「還有有情不隨其見，從他忽然聽聞：『一切諸法皆無自性、無生無滅、本來寂靜、自性涅槃』便生起恐怖，生恐怖後，便作這樣的言說：『這不是佛陀的教法，是魔所說的』。作這樣見解後，於是對這類經典誹謗毀罵，由此因緣而獲大衰損，觸犯大的業障。

「由於這樣的緣故，我說如果有情對於一切相起無相見，在非正義中宣說為正義，是會引發廣大業障方便，由此會陷墜無量眾生，使他們獲得大業障。

「善男子！如果有類有情未種善根、未清淨諸障、未能成熟相續、無多勝解、未能集福德和智慧資糧，性非質直，不具足信心，非質直類，雖然有能力思擇廢立，但常安住自見取中，此類眾生雖然聽聞這樣的法後，不能如實解了我甚深密意言說，對於此法也不生信解，在這法中生起非法想，在正義中生起非正義想，對於法中執為非法，對於正義的執為非正義，並作這樣的言論：『這不是佛所說的，是魔所說的』，作這樣的見解後，於是對經典進行誹謗毀罵、認為經典是虛偽的，以無量的方式來毀滅摧伏這樣的經典，對諸信解這經典者起怨家想，這類眾生是因為被先世諸業障所障，由此因緣現世更為這樣的業障所障，這樣的業障開始時比較容易施設，但是所受苦果百千俱胝那庾多劫沒有出期。

「善男子！在我善說和善制的法藏和毘奈耶藏中，在我最極清淨意樂所說善教法中，諸有情類的意解是有這樣種種差別可得的。」

這時，世尊想重新宣說這道理而說頌為：

「一切諸法皆無性，無生無滅本來寂，
諸法自性恆涅槃，誰有智言無密意？
相生勝義無自性，如是我皆已顯示，
若不知佛此密意，失壞正道不能往。
依諸淨道清淨者，惟依此一無第二，
故於其中立一乘，非有情性無差別。
眾生界中無量生，惟度一身趣寂滅，
大悲勇猛證涅槃，不捨眾生甚難得。
微妙難思無漏界，於中解脫等無差，
一切義成離惑苦，二種異說謂常樂。」

【注釋】

❶ 毘奈耶：三藏之一，謂佛所說之戒律。譯曰「滅」，或「律」，新譯曰「調伏」。戒律滅諸過非，故云滅，如世間之律法，斷決輕重之罪者，故云律，調和身語意之作業，制伏諸要行，故云

調伏。

❷ 性質直：即是信的意思。《維摩詰經》說：「直心是道場」，說直心就是信心。《大智度論》中也說：「佛法海中信能入故。」因此質直即是信心。

❸「於此經典雖能恭敬為他宣說」二句：此處講「十法行」，《大般若經》中說「十法行」為：「佛告阿難，受持此經，有十法行：一者書寫；二者供養；三者施他；四者諦聽；五者披讀；六者受持；七者廣說；八者諷誦；九者思惟；十者修習。」《顯揚聖教論》也詳說：「一於菩薩藏法，若多若少尊重恭敬，書持法行；二若劣若勝，諸供養具，供養法行；三若自書已，由矜愍心施他法行；四若他發意恭敬尊重，以微妙聲，宣揚闡贊，由宗仰故，諦聽法行；五發淨信解恭敬重心披讀法行；六為欲修習法隨法行，從師受已，諷誦法行；七既諷誦已為堅持故，以廣妙音溫習法行；八悲愍他故，傳授與彼，隨其廣略開演法行；九獨處閒靜極善研尋稱理觀察思惟法行；十如所思惟修行奢摩他毘缽舍那為欲趣入，乃至為令諸所求義成就法行。」本文中沒列聽聞、思惟、修習。

❹ 欻：忽然的意思。

❺ 業障：「三障」之一，「四障」之一。又作「業累」。意思是眾生於身、口、意所造作之惡業能蔽障正道，故稱業障。另據北本《涅槃經》卷十一、《大毘婆沙論》卷一一五、《俱舍論》卷十七等，謂一切惡業中，以五無間業為業障，餘一切惡業非為業障，無礙於聖道之修行。所謂五

無間業，即：㈠害母，㈡害父，㈢害阿羅漢，㈣破和合僧，㈤惡心出佛身血。然而《普賢行願品》〈懺悔業障〉文中之「業障」，則不限於五無間業，而是指一切不善業而言。後世一般佛教徒所謂的業障，亦多指所有不善業，而非僅指五無間業。

❻俱胝那庾多：表數量，《俱舍論》第十二卷引經說：「有一無餘數始為一，十一為十，十十為百，十百為千，十千為萬，十萬為洛叉，十洛叉為度洛叉，十度洛叉為俱胝，十俱胝為末陀，十末陀為阿庾多，十阿庾多為大阿庾多，十大阿庾多為那庾多，如是輾轉滿六十數。」

爾時，勝義生菩薩復白佛言：「世尊！諸佛如來密意語言甚奇稀有，乃至微妙最微妙、甚深最甚深、難通達最難通達！如是我今領解世尊所說義者，若於分別所行遍計所執相所依行相中，假名安立以為色蘊，或自性相、或差別相，假名安立為色蘊生、為色蘊滅及為色蘊永斷、遍知或自性相、或差別相，是名遍計所執相，世尊依此施設諸法相無自性性。若即分別所行遍計所執相所依行相，是名依他起相，世尊依此施設諸法生無自性性及一分勝義無自性性。如是我今領解世尊所說義者，若即於此分別所行遍計所執相所依行相中，由遍計所執相不成實故，即此自性無自性性、法無我真如、清淨所緣是名圓成實相，世尊依此施設一分勝義無自性性。

「如於色蘊，如是於餘蘊皆應廣說，如於諸蘊，如是於十二處一一處中皆應廣說，於十二有支一一支中皆應廣說，於四種食一一食中皆應廣說，於六界、十八界一一界中皆應廣說。

「如是我今領解世尊所說義者，若於分別所行遍計所執相所依行相中，假名安立以為苦諦、苦諦遍知或自性相、或差別相，是名遍計所執相，世尊依此施設諸法相無自性性。若即分別所行遍計所執相所依行相是名依他起相，世尊依此施設諸法生無自性性及一分勝義無自性性。如是我今領解世尊所說義者，若即於此分別所行遍計所執相所依行相中，由遍計所執相不成實故，即此自性無自性性、法無我真如、清淨所緣是名圓成實相，世尊依此施設一分勝義無自性性。

「如於苦諦，如是於餘諦皆應廣說，如於聖諦，如是於諸念住、正斷、神足、根、力、覺支、道支中一一皆應廣說。

「如是我今領解世尊所說義者，若於分別所行遍計所執相所依行相中，假名安立以為正定，及為正定能治所治、若正修未生令生、生已堅住不忘、倍修增長廣大或自性相或差別相，是名遍計所執相，世尊依此施設諸法相無自性性。若即分別所行遍計所執相所依行相，是名依他起相，世尊依此施設諸法生無自性性及一分勝義無自性性。如是我今領解世尊所說義者，若即於此分別所行遍計所執相所依行相中，由遍計所執相不成實故，即此自性無自性性、法無我真如、清淨所緣是名圓成實相，世尊依此施設諸法一分勝義無自性性。

【譯文】

這時，勝義生菩薩再對佛陀說：「世尊！諸佛如來密意語言甚奇稀有，乃至微妙最微妙、甚深最甚深、難通達最難通達！這樣我現在領解世尊所說的教義，如果對於在分別所行遍計所執相所依行相中，假名安立以為色蘊，或自性相、或差別相，假名安立為色蘊生、為色蘊滅及為色蘊永斷、遍知或自性相、或差別相，是名遍計所執相，世尊依此施設諸法相無自性性。若即分別所行遍計所執相所依行相，是名依他起相，世尊依此施設諸法生無自性性及一分勝義無自性性。這樣我今領解佛陀所說的教義中，如果在此分別所行遍計所執相所依行相中，由於遍計所執相不成實故，就此自性無自性性、法無我真如、清淨所緣稱為圓成實相，佛陀依此施設一分勝義無自性性。

「像對於色蘊一樣，這樣對於餘蘊也都應該廣說，像對於諸蘊一樣，對待十二處一一處中也都應廣說，於十二有支一一支中也都應廣說，於四種食一一食中也都應廣說，於六界、十八界一一界中也都應廣說。

「正如這樣我所領解佛陀所說的教義中，對於在分別所行遍計所執相所依行相中，假名安立以為苦諦、苦諦遍知或自性相、或差別相，稱為遍計所執相，佛陀依此而施設諸法相的無自性性和一分勝義無自性性。正如這樣我所領解佛陀所說的教義中，對於這裡的分別所行遍計所執相所依行相中，由於遍計所執相不成實的原因，即此自性無自性性、法無我真如、清淨所緣稱為圓成實相，世尊依此施設一分勝義無自性性。

「像對於苦諦一樣，這樣對於餘諦也都應該廣說，像對於聖諦一樣，對待諸念住、正斷、神足、根、力、覺支、道支中一一也都應該廣說。

「正如這樣我所領解佛陀所說的教義中，如果在分別所行遍計所執相所依行相中，假名安立以為正定，及為正定能治所治、若正修未生令生、生已堅住不忘、倍修增長廣大或自性相或差別相，稱為遍計所執相，佛陀依此施設諸法相的無自性性。而對於分別所行遍計所執相的所依行相，稱為依他起相，佛陀依此施設諸法生無自性性和一分勝義無自性性。正如這樣我所領解佛陀所說的教義中，對於此分別所行遍計所執相所依行相中，由於遍計所執相不成實的原因，而此自性無自性性、法無我真如、清淨所緣稱為圓成實相，佛陀依此施設諸法的一分勝義無自性性。

「世尊！譬如毘濕縛藥❶，一切散藥、仙藥方中皆應安處，如是世尊依此諸法皆無自性、無生無滅、本來寂靜、自性涅槃、無自性性了義言教，遍於一切不了義經皆應安處。

「世尊！如彩畫地，遍於一切彩畫事業皆同一味，或青、或黃、或赤、或白，復能顯發彩畫事業，如是世尊依此諸法皆無自性廣說乃至自性涅槃無自性性了義言教，遍於一切不了義經皆同一味，復能顯發彼諸經中所不了義。

「世尊！譬如一切成熟珍饈，諸餅果內投之熟酥更生勝味，如是世尊依此諸法皆無自性廣說乃至自性涅槃無自性性了義言教，置於一切不了義經生勝歡喜。

「世尊！譬如虛空，遍一切處皆同一味，不障一切所作事業，如是世尊依此諸法皆無自性廣說乃至自性涅槃無自性性了義言教，遍於一切不了義經皆同一味，不障一切聲聞、獨覺及諸大乘所修事業。」

說是語已，爾時世尊嘆勝義生菩薩曰：「善哉！善哉！善男子！汝今乃能善解如來所說甚深密意言義，復於此義善作譬喻，所謂世間毘濕縛藥、雜彩畫地、熟酥、虛空。勝義生！如是如是，更無有異，如是如是，汝應受持！」

爾時，勝義生菩薩復白佛言：「世尊初於一時在婆羅痆斯仙人墮處施鹿林中❷，惟為發趣聲聞乘者❸，以四諦相轉正法輪❹，雖是甚奇、甚為稀有，一切世間諸天人等先無有能如法轉者，而於彼時所轉法輪，有上有容❺，是未了義，是諸諍論安足處所。

「世尊在昔第二時中，惟為發趣修大乘者❻，依一切法皆無自性、無生無滅、本來寂靜、自性涅槃，以隱密相轉正法輪❼，雖更甚奇、甚為稀有，而於彼時所轉法輪，亦是有上、有所容受，猶未了義❽，是諸諍論安足處所。

「世尊於今第三時中，普為發趣一切乘者，依一切法皆無自性、無生無滅、本來寂靜、自性涅槃無自性性，以顯了相轉正法輪❾，第一甚奇、最為稀有，於今世尊所轉法輪❿，無上無容，是真了義，非諸諍論安足處所。

「世尊！若善男子或善女人，於此如來依『一切法皆無自性、無生無滅、本來寂靜、自性涅槃』所說甚深了義言教，聞已信解、書寫、護持、供養、流布、受誦、溫習、如理思惟、以其修相發起加行，生幾所福？」

說是語已，爾時世尊告勝義生菩薩曰：「勝義生！是善男子或善女人，其所生福無量無數，難可喻知。吾今為汝略說少分：如爪上土比大地土，百分不及一，千分不及一，百千分不及一，數、算、計、喻、鄔波尼殺曇分亦不及一⓫，或如牛跡中水比四大海水，百分不及一，廣說乃至鄔波尼殺曇分亦不及一。如是於諸不了義經聞已信解，廣說乃至以其修相發起加行所獲功德，比此所說了義經教聞已信解所集功德，廣說乃至以其修相發起加行所集功德，百分不及一，廣說乃至鄔波尼殺曇分亦不及一。」

說是語已，爾時勝義生菩薩復白佛言：「世尊！於是解深密法門中當何名此教？我當云何奉持？」

佛告勝義生菩薩曰：「善男子！此名勝義了義之教，於此勝義了義之教汝當奉持！」

說此勝義了義教時，於大會中，有六百千眾生發阿耨多羅三藐三菩提心⓬，三百千聲聞遠塵離垢⓭，於諸法中得法眼淨⓮，一百五十千聲聞永盡諸漏心得解脫⓯，七十五千菩薩得無生法忍⑯。

【譯文】

「世尊！這就像具有神驗的毘濕縛藥，於一切的散藥、仙藥方中應都能安處。同樣，世尊依於諸法無自性、無生無滅、本來寂靜、自性涅槃、無自性性而說的了義言教，遍於一切不了義經中應都能安處。

「世尊！如作為彩畫的地，遍於一切以此作彩畫的作品中都是同一味的，或是青色、或是黃色、或是赤色、或是白色，而且此彩畫地能把彩畫作品顯發出來。同樣，世尊依此諸法皆無自性而廣說的了義言教，乃至依自性涅槃、無自性性而說的了義言教，遍於一切不了義經中，皆是同一味的，而且其還能顯發出諸經中的所不了義。

「世尊！譬如在一切做熟的珍饈，諸餅果內投入熟酥，會使其味道增勝。同樣，世尊依此諸法皆無自性而廣說的了義言教，乃至依自性涅槃、無自性性而說的了義言教，置於一切不了義經中，能夠產生勝歡喜。

「世尊！譬如虛空，遍一切處都是同一味的，不障礙一切所作的事業。同樣，世尊依此諸法皆無自性而廣說的了義言教，乃至依自性涅槃、無自性性而說的了義言教，遍於一切不了義經皆同一味，同時不障礙一切聲聞、獨覺，和諸大乘所修的事業。」

在勝義生菩薩說這話後，這時世尊讚歎勝義生菩薩說：「很好啊！很好啊！善男子！你今天能夠善解如來所說的甚深密意言義，並能夠對此義以世間的毘濕縛藥、雜彩畫地、熟酥和虛空來善作譬喻。勝義生！是這樣的，是這樣的，更沒有不同的，是這樣的，是這樣的，你應該受持！」

這時，勝義生菩薩再對佛陀說：「世尊初於某個適當的時候，在婆羅痆斯仙人墮處的施鹿林中，專為發趣聲聞乘的行者，以四諦相而轉正法輪，雖然此甚為奇特、甚為稀有，先前一切世間諸天人等都沒有能夠以此法而轉的，但是那時所轉法輪，還有比其更上的，還有更容勝教，有容他破，是不了義的，是諸諍論的安足處所。

「世尊在往昔第二時中，專為發趣修大乘的行者，依一切法皆無自性、無生無滅、本來寂靜、自性涅槃，以隱密相而轉正法輪，雖然更為奇特，甚為稀有，但那時所轉法輪，還有比其更上的，還可以有所容受，還不是了義的，是諸諍論的安足處所。

「世尊在現在第三時中，普為發趣一切乘的行者，依一切法皆無自性、無生無滅、本來寂靜、自性涅槃無自性性，以顯了相轉正法輪，這是第一甚奇的、最為稀有的，現在世尊所轉的法輪，是無上無容的，是真了義的，不是諸諍論的安足處所。

「世尊！如果有善男子或善女人，對於如來依『一切法皆無自性、無生無滅、本來寂靜、自性涅槃』所說的甚深了義言教，聽聞後產生信解、書寫、護持、供養、流布、受誦、溫習、如理思惟這些甚深了義言教，並以其修相而發起加行，這樣其能生多少福？」

勝義生菩薩說完這話後，這時佛陀告訴勝義生菩薩說：「勝義生！這善男子或善女人，其所生的福無量無數，難可喻知。我今為你略說少分：這就像手上的土與大地土相比，百分不及其一，千分不及其一，百千分不及其一，數、算、計、喻、鄔波尼殺曇分也不及其一；或者就像牛走過留下的足跡水與四大海水相比，百分不及其一，廣說乃至鄔波尼殺曇分也不及其一。同樣，對於諸不了義經聽聞後產生信解，廣說書寫、護持乃至以其修相發起加行所獲的功德，比對這裡所說的了義經教聽聞後產生信解所集的功德，廣說書寫、護持乃至以其修相發起加行所集的功德，百分不及一，廣說乃至鄔波尼殺曇分也不及其一。」

當佛陀說完這話後，這時勝義生菩薩再對佛陀說：「世尊！在這解深密法門中，此稱為什麼教授？我應當奉持什麼？

佛陀告訴勝義生菩薩說：「善男子！此稱為勝義了義之教，對於此勝義了義之教你應當奉持！」

在佛陀說這勝義了義教時，於大會中，有六百千眾生發阿耨多羅三藐三菩提心，三百千聲聞遠塵離垢，於諸法中得法眼淨，一百五十千聲聞永盡諸漏心而得解脫，七十五千菩薩得無生法忍。

【注釋】

❶ 毘濕縛藥：此藥有多種功能。如果把此藥放到諸合諸藥草皆有神驗。

❷ 婆羅痆斯仙人墮處：在《大嚴經》中說，一生補處菩薩，將下生時。有天子下閻浮提告訴這裡辟

支佛說，應該捨此土，因為十二年後，當有菩薩降神入胎。這時，波羅奈國的五百辟支佛，聽聞天語後，從座上而起，踊在虛空，高七多羅樹，作火燒身，入於涅槃，只有舍利從空降下，因此此地稱為「仙人墮處」。也有說，從前有五百仙人，飛行空中，到此地遇退因緣，一時墮落。

❸聲聞乘：「三乘」之一。指聽聞佛陀聲教而證悟之出家弟子。《大乘法苑義林章》卷二謂聲聞者，「聲」謂音聲，引申為佛陀之說法，「聞」謂聽聞。乘，為運載之意，指能乘載眾生至彼岸者；即指佛陀之教法。若修行者聞佛說法，信受精進而修行者，名曰「聲聞」。此即聲聞原本之字義。原始佛教聖典中，釋迦在世時的弟子，不論在家或出家，皆稱為「聲聞」。但至後世，聲聞被限定為出家弟子。大乘佛教興起之後，聲聞與緣覺皆被大乘教徒貶為小乘。並認為聲聞乘有下列特性：㈠以《阿含經》為所依；㈡觀「苦、集、滅、道」四聖諦；㈢經三生六十劫之長遠修行，期證阿羅漢果；㈣以灰身滅智為涅槃；㈤著重在個人證悟而不致力濟度眾生。

❹四諦：四諦即「苦、集、滅、道」四諦，諦謂真實不虛，如來親證。苦諦，苦即三界輪迴生死逼惱之義，凡是有為有漏之法莫不皆含苦性，總有「三苦、八苦」。三苦，從其逆緣逼惱，正受苦時，從苦生苦，名「苦苦」；從其順緣，安樂離壞時而生苦惱，名「壞苦」；生老病死剎那變異而生苦惱，即名「行苦」。八苦即生、老、病、死、愛別離、怨憎會、求不得和五陰熾盛苦。外有寒熱飢渴等逼惱之身苦，內有煩惱之心苦，所有諸苦皆歸苦諦所攝。集諦，集謂積聚二十五有苦果之因，一切眾生，無始以來，由貪瞋癡等煩惱，造積善惡業因，能招感三界生死等苦果。滅

諦，又名「盡諦」，滅謂滅二十五有，寂滅涅槃，盡三界結業煩惱，永無生死患累。道諦，道謂修戒定慧通向涅槃之道，總有七科：㈠四念處，㈡四正斷或四正勤，㈢四神足或四如意足，㈣五根，㈤五力，㈥七覺支或七菩提分，㈦八聖道或八正道。此為三十七菩提助道品法。轉正法輪：此輪是法所成以法為自性，因此稱為法輪。此法為能令他身中生起聖道，稱為「轉」。經部的諸教諸道，都名「法輪」。此處指初轉法輪。

❺有上有容：指此法輪，隱空說有，是不了義。雖然具顯生死涅槃因果，和說人空。但未能顯法空的道理。所以此教還有超出其的勝教，還有容勝教，還有容他破。

❻大乘：音譯「摩訶衍那」、「摩訶衍」。為小乘之相反詞。乘，即交通工具之意，係指能將眾生從煩惱之此岸載至覺悟之彼岸之教法而言。大乘義為不以個人之覺悟（如小乘行者）為滿足，而以救度眾生為目的，一如巨大之交通工具可載乘眾人，故稱為「大乘」。據菩薩善戒經所說之「大乘」，要義如下：根據「十二部經」中之最上者毘佛略（方等）之教法（法大），發菩提心（心大），領解其教法（解大），以清淨心（淨大），具足菩薩之福德與慧德（莊嚴大），經過三大阿僧祇劫之修行（時大），具足相好而得無上菩提（具足大），此即大乘法門之核心要義。

❼隱密相轉正法輪：如《金剛般若經》中說：「此經為發大乘者說，為發最上乘者說，依一切法皆無自性」等，本經認為顯示的是第二無相法輪。諸部般若宗明無相，說一切法皆無自性乃至自性涅槃。初法輪時隱空說有，這裡第二隱有說空，因此說以隱密相轉正法輪，亦名秘密。在《大般

若經》中也說：「無生無滅等，即是諸佛秘密之教。」

❽ 未了義：本經認為諸般若說無相等，而不分別三無自性及三自性有無之義，因此說為不了義。真諦法師認為：大乘異於小乘故不了，猶有統為一乘因此有上。因與小乘不同的緣故，而與小乘鬥諍，可為一乘所破，因此有難。

❾ 顯了相轉正法輪：本經以三種無自性性宣說菩提法要，具足顯示有性無性。因此說以顯了相轉正法輪。

❿ 世尊所轉法輪：即「三轉法輪」，玄奘法師認為：第一時初轉法輪，在波羅奈鹿園仙人集處，轉四諦法輪，是法輪稀有，不可思議；第二時轉法輪，如《大般若經》，有四處十八會，初之六會和第十五會在王舍城鷲峰山說；第七、八、九、十一、十二、十三、十四這七會在室羅筏誓多林給孤獨園說；第十會，在他化自在天王宮說；第十六會，在王舍城竹林園白鷺池說。第三時轉法輪，在兩處說，一者淨土，二者穢土，通說本經、法華及華嚴等為第三者，即鷲峰山和七處八會。

⓫ 鄔波尼殺曇分：指數極，是古印度最大數的末數名。

⓬ 阿耨多羅三藐三菩提：意譯為「無上正等正覺」，「阿耨多羅」意譯為「無上」，「三藐三菩提」意譯為「正遍知」。乃佛陀所覺悟之智慧；含有平等、圓滿之意。以其所悟之道為至高，故稱「無上」；以其道周遍而無所不包，故稱「正遍知」。大乘菩薩行之全部內容，即在成就此種

覺悟。

⑬遠塵離垢：塵指已經生起的未究竟智，其能障礙現觀，指我慢及見所斷一切煩惱；垢指我慢和見所斷一切煩惱二品的粗重。見所斷諸煩惱纏得離繫稱為「遠塵」，由彼隨眠得離繫故，說名「離垢」。

⑭法眼淨：如實現證諸佛法道理。小乘於初果見四聖諦之理，大乘於初地得「真無生法」，均稱為「法眼淨」。

⑮永盡諸漏心得解脫：永盡諸漏，得慧解脫；永離定障，得心解脫。佛陀講授此甚深大乘，能證得二乘利益。這是因為如來說教有其兩種，一種是顯了；一種是秘密。如果是依顯了則只證大果，而有秘密則故通大小二種勝利。

⑯無生法忍：《大智度論》講：「於無生滅諸法實相中，信受通達，無礙不退，是名無生忍。」無生忍有兩種。一者初地菩薩，名得無生忍。如《大智度論》中說：「有二種忍，一者柔順忍；二者無生忍。」柔順忍在十回向，無生忍即初地以上。第二種是八地以上得諸法無生忍。

卷三

分別瑜伽品第六

本品屬於「境、行、果」中的「行」。本品完整而細緻地講解了大乘禪修的密意，在諸經中有關大乘止觀禪修的討論，本經的此品可謂最為詳盡，最為系統。瑜伽：意譯作「相應」，據《成唯識論述記》卷二本說，「相應」五義：㈠與境相應，謂不違一切法之自性。㈡與行相應，謂與定慧等行相應。㈢與理相應，謂安立非安立等二諦之理。㈣與果相應，謂能得無上之菩提果。㈤與機相應，謂既得圓果，利生救物，赴機應感，藥病相應。然而本品以觀行說為瑜伽。本品即講順法而行得勝果的過程，也是詮釋瑜伽。因廣明正觀瑜伽之義；因此稱為「分別瑜伽」。

本品講大乘禪觀是以法假安立和菩提心願為依為住的。與大乘禪觀有關的有四種所緣境事，所聽聞、所了知的所知事在心境中形成同分影像，對此同分影像只是行寂靜心，令心安住，如此稱為無分別所緣境事，這為奢摩他所緣（此體現了奢摩他涵義）；而對此同分影像進行觀察審定功德過失，則稱為有分別影像，此為毘缽舍那所緣（此體現了毘缽舍那的涵義）。另事邊際所緣境事、所作成辦所緣境事是奢摩他毘缽舍那俱緣的。本品具體解釋了奢摩他（止）、毘缽舍那（觀）的涵義，認為達到大乘奢摩他時需要具備有所聞思，身心達到輕安為前提，而毘缽舍那是在奢摩他基礎上再對心境中三摩地影像進行思擇，尋思伺察。未獲得「身心輕安」前提下，則稱為隨順奢摩他和隨順毘缽舍那。本品在講解奢摩他、毘缽舍那、心、識的關係中提出了諸毘缽舍那三摩地所行的影像與心無異，之所以有此心見到影像，實質是心生時相似有影像顯現，並非離心外有影像。本品推而廣之，在日常中，非定中，心所行影像也與心無異，唯是識，這也是成立一切唯識的依據。

本品廣泛而詳細地分析了奢摩他、毘缽舍那的種類：有一向修奢摩他，一向修毘缽舍那和兩者俱轉；有依法和不依法兩種，相應為利根與鈍根；因聞思程度和廣度的不同分為緣別法和緣總法奢摩他毘缽舍那，及緣小總法、緣大總法、緣無量總法奢摩他毘缽舍那，其中「若緣總法修奢摩他、毘缽舍那所有妙慧，是名為智」，「若緣別法修奢摩他、毘缽舍那所有妙慧，是名為見」；有以有尋有伺、無尋惟伺、無尋無伺三種三摩地分類的奢摩他和毘缽舍那。本品解釋了在修奢摩他、毘缽舍那時掉舉、沉沒等障礙時所對治而修的止相、舉相、捨相。對於修奢摩他、毘缽舍那所緣的內容，本品提到應該知法知義，其中應有五相知於法，有十義、五義、四義、三義知於義，並揭示了大乘禪觀所作的工作是真如作意除遣諸法相、義相，空除遣三摩地所行影像相的密義，還宣說了大乘的總空性相的甚深義。對於奢摩他、毘缽舍那所攝範圍，本品介紹說無量聲聞、菩薩、如來無量種勝三摩地都是此奢摩他、毘鉢舍那所攝。修奢摩他、毘鉢舍那以清淨的戒，清淨的聞思所得的正見為因，以善清淨心、善清淨慧和世出世間所有的善法是其果，而能解脫相縛和粗重縛是其做作的業。分析了修奢摩他、毘鉢舍那時所遇的「五繫」和「五蓋」的障礙和除遣這些障礙後奢摩他、毘鉢舍那才可以稱為「圓滿清淨」。還分析了奢摩他、毘鉢舍那現在前時的五種心散動和諸地對治障。品末總結了菩薩依奢摩他、毘鉢舍那勤修行證得阿耨多羅三藐三菩提的全過程：於見道前修真如觀捨離一切粗相、細相，見道登地後，以三種所緣境事作意，以楔出楔的方便除遣內相，這樣一切隨順雜染分相都除遣後，粗重相也得到除遣，像煉金法一樣陶煉其心，直至證得阿耨多羅三藐三菩提。品最後介紹了菩薩善知心生、心住、心出、心增、心滅、方便等六處就能引發菩薩所有廣大威德，以及在無餘依涅槃界中無餘永滅的二種受：所依粗重受和彼果境界受。

爾時，慈氏菩薩摩訶薩白佛言❶：「世尊！菩薩何依、何住於大乘中修奢摩他、毘鉢舍那？」

佛告慈氏菩薩曰：「善男子！當知菩薩法假安立及不捨阿耨多羅三藐三菩提願為依、為住，於大乘中修奢摩他、毘鉢舍那。」

慈氏菩薩復白佛言：「如世尊說四種所緣境事：一者有分別影像所緣境事❷，二者無分別影像所緣境事❸，三者事邊際所緣境事❹，四者所作成辦所緣境事❺。於此四中，幾是奢摩他所緣境事？幾是毘鉢舍那所緣境事？幾是俱所緣境事？」

佛告慈氏菩薩曰：「善男子！一是奢摩他所緣境事，謂無分別影像，一是毘鉢舍那所緣境事，謂有分別影像，二是俱所緣境事，謂事邊際、所作成辦。」

慈氏菩薩復白佛言：「世尊！云何菩薩依是四種奢摩他毘鉢舍那所緣境事，能求奢摩他、能善毘鉢舍那？」

佛告慈氏菩薩曰：「善男子！如我為諸菩薩所說法假安立，所謂契經、應誦、記別、諷誦、自說、因緣、譬喻、本事、本生、方廣、希法、論議❻，菩薩於此善聽善受、言善通利、意善尋思、見善通達，即於如是善思惟法獨處空閒作意思惟，復即於此能思惟心❼，內心相續作意思惟❽，如是正行多安住故，起身輕安及心輕安❾，是名奢摩他，如是菩薩能求奢摩他。

「彼由獲得身心輕安為所依故，即於如所善思惟法內三摩地所行影像觀察勝解，捨離心相❿，即於如是三摩地影像所知義中⓫，能正思擇、最極思擇、周遍尋思、周遍伺察⓬，若忍、若樂、若慧、若見、若觀⓭，是名毘鉢舍那，如是菩薩能善毘鉢舍那。」

慈氏菩薩復白佛言：「世尊！若諸菩薩緣心為境，內思惟心乃至未得身心輕安所有作意，當名何等？」

佛告慈氏菩薩曰：「善男子！非奢摩他作意，是隨順奢摩他勝解相應作意⓮。」

「世尊！若諸菩薩乃至未得身心輕安，於如所思所有諸法內三摩地所緣影像作意思惟，如是作意，當名何等？」

「善男子！非毘缽舍那作意，是隨順毘缽舍那勝解相應作意。」

【譯文】

這時，彌勒菩薩問佛陀說：「世尊！菩薩以什麼為依，以什麼為住於大乘中修奢摩他、毘缽舍那？」

佛陀告訴彌勒菩薩說：「善男子！應該知道菩薩以法假安立和不捨阿耨多羅三藐三菩提的菩提心願為依、為住，於大乘中修奢摩他、毘缽舍那。」

彌勒菩薩又問佛陀說：「像世尊所說的四種所緣境事：一是有分別影像所緣境事，二是無分別影像所緣境事，三是事邊際所緣境事，四是所作成辦所緣境事。在這四種境事中，哪幾種是奢摩他所緣境事？哪幾種是毘缽舍那所緣境事？哪幾種是俱所緣境事？」

佛陀告訴彌勒菩薩說：「善男子！無分別影像是奢摩他所緣境事，有分別影像是毘缽舍那所緣境事，事邊際所緣境事和所作成辦所緣境事是奢摩他和毘缽舍那俱所緣境事。」

彌勒菩薩再問佛陀說：「世尊！為什麼說菩薩依這四種奢摩他、毘缽舍那所緣境事能夠求得奢摩他和善能進入毘鉢舍那？」

佛陀對彌勒菩薩說：「善男子！像我為諸菩薩所說法假安立十二分教，如契經、應誦、記別、諷誦、自說、因緣、譬喻、本事、本生、方廣、希法、論議等，菩薩對此善聽、善受、言善通利、意善尋思、見善通達，對於這些善思惟法，獨處於空閒的地方，作意思惟，還能對此聞思二慧所現的能思惟心（所緣），內心（能緣）相續作意思惟，因這樣正行能多安住的原因，身體獲得輕安和心獲得輕安，這稱為奢摩他，菩薩依這樣做稱為能求奢摩他。

「彼菩薩因為獲得了身心輕安為依止，就對善思惟法所形成的內三摩地所行影像（所緣），觀察勝解，捨離奢摩他的心相，即在這樣的三摩地影像所知義中，能正思擇、最極思擇、周遍尋思、周遍伺察，像忍解、像樂受、像慧分別、像見推求、像觀察，稱為毘鉢舍那，菩薩依這樣做稱為能善毘鉢舍那。」

彌勒菩薩再問佛陀說；「世尊！如果諸菩薩緣心為境，內心相續作意思惟，但沒有達到身心輕安之前，這種作意，應該稱為什麼呢？」

佛陀告訴彌勒菩薩說：「善男子！這不是奢摩他作意，是隨順奢摩他勝解相應作意。」

「世尊！如果諸菩薩未達到身心輕安之前，對所思所有諸法內三摩地所緣影像作意思惟，這種作意，應該稱為什麼呢？」

「善男子！這不是毘鉢舍那作意，是隨順毘鉢舍那勝解相應作意。」

【注釋】

❶ 慈氏菩薩：即彌勒菩薩，依《彌勒上生經》、《彌勒下生經》所載，彌勒出生於婆羅門家庭，後為佛弟子，先佛入滅，以菩薩身為天人說法，住於兜率天。據傳此菩薩欲成熟諸眾生，由初發心即不食肉，以此因緣而名為「慈氏」。《大日經疏》卷一謂慈氏菩薩係以佛四無量中之慈為首，此慈從如來種姓中生，能令一切世間不斷佛種，故稱為「慈氏」。

❷ 有分別影像所緣境事：意為對於聽聞或所受的教授的所知事作意思惟，使此所知事起勝解，使所知事相似現前，此為所知事的同分影像，修觀行者於此同分影像中，觀察審定功德過失，這樣稱為「有分別影像」。《瑜伽師地論》中詳細解釋為：「云何有分別影像，謂如有一或聽聞正法，或教授教誡為所依止，或見或聞或分別故，於所知事同分影像，由三摩呬多地毘缽舍那行，觀察簡擇極簡擇遍尋思遍伺察。所知事者，謂或不淨，或慈愍，或緣性緣起，或界差別，或阿那波那念，或蘊善巧，或界善巧，或處善巧，或緣起善巧，或處非處善巧，或下地粗性上地靜性，或苦諦集諦，滅諦道諦。是名所知事。此所知事或依教授教誡，或聽聞正法為所依止，令三摩呬多地作意現前。即於彼法而起勝解，即於彼所知事而起勝解。彼於爾時，於所知事，如現領受勝解而轉，雖彼所知事非現領受和合現前，亦非所餘彼種類物，然由三摩呬多地勝解領受相似作意領受，彼所知事相似顯現，由此道理名所知事同分影像。修觀行者，推求此故，於彼本性所知事中，觀察審定功德過失，是名有分別影像。《顯揚聖教論》中說：「有分別影像者，謂所知事同

分三摩地所行觀境。」

❸無分別影像所緣境事：是指對於以上所說的所知事的同分影像，修觀者受取後不再觀察簡擇遍尋思遍伺察，而只是對此所緣影像，以奢摩他行寂靜其心，令心安住，《瑜伽師地論》中說「云何無分別影像，謂修觀行者，受取如是影像相已。不復觀察簡擇極簡擇遍尋思遍伺察。然即於此所緣影像，以奢摩他行寂靜其心，即是九種行相令心安住，謂令心內住等住，安住近住，調伏寂靜，最極寂靜，一趣等持，彼於爾時成無分別影像所緣。即於如是所緣影像，一向一趣安住其念，不復觀察簡擇極簡擇遍尋思遍伺察，是名無分別影像。即此影像亦名影像，亦名三摩地相，亦名三摩地所行境界，亦名三摩地口，亦名三摩地門，亦名作意處，亦名內分別體，亦名光影，如是等類當知名為所知事同分影像諸名差別。」《顯揚聖教論》中說「無分別影像者，謂所知事同分三摩地所行心境」。

❹事邊際所緣境事：指盡所有性，如所有性。此事邊際所緣境在大乘禪觀中，見道登初地時證得。《瑜伽師地論》中詳說為：「云何事邊際性，謂若所緣盡所有性如所有性。云何名為盡所有性，謂色蘊外更無餘色，受想行識蘊外更無有餘受想行識，一切有為事皆五法所攝，一切諸法界處所攝，一切所知事四聖諦攝，如是名為盡所有性。云何名為如所有性，謂若所緣是真實性是真如性，由四道理具道理性，謂觀待道理、作用道理、證成道理、法爾道理。如是若所緣境盡所有性如所有性，總說為一事邊際性。」

❺ 所作成辦所緣境事：指修觀者對諸緣影像所有作意都得圓滿，以此便得轉依，一切粗重皆息滅，超過了對所知事的影像境界，而對所知事生起了無分別現量智。在《瑜伽師地論》聲聞地中是這樣詳說的：「云何所作成辦，謂修觀行者，於奢摩他毘鉢舍那，若修若習若多修習為因緣故，諸緣影像所有作意皆得圓滿。此圓滿故便得轉依，一切粗重悉皆息滅，得轉依故超過影像，即於所知事有無分別現量智見生。入初靜慮者得初靜慮時，於初靜慮所行境界，入第二第三第四靜慮者，得第二第三第四靜慮時，於第二第三第四靜慮所行境界，入空無邊處，識無邊處，無所有處，非想非非想處者，得彼定時，即於彼定所行境界。如是名為所作成辦。」此處為大乘禪觀，證得阿耨多羅三藐三菩提，得所作成滿所緣。另《顯揚聖教論》中解釋為：「所作成辦者，謂轉依及依此無分別知。」

❻ 契經：廣義來說，契經是指十二分教全體的十二部經而言。所謂「經」的文學形式，就是簡潔地將要點敘述下來的散文集。十二分教中是指以長行綴輯略說所應說義。應誦：也作「應頌」，其本意是「可以唱出來的」，但在文學形式裡是指用韻文來重複散文所敘述的作品。也就是說散文與韻文（偈）兼而有之的佛的說法形式。所謂應頌是「對應著散文的頌（韻文）」，所謂重頌則是「重複散文內容所說的頌」。記別：本意是「問答體的解說文章」，後來又進一步解為「對簡單的作詳細解說」的意思。這個意思用記說或記別來代表比較妥當。在大乘佛教，則不只是前述這樣的文章形式，而且還指佛對弟子們未來命運的一種預言。也就是「成佛的預言」才稱為「受

記」或「授記」。也有了義經稱為記別的，記別開示深密意的緣故。諷誦：這是一種只有韻文的文學形式，如法句經、長老偈、長老尼偈等都是其中一例。自說：主要是指佛的自說。佛陀通常都是應別人的請求而說法，自說是未經他人請求而自己說出來的。自說原本就不是文章形式，本是指「自說教法」的意思，在形式上散文韻文都有。因緣：這是指說法時，在某種因緣條件下，說出一種序文式的故事。這就是㈠經典一般所說的因緣；㈡有一些偈所說的因緣故事；㈢制定戒律戒條的因緣。譬喻：其本意是「英雄行為的故事」，與因果業報說有關係。可是佛陀的「英雄式行為的故事」叫做「本生」。而本生實際上也是譬喻的一種，本生也可以稱為「菩薩譬喻」。一般是把佛弟子前生的故事叫做「譬喻」。本事：宣說佛弟子等過去世的故事，就是本事。本生：這是佛陀前生的故事。方廣：大乘佛教出現後，用這個名稱來稱呼大乘經。因能利益安樂一切有情，宣說廣大甚深法緣故稱為「方廣」。希法：這是指佛所宣說的聲聞、諸大菩薩及如來等最極稀有甚奇特法。論議：這是指與略說不同的廣說，是一種詳細注釋的說法。並不一定是佛所說的。無有顛倒地解釋一切深隱諸相。

❼ 復即於此能思惟心：此明所緣境，聞思二慧相應之心，為所緣境。奢摩他中攝心令住一境，是故緣心為境。

❽ 內心相續作意思惟：指係心於內所緣境界，於外所緣不流散。

❾ 輕安：據說一切有部之說，輕安有「身輕安」、「心輕安」兩種，心堪忍之性與五識相應者，稱

為「身輕安」；與意識相應者，稱為「心輕安」。據《成唯識論述記》卷六卷末所載，輕安分為「有漏輕安」、「無漏輕安」兩種，有漏輕安遠離煩惱之粗重，無漏輕安遠離有漏之粗重，共使身心通暢溫和，隨所緣之境安適以轉，共在定位。《瑜伽師地論》說：「若能於內九種住心，如是名為內心安住正奢摩他。」這九種住心是：「於內攝心令住、等住、安住、近住、調順、寂靜、最極寂靜、專注一趣、平等攝持。」

⑩ 捨離心相：圓測法師認為是捨離奢摩他所緣心相，說心相是指即心是相，因此稱為「心相」。此處捨離的心相與下文中的毘缽舍那所緣心相應是不同的。

⑪ 三摩地影像所知義：此為所觀境。

⑫ 能正思擇：指對於淨行所緣境界，或於善巧所緣境界，或於淨惑所緣境界，能正思擇，盡所有性。最極思擇：對於彼所緣境界，最極思擇如所有性。周遍尋思：對於彼所緣境界，由慧俱行有分別作意，取彼相狀，周遍尋思。周遍伺察：對於彼所緣境界，審諦推求，周遍伺察。以上見之於《瑜伽師地論》。

⑬ 忍：忍解。樂：受樂。慧：分別。見：推求。觀：觀察。

⑭ 隨順：這裡指順從佛理，順從教授，不違逆。勝解：指信解。心所之名。為「俱舍七十五法」中「十大地法」之一，「唯識百法」中「五別境」之一。殊勝之了解之義。即於所緣之境起印可之精神作用（即作出確定之判斷）。《俱舍論》卷四中說：「勝解，謂能於境印可。」《成唯識

論》卷五講：「云何勝解？於決定境印持為性，不可引轉為業，謂邪正等教理證力於所取境審決印持，由此異緣，不能引轉，故猶豫境勝解全無，非審決心亦無勝解，由斯勝解非遍行攝。有說心等取自境時無拘礙，故皆有勝解，彼說非理。此謂勝解於決定之境審決時，始能稱其為勝解。若於猶豫之境，心存疑問，無法審決，則無勝解，故非遍行。」

慈氏菩薩復白佛言：「世尊！奢摩他道與毘鉢舍那道，當言有異？當言無異？」

佛告慈氏菩薩曰：「善男子！當言非有異、非無異。何故非有異？以毘鉢舍那所緣境，心為所緣故。何故非無異？有分別影像非所緣故。」

慈氏菩薩復白佛言：「世尊！諸毘鉢舍那三摩地所行影像，彼與此心當言有異？當言無異？」

佛告慈氏菩薩曰：「善男子！當言無異。何以故？由彼影像唯是識故。善男子！我說識所緣，唯識所現故❶。」

「世尊！若彼所行影像，即與此心無有異者，云何此心還見此心？」

「善男子！此中無有少法能見少法❷，然即此心如是生時，即有如是影像顯現。善男子！如依善瑩清淨鏡面，以質為緣還見本質，而謂我今見於影像，及謂離質別有所行影像顯現，如是此心生時，相似有異三摩地所行影像顯現。」

「世尊！若諸有情自性而住、緣色等心所行影像❸，彼與此心亦無異耶？」

「善男子！亦無有異，而諸愚夫由顛倒覺，於諸影像不能如實知唯是識，作顛倒解。」

慈氏菩薩復白佛言：「世尊！齊何當言菩薩一向修毘鉢舍那？」

佛告慈氏菩薩曰：「善男子！若相續作意唯思惟心相。」

「世尊！齊何當言菩薩一向修奢摩他？」

「善男子！若相續作意唯思惟無間心。」

「世尊！齊何當言菩薩奢摩他毘鉢舍那和合俱轉？」

「善男子！若正思惟心一境性。」

「世尊！云何心相？」

「善男子！謂三摩地所行有分別影像，毘鉢舍那所緣。」

「世尊！云何無間心？」

「善男子！謂緣彼影像心，奢摩他所緣。」

「世尊！云何心一境性？」

「善男子！謂通達三摩地所行影像唯是其識，或通達此已，復思惟如性。」

【譯文】

彌勒菩薩再問佛陀說：「世尊！奢摩他道和毘缽舍那道應該說有不同？還是應該說沒有不同？」

佛陀對彌勒菩薩說：「善男子！應該說不是不同、也不是相同。為什麼說不是不相同呢？這是因為毘缽舍那所緣境是心所緣，而奢摩他也是心所緣。為什麼說不是沒有不同呢？這是因為奢摩他沒有所緣毘缽舍那所緣的分別影像。」

彌勒菩薩再問佛陀說：「世尊！諸毘缽舍那三摩地所行影像，其與此心應該說有不同？還是說沒有不同？」

佛陀對彌勒菩薩說：「善男子！應該說沒有不同。為什麼這麼說呢？這是因為諸毘缽舍那三摩地所行影像唯是識。善男子！我說識所緣境，唯是識所顯現的。」

「世尊！如果毘缽舍那所行影像，即和此心沒有不同，那為何說此心還見此心？」

「善男子！這裡沒有少法（此心）見到少法（此心）這種關係的存在，但是此心這樣生的時候，就有如是的影像顯現。善男子！這就像依平滑、光亮、潔淨的善瑩清淨鏡面，以自己的本質為緣還在鏡中見到本質一樣，從而稱說我今見到影像，並認為離開我本質還有所行影像的顯現，像這清淨鏡面成像的道理一樣，此心生時，相似有不同於心的三摩地所行影像顯現（事實上還是不離開心的）。」

「世尊！如果諸有情自性而住、緣色等產生的心所行影像，其和此心也沒有不同嗎？」

「善男子！也是沒什麼不同的，但是諸愚昧的凡夫由於顛倒覺，對諸影像不能如實知道唯是識的道理，而作顛倒解。」

彌勒菩薩問對佛陀說：「世尊！怎樣說菩薩是一向修毘缽舍那？」

佛陀對彌勒菩薩說：「善男子！如果相續作意只是思惟心相，這是一向修毘缽舍那。」

「世尊！怎樣說菩薩是一向修奢摩他？」

「善男子！如果相續作意只是思惟無間心，這是一向修奢摩他。」

「世尊！怎樣說菩薩是奢摩他毘缽舍那和合俱轉？」

「善男子！如果正思惟心一境性，這時說奢摩他毘缽舍那和合俱轉。」

「世尊！怎樣是心相呢？」

「善男子！心相是指三摩地所行有分別影像，這是毘缽舍那所緣。」

「世尊！怎樣是無間心呢？」

「善男子！無間心就是緣彼影像心，這是奢摩他所緣。」

「世尊！怎樣是心一境性呢？」

「善男子！心一境性是指通達三摩地所行影像唯是其識的道理，或者通達這道理後，再思惟如性。」

【注釋】

❶唯識所現：此指識所緣境，只是識上所現影像，而沒有別體。

❷無有少法能見少法：指無作用，一切法作用作者皆不成。指依他起，似心生時，就有如是影像顯現。

❸「若諸有情」句：是說有情眾生，不是因聞思而修入定，而是自性住中，日常如眼緣色所生的心影像。

慈氏菩薩復白佛言：「世尊！毘鉢舍那凡有幾種？」

佛告慈氏菩薩曰：「善男子！略有三種：一者有相毘鉢舍那，二者尋求毘鉢舍那，三者伺察毘鉢舍那。云何有相毘鉢舍那？謂純思惟三摩地所行有分別影像毘鉢舍那。云何尋求毘鉢舍那？謂由慧故❶，遍於彼彼未善解了一切法中為善了故，作意思惟毘鉢舍那。云何伺察毘鉢舍那？謂由慧故，遍於彼彼已善解了一切法中為善證得極解脫故，作意思惟毘鉢舍那。」

慈氏菩薩復白佛言：「世尊！是奢摩他凡有幾種？」

佛告慈氏菩薩曰：「善男子！即由隨彼無間心故，當知此中亦有三種。復有八種：謂初靜慮乃至非想非非想處各有一種奢摩他故❷。復有四種，謂慈、悲、喜、捨四無量中各有一種奢摩他故❸。」

慈氏菩薩復白佛言：「世尊！如說依法奢摩他毘缽舍那，復說不依法奢摩他毘缽舍那。云何名依法奢摩他毘缽舍那？云何復名不依法奢摩他毘缽舍那？」

佛告慈氏菩薩曰：「善男子！若諸菩薩隨先所受所思法相，而於其義得奢摩他毘缽舍那，名依法奢摩他毘缽舍那，若諸菩薩不待所受所思法相，但依於他教誡教授，而於其義得奢摩他毘缽舍那，謂觀青瘀及膿爛等，或一切行皆是無常，或諸行苦，或一切法皆無有我，或復涅槃畢竟寂靜如是等類奢摩他毘缽舍那，名不依法奢摩他毘缽舍那。由依止法得奢摩他毘缽舍那故，我施設隨法行菩薩是利根性，由不依法得奢摩他毘缽舍那故，我施設隨信行菩薩是鈍根性。」

【譯文】

彌勒菩薩再問佛陀說：「世尊！毘缽舍那有幾種呢？」

佛陀對彌勒菩薩說：「善男子！略有三種：第一種是有相毘缽舍那，第二種是尋求毘缽舍那，第三種是伺察毘缽舍那。什麼是有相毘缽舍那？是有情純思惟三摩地所行的有分別影像的毘缽舍那稱為有相毘缽舍那。什麼是尋求毘缽舍那？這是指由於慧的原因，遍於那些有情尚未解了的一切法中，為了能夠解了這些尚未解了的法，而作意思惟的毘鉢舍那，稱為尋求毘鉢舍那。什麼是伺察毘鉢舍那呢？這是指由於慧的原因，遍於那些有情已經解了的一切法中，為了能夠證得極解脫的原因，作意思惟的毘鉢舍那稱為伺察毘鉢舍那。」

彌勒菩薩問佛陀說：「世尊！這奢摩他有幾種？」

佛陀對彌勒菩薩說：「善男子！隨以上所說的三種毘鉢舍那心相的無間心緣故，應該知道也有相應的三種奢摩他。另外，還有八種，所謂初禪，二禪，三禪，四禪，空無邊處定，識無邊處定，無所有處定，非想非非想處定各有一種奢摩他。還有四種，所謂慈無量心，悲無量心，喜無量心，捨無量心四種無量心中各有一種奢摩他。」

彌勒菩薩再問佛陀說：「世尊！有說依法奢摩他毘鉢舍那，還有說不依法奢摩他毘鉢舍那。那麼什麼是依法奢摩他毘鉢舍那呢？什麼是不依法奢摩他毘鉢舍那呢？」

佛陀對彌勒菩薩說：「善男子！如果菩薩由先聞慧所受所思十二教法相，而於其義中得奢摩他毘鉢舍那，說為依法奢摩他毘鉢舍那，如果菩薩不待所受所思的法相，只是依於他人的教誡和教授，從其義中得到奢摩他毘鉢舍那，如觀察屍體的青瘀及膿爛等不淨相，或者觀察一切行都是無常，或諸行皆苦，或一切法皆無有我，或涅槃畢竟寂靜等等奢摩他毘鉢舍那，這樣稱為不依法奢摩他毘鉢舍那。由於依止法得奢摩他毘鉢舍那的緣故，我施設隨法行菩薩是利根性，由於不依止法得奢摩他毘鉢舍那的緣故，我施設隨信行菩薩是鈍根性。」

【注釋】

❶慧：心所名。指簡擇事理之精神作用。為「七十五法」之一，「百法」之一。智與慧雖為通名，然二者實相對。達於有為之事相為「智」，達於無為之空理為「慧」。《唯識論》卷九曰：「云何為慧？於所觀境簡擇為性，斷疑為業。謂觀得失俱非境中，由慧推求，得決定故。」《俱舍論》卷四曰：「慧謂於法有簡擇。」由聞法而來之慧，稱作「聞慧」；由思考而來之慧，稱作「思慧」；由修行而來之慧，稱作「修慧」；以上三者合稱「聞思修三慧」。三慧加上與生俱來之「生得慧」，合稱「四慧」。此三毘鉢舍那中的慧，智藏論師解為：有相者，謂聞所生。尋求者，謂思所生。伺察者，謂修所生。

❷復有八種：指四靜慮和四無色定。四靜慮，又作「四禪定」、「四禪」。指用以治惑、生諸功德之四種根本禪定。亦即指色界中之初禪、第二禪、第三禪、第四禪，故又稱「色界定」。謂能斷結，及能正觀方名靜慮。禪，「禪那」的略稱，意譯為「靜慮」，即由寂靜，善能審慮，而如實了知之意，故四禪又稱「四靜慮」、「四定靜慮」。此四禪之體為「心一境性」，其用為「能審慮」，特點為已離欲界之感受，而與色界之觀想、感受相應。四無色定，指四種無色界之定。即空無邊處定、識無邊處定、無所有處定、非想非非想處定。乃思惟空無邊處等四無色界所得之定。故又稱「四空處定」、「四空定」。㈠空無邊處定：又名「空處定」。謂超越第四靜慮，滅眼識相應之色想，耳等四識相應之有對想，及所有不善想，乃至障定的一切想，唯思惟「空無邊

之相」而安住之。㈡識無邊處定：又名「識處定」。謂超越空無邊處，更思惟「識無邊之相」而安住之。㈢無所有處定：又名「少處定」。謂超識無邊處，破其識相，更思惟「無所有之相」而安住之。㈣非想非非想處定：又名「非有想非無想定」。謂超無所有處，更思惟「非想非非想之相」而安住之。此「非想非非想定」無明勝之想，故異於滅盡定，又非無想，故不同於無想定。

❸四無量：佛陀，菩薩為普度無量眾生，令離苦得樂，所應具有之四種精神。其中緣無量眾生，思惟令彼等得樂之法，而入「慈等至」，稱為「慈無量」；緣無量眾生，思惟令離苦之法，而入「悲等至」，稱為「悲無量」；思惟無量眾生能離苦得樂，於內心深感喜悅，而入「喜等至」，稱為「喜無量」；思惟無量眾生一切平等，無有怨親之別，而入「捨等至」，稱為「捨無量」。《顯揚聖教論》中認為，慈以無瞋善根為體，悲以不害善根為體，喜以不嫉善根為體，捨以無貪無瞋善根為體，都是憐愍眾生之法。

慈氏菩薩復白佛言：「世尊！如說緣別法奢摩他毘缽舍那，復說緣總法奢摩他毘缽舍那，云何名為緣別法奢摩他毘缽舍那？云何復名緣總法奢摩他毘缽舍那？」

佛告慈氏菩薩曰：「善男子！若諸菩薩緣於各別契經等法❶，於如所受所思惟法修奢摩他毘缽舍那，是名緣別法奢摩他毘缽舍那，若諸菩薩即緣一切契經等法，集為一團、一積、一分、一聚作意思惟❷，此一切法隨順真如、趣向真如、臨入真如，隨順菩提、隨順涅槃、隨順轉依及趣向彼、若臨入彼❸，此一切法宣說無量無數善法，如是思惟修奢摩他毘鉢舍那，是名緣總法奢摩他毘鉢舍那。」

慈氏菩薩復白佛言：「世尊！如說緣小總法奢摩他毘鉢舍那，復說緣大總法奢摩他毘鉢舍那，又說緣無量總法奢摩他毘鉢舍那。云何名緣小總法奢摩他毘鉢舍那？云何名緣大總法奢摩他毘鉢舍那？云何復名緣無量總法奢摩他毘鉢舍那？」

佛告慈氏菩薩曰：「善男子！若緣各別契經乃至各別論義為一團等作意思惟，當知是名緣小總法奢摩他毘鉢舍那，若緣乃至所受所思契經等法為一團等作意思惟，非緣各別，當知是名緣大總法奢摩他毘鉢舍那，若緣無量如來法教、無量法句文字、無量後後慧所照了為一團等作意思惟❹，非緣乃至所受所思，當知是名緣無量總法奢摩他毘鉢舍那。」

慈氏菩薩復白佛言：「世尊！菩薩齊何名得緣總法奢摩他毘鉢舍那？」

佛告慈氏菩薩曰：「善男子！由五緣故當知名得：一者於思惟時剎那剎那融銷一切粗重所依❺，二者離種種想，得樂法樂❻，三者解了十方無差別相、無量法光❼，四者所作成滿相應淨分無分別相恆現在前，五者為令法身得成滿故，攝受後後轉勝妙因❽。」

慈氏菩薩復白佛言：「世尊！此緣總法奢摩他毘鉢舍那，當知從何名為通達？從何名得？」

佛告慈氏菩薩曰：「善男子！從初極喜地名為通達，從第三發光地乃名為得。善男子！初業菩薩亦於是中隨學作意，雖未可嘆不應懈廢。」

【譯文】

彌勒菩薩對佛說：「世尊！有說緣別法奢摩他、毘鉢舍那，還有說緣總法奢摩他、毘鉢舍那，那麼什麼是緣別法奢摩他、毘鉢舍那？什麼是緣總法奢摩他、毘鉢舍那？」

佛陀對彌勒菩薩說：「善男子！如果諸菩薩緣於各別契經等法，如所受所思惟法修奢摩他、毘鉢舍那，稱為緣別法奢摩他、毘鉢舍那，如果諸菩薩即緣一切契經等法，集為一團、一堆、一分、一聚作意思惟，此一切法隨順真如、趣向真如、臨入真如，隨順菩提、隨順涅槃、隨順轉依及趣向彼、若臨入彼，此一切法宣說無量無數善法，這樣思惟修奢摩他、毘鉢舍那，稱為緣總法奢摩他、毘鉢舍那。」

彌勒菩薩又問佛陀說：「世尊！有說緣小總法奢摩他、毘鉢舍那，還有說緣大總法奢摩他、毘鉢舍那，又有說緣無量總法奢摩他、毘鉢舍那。那麼什麼是緣小總法奢摩他、毘鉢舍那？什麼是緣大總法奢摩他、毘鉢舍那？什麼又是緣無量總法奢摩他、毘鉢舍那？」

佛陀對彌勒菩薩說：「善男子！如果緣各別契經乃至各別論義為一團等作意思惟，應該知道這稱作緣小總法奢摩他、毘鉢舍那，如果俱緣十二分教乃至所受所思契經等法為一團等作意思惟，不是緣各別，應該知道這被稱作緣大總法奢摩他、毘鉢舍那，如果緣無量如來法教、無量法句文字、無量後後慧所照了為一團等作意思惟，非僅緣一類十二分教乃至所受所思契經等法，應該知道這被稱作緣無量總法奢摩他、毘鉢舍那。」

彌勒菩薩再問佛陀說：「世尊！菩薩怎樣才能說得緣總法奢摩他、毘鉢舍那呢？」

佛陀告訴彌勒說：「善男子！由具五種緣可以稱名為得：一是在思惟時，刹那刹那融銷一切粗重所依；二是離種種想，得樂法樂；三是解了十方無差別相無量法光；四是所作成滿相應淨分的無分別相恆現在前；五是為了使法身獲得成滿，而攝受能夠後後轉為圓滿殊勝的妙因。」

彌勒菩薩再問佛陀說：「世尊！這緣總法奢摩他、毘鉢舍那，應該知道從什麼時候開始稱為通達？從什麼時候開始稱為得？」

佛陀對彌勒菩薩說：「善男子！從初極喜地開始稱為通達，從第三發光地開始稱為得。善男子！初發心菩薩也應該從中隨學作意，雖然未能通達和得，但是不應懈怠和廢棄。」

【注釋】

❶ 緣於各別：有兩解釋：緣十二部類的一一部，名為「緣別」。另一種解釋是於一一部，各有多種，謂有十二各別義故，故言各別，非十二部別名為各別。

❷ 積：（一）堆。

❸ 轉依：轉所依之意。又作「所依已轉」、「變住」。轉，轉捨、轉得之義；依，指使染淨迷悟等諸法得以成立之所依。轉依，即轉捨劣法之所依，而證得勝淨法之所依。

❹ 無量如來法教、無量法句文字、無量後後慧：此三無量是從能說人，顯所說教；說名句文，指教體；約能緣智，顯所緣教這三方面來說。

❺ 一切粗重所依：世親解釋為煩惱障及所知障，無始時來熏習種子，說為粗重。這二障聚因由緣總法修止觀智力，念念銷融。

❻ 法樂：離教證真一味，名為法樂。

❼ 法光：指法光明，一種說法是：能誦經者聞此法光於心中現。一種說是能記名句文身，能緣之心分明。

❽「由五緣故」至「攝受後後轉勝妙因」數句：這五緣就是《攝大乘論》中所說的五修所得五種果。彼對應修說，因此稱為「果」，這裡說止觀，稱為「緣」。《攝大乘論》講：「謂諸菩薩於地地中，修奢摩他、毘鉢舍那，由五相修。何等為五？謂集總修，無相修，無功用修，熾盛修，無喜足修。」

慈氏菩薩復白佛言：「世尊！是奢摩他毘鉢舍那，云何名有尋有伺三摩地？云何名無尋惟伺三摩地？云何名無尋無伺三摩地❶？」

佛告慈氏菩薩曰：「善男子！於如所取尋伺法相，若有粗顯領受觀察諸奢摩他毘缽舍那，是名有尋有伺三摩地，若於彼相，雖無粗顯領受觀察，而有微細彼光明念領受觀察諸奢摩他毘缽舍那❷，是名無尋惟伺三摩地，若即於彼一切法相，都無作意領受觀察諸奢摩他毘缽舍那，是名無尋無伺三摩地。

「復次善男子！若有尋求奢摩他毘缽舍那，是名有尋有伺三摩地❸，若有伺察奢摩他毘缽舍那，是名無尋惟伺三摩地❹，若緣總法奢摩他毘缽舍那，是名無尋無伺三摩地❺。」

慈氏菩薩復白佛言：「世尊！云何止相？云何舉相？云何捨相？」

佛告慈氏菩薩曰：「善男子！若心掉舉或恐掉舉時❻，諸可厭法作意及彼無間心作意，是名止相，若心沉沒或恐沉沒時，諸可欣法作意及彼心相作意，是名舉相，若於一向止道、或於一向觀道、或於雙運轉道二隨煩惱所染污時，諸無功用作意及心任運轉中所有作意，是名捨相。」

【譯文】

彌勒菩薩再問佛陀說：「世尊！在這奢摩他毘缽舍那中，怎樣稱為有尋有伺三摩地？怎樣稱為無尋惟伺三摩地？怎樣稱為無尋無伺三摩地？」

佛陀告訴彌勒菩薩說：「善男子！對於所取的尋伺法相，如果有粗顯領受觀察諸奢摩他毘鉢舍那，稱為有尋有伺三摩地，若對於所取的尋伺法相，雖然沒有了粗顯領受觀察，但是還有微細彼光明念領受觀察諸奢摩他毘鉢舍那，稱為無尋惟伺三摩地，如果對於彼止觀所緣的一切法相，都無作意領受觀察諸奢摩他毘鉢舍那，稱為無尋無伺三摩地。

「還有善男子！如果是有尋求奢摩他毘鉢舍那，則稱為有尋有伺三摩地，如果是有伺察奢摩他毘鉢舍那，則稱為無尋惟伺三摩地，如果是緣總法奢摩他毘鉢舍那，則稱為無尋無伺三摩地。」

彌勒菩薩再問佛陀說：「世尊！那什麼是止相？什麼是舉相？什麼是捨相呢？」

佛對彌勒菩薩說：「善男子！如果菩薩修觀行時心掉舉或恐掉舉時，諸可厭法作意及彼無間心作意，稱名止相，如果心沉沒或恐沉沒時，諸可欣法作意和其心相作意，稱為舉相，如果一向修止道或者一向修觀道，或於止觀雙運道時昏沉、掉舉二隨煩惱所染污時，諸無功用作意及心任運轉中的所有作意，稱為捨相。」

【注釋】

❶ 尋：為粗略推求諸法名義的思惟作用，通於定、散及無漏。伺：細心伺察諸法名義的思惟作用，不遍於一切心，不起於一切時，其性雖遲鈍，但深入推度名身等，與「尋」同有等起語言之作用。《成唯識論》卷七說「尋謂尋求，令心忽遽於意言境粗轉為性；伺謂伺察，令心忽遽於意言

境細轉為性。此二俱以安不安住身心分位所依為業，並用思慧一分為體，於意言境不深推度及深度義類別故。」

❷ 光明念：有依聞慧來解釋光明的。《瑜伽師地論》說「謂如所聞已得究竟不忘念法，名法光明」。其還有依三慧來解釋光明的：「法光明者，謂如有一隨其所受所思所觸，觀察諸法，或復修習隨念佛等。」

❸ 有尋有伺三摩地：這是約地前四尋思來說，指加行位中，暖頂善根。尋求自義自性差別，名為尋求。因此稱為「有尋有伺三摩地」。

❹ 無尋惟伺三摩地：指忍，世間第一法二種善根。如實了知名等四境，稱為「伺察」。因此稱為「無尋惟伺三摩地」。

❺ 無尋無伺：此指在地上，總緣諸法，作真如觀，離諸尋伺，稱為「無尋無伺」。

❻ 掉舉：指浮動不安之心理狀態。如《俱舍論》卷四說：「令心不靜。」

慈氏菩薩復白佛言：「世尊！修奢摩他毘缽舍那諸菩薩眾知法知義。云何知法？云何知義？」

佛告慈氏菩薩曰：「善男子！彼諸菩薩由五種相了知於法：一者知名，二者知句，三者知文，四者知別，五者知總。云何為名？謂於一切染淨法中，所立自性想假施設。云何為句？謂即於彼名聚集中，能隨宣說諸染淨義依持建立。云何為文？謂即彼二所依止字。云何於彼各別了知？謂由各別所緣作意。云何於彼總合了知？謂由總合所緣作意。如是一切總略為一名為知法，如是名為菩薩知法。

「善男子！彼諸菩薩由十種相了知於義：一者知盡所有性，二者知如所有性，三者知能取義，四者知所取義，五者知建立義，六者知受用義，七者知顛倒義，八者知無倒義，九者知雜染義，十者知清淨義。

「善男子！盡所有性者，謂諸雜染清淨法中，所有一切品別邊際，是名此中盡所有性。如五數蘊、六數內處、六數外處，如是一切。

「如所有性者，謂即一切染淨法中所有真如❶，是名此中如所有性。此復七種：一者流轉真如，謂一切行無先後性，二者相真如，謂一切法補特伽羅無我性及法無我性，三者了別真如，謂一切行惟是識性，四者安立真如，謂我所說諸苦聖諦，五者邪行真如，謂我所說諸集聖諦，六者清淨真如，謂我所說諸滅聖諦，七者正行真如，謂我所說諸道聖諦。當知此中，由流轉真如、安立真如、邪行真如故一切有情平等平等，由相真如、了別真如故一切諸法平等平等，由清淨真如故一切聲聞菩提、獨覺菩提、阿耨多羅三藐三菩提平等平等，由正行真如故，聽聞正法、緣總境界、勝奢摩他毘缽舍那所攝受慧平等平等。

「能取義者，謂內五色處，若心、意、識及諸心法，所取義者，諸外六處。又能取義，亦所取義。

「建立義者，謂器世界，於中可得建立一切諸有情界。謂一村田、若百村田、若千村田、若百千村田，或一大地至海邊際，此百、此千、若此百千，或一贍部洲，此百、此千、若此百千，或一四大洲，此百、此千、若此百千，或一小千世界，此百、此千、若此百千，或一中千世界，此百、此千、若此百千，或一三千大千世界❷，此百、此千、若此百千，或此拘胝、此百拘胝、此千拘胝、此百千拘胝❸，或此無數、此百無數、此千無數、此百千無數❹，或三千大千世界無數百千微塵量等，於十方面無量、無數諸器世界❺。

「受用義者，謂我所說諸有情類，為受用故攝受資具❻。

「顛倒義者，謂即於彼能取等義，無常計常，想倒、心倒、見倒❼，苦計為樂、不淨計淨、無我計我，想倒、心倒、見倒。無倒義者，與上相違、能對治彼，應知其相。

「雜染義者，謂三界中三種雜染：一者煩惱雜染，二者業雜染，三者生雜染。清淨義者，謂即如是三種雜染所有離繫菩提分法。

「善男子！如是十種當知普攝一切諸義。

【譯文】

彌勒菩薩再問佛陀：「世尊！修奢摩他毘鉢舍那諸菩薩眾應該知法知義。那麼什麼是知法？什麼是知義呢？」

佛陀對彌勒菩薩說：「善男子！諸菩薩透過五種相了知於法，一是知名，二是知句，三是知文，四是知別，五是知總。什麼是名呢？是指一切染淨諸法中，所假安立的自性想稱為名。什麼是句呢？是指在以上諸名的聚集中，能夠隨宣說諸染淨的差別義，並依於此義，攝持所詮，使不失落而建立的稱為句。什麼是文呢？就是名和句所依止的字稱為文。為什麼要對於名、句、文各別了知？這是因為名句文有各別所緣作意的緣故。為什麼要對名、句、文總合了知？這是要總合所緣作意的緣故。這樣一切總的簡略的稱為一個名字為知法，這樣稱為菩薩知法。

「善男子！諸菩薩透過十種相了知於義：一是知盡所有性，二是知如所有性，三是知能取義，四是知所取義，五是知建立義，六是知受用義，七是知顛倒義，八是知無倒義，九是知雜染義，十是知清淨義。

「善男子！盡所有性是指諸雜染清淨法中，所有一切品類差別攝法周盡，這樣稱為盡所有性，如五蘊、六內處、六外處等等一切像這樣類別的。

「如所有性是指一切染淨法中所有一味真如平等法性，這真如也就被稱為一切染淨法中的如所有性。這裡有七種真如：第一種是流轉真如，一切行無先後性稱無為流轉真如；第二種是相真如，一切

如何接近佛法?

面對浩如煙海的佛教典籍，究竟哪些經典應該先讀，哪些論著可後讀？哪部佛典是必讀，哪種譯本可選讀？哪些經論最能體現佛教的基本精神，哪些撰述是隨機方便說？凡此等等，均不同程度影響著人們讀經的效率與效果。為此，我們精心選擇了對中國佛教影響最大、最能體現中國佛教基本精神的佛經系列，認為舉凡欲學佛或研究佛教者，均可從此入手，之後再循序漸進，對整個中國佛教做進一步深入的了解與研究。

主編 賴永海

南京大學哲學系教授。中華文化研究院院長，財政部、教育部哲學社會科學創新基地——南京大學宗教與文化研究中心主任，南京大學旭日佛學研究中心主任，江蘇宏德文化出版基金會理事長鑑真圖書館館長。出版《中國佛性論》、《中國佛教文化論》、《佛學與儒學》等著作，主編第一部《中國佛教百科全書》，主編第一部《中國佛教通史》。

讀者服務 —
聯經書房｜台北市新生南路三段 94 號 1F｜TEL:02-2362-0308#201
聯經台中公司｜台中市健行路321號1F｜TEL:04-2231-2023
聯經網路書店｜http://www.linkingbooks.com.tw

聯經粉絲群　聯經出版

佛學經典
白話佛經

主編 賴永海

聯經出版事業公司

《白話佛經》系列，自2012年9月起，陸續出版。

心經

「心」字指真心，是萬法之始，從義之宗。本經核心概念以「色不異空，空不異色；色即是空，空即是色；受想行識亦復如是」來對外破五蘊身，以「心無罣礙」來破心執。

金剛經

本經以空慧為主要內容，探討一切法無我之理，歷來弘傳甚廣，特別為惠能以後的禪宗所重視。

定價 220元

法華經

本經核心思想為「開權顯實，會三歸一」，倡聲聞乘、緣覺乘、菩薩乘同歸一佛乘，主張一切眾生悉有佛性。《法華經》也是中國佛教佛性理論確立以一切眾生悉有佛性、都能成佛為主流的重要經典依據。

定價 420元

無量壽經

本經為篇幅最長、內容最全面的一經。近世有不少教內人士將此經視為淨宗「總綱」，盛譽之為「淨宗第一經」。

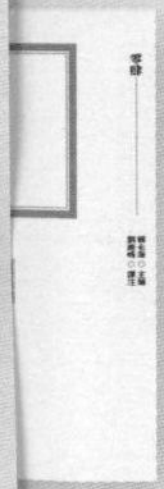

六祖壇經

全經敘述惠能由一個不識文字的砍柴少年成為一代宗師的過程，闡明了禪宗的傳承、南宗的禪法，以及南宗對智慧、定慧、坐禪、頓漸、一行三昧、無相、無住、無念等問題的解釋。

圓覺經

本經為佛教大乘經典，一部體現中國佛教注重「妙有」思想特色的佛經。主張一切眾生都具足圓覺妙心，本當成佛，無奈為妄念、情欲等所覆蓋，才於六道中生死輪迴；如能頓悟自心本來清淨，此心即佛，無須向外四處尋求。

四十二章經

我國最早譯出的佛教經典，且是一部含有較多早期佛教思想的佛經。經中主要闡明人生無常等佛教基本教義和講述修習佛道應遠離諸欲、棄惡修善及注重心證等重要義理，且文字平易簡明，可視為修習佛教之入門書。

金光明經

本經對中國佛教的影響，主要體現在其「三身」、「十地」思想、大乘菩薩行之捨己利他、慈悲濟世思想、金光明懺法及懺悔思想。由於經中所說的誦持本經能夠帶來不可思議的護國利民功德，能使國中飢饉、疾疫、戰亂得以平息，因此本經歷代以來被視為護國之經。

梵網經

本經為大乘菩薩戒的重要經典，它隨著大乘思潮而興起，宣示了大乘佛教的基本理論和根本精神，主要講述修菩薩的階位和菩薩戒律，是修習大乘菩薩行所依持的主要戒律。另外，經中把「孝」與「戒」相融通、「孝名為戒」的思想頗富中國特色。

解深密經

本經為十分獨特的經典，核心思想論證一切外境外法與識的關係，認為一切諸法乃識之變現。經中還提出著名的「三性」、「三無性」問題，並深入地論述了一切虛妄分別相與真如實性的關係。

楞嚴經

一部對中國佛教之禪、淨、律、密、教都有著廣泛而深刻影響的大乘經典。自宋以後，此經更是盛行於僧俗、禪教之間，至今許多的佛教學者將其作為佛教的總綱看待。

法補特伽羅無我性和法無我性稱為相真如；第三種是了別真如，一切行惟是識性稱為了別真如；第四種是安立真如，我所說的諸苦聖諦是安立真如；第五種是邪行真如，我所說的諸集聖諦是邪行真如；第六種是清淨真如，我所說的諸滅聖諦是清淨真如；第七種是正行真如，我所說的諸道聖諦是正行真如。應該知道在這其中，由於流轉真如、安立真如、邪行真如的原因，因此一切有情平等平等；由於相真如、了別真如的原因，因此一切諸法平等平等，由於清淨真如的原因，一切聲聞所證悟的菩提，緣覺所證悟的菩提，佛陀所證悟的阿耨多羅三藐三菩提平等平等，由正行真如的原因，聽聞正法緣總境界勝奢摩他毘鉢舍那所攝受慧平等平等。

「眼、耳、鼻、舌、身內五根，還有心、意、識和諸心法相應的心所是能取義，所取義是指色處、聲處、香處、味處、法處等外六處。另外前面說的能取義也可以被心與心所所緣，因此也是所取義。

「建立義是指器世界，一切諸有情界可以依止器世界而建立。這具體指一個村莊城鎮及其田地，一百個村莊城鎮及其田地、一千個村莊城鎮及其田地、百千個村莊城鎮及其田地，或者一個到海邊際的大地，類似的一百個大地、類似的一千個大地、類似的百千個大地，或者一個南贍部洲，一百個類似的南贍部洲、一千個類似的南贍部洲、百千類似的南贍部洲，或者一個由東勝神洲、南贍部洲、西牛貨洲、北俱盧洲組成的四大部洲，一百個類似的四大部洲、一千個類似的四大部洲、百千個類似的四大部洲，或者一小千世界，類似的一百個小千世界、類似的一千個小千世界、類似的百千個小千世界，或者一個中千世界，類似的一百個中千世界、類似的一千個中千世界、或者一個三千大千世界，類似的一百個三千大千世界、類似的一千個三千大千世界、類似的百千個三千大千世界，或類似的一億個三千大千世界、類似的百億個、千億個、百千億個，或者類似的無數個、類似的百無數個、千無數個、百千無數個，或者三千大千世界無數百千世界極微塵量等的十方無量無數諸器世界。

「受用義是指我所說的諸有情類，為受用的緣故攝受資具。

「顛倒義是指在以上能取等義中，無常的計常，想倒、心倒、見倒，把苦計為樂、不淨計為淨、無我計為我，想倒、心倒、見倒。而無倒義是指與顛倒義相違，並能夠對治顛倒義，應該知道其相。

「雜染義是指三界中的三種雜染：第一種是煩惱雜染，第二種是業雜染，第三種是生雜染。清淨義就是指離繫三種雜染的菩提分法。

「善男子！應該知道，這樣的十種義普攝一切諸義。

【注釋】

❶ 真如：指宇宙萬有的真實性，或本來的狀態。見前釋。

❷ 三千大千世界：古代印度人之宇宙觀。又作「一大三千大千世界」、「一大三千世界」、「三千世界」。謂以須彌山為中心，周圍環繞四大洲及九山八海，稱為「一小世界」，乃自色界之初禪天至大地底下之風輪，其間包括日、月、須彌山、四天王、三十三天、夜摩天、兜率天、樂變化

天、他化自在天、梵世天等。此一小世界以一千為集，而形成一個小千世界，一千個小千世界集成中千世界，一千個中千世界集成大千世界，此大千世界因由小、中、大三種千世界所集成，故稱「三千大千世界」。

❸ 拘胝：又作「俱胝」、「俱致」、「拘梨」。意譯為「億」。《俱舍論》中說：十一為十，十十為百，十百為千，十千為萬，十萬為洛叉，十洛叉為度洛叉，十度洛叉為俱胝，十俱胝為末陀，十末陀為阿庾多。圓測疏中也談到「拘胝傳釋有三：一者十萬，二者百萬，三者千萬。」也有以百億來解的。

❹ 無數：是指阿僧祇數，《大智度論》中說，天人中能知算數極數不復能知，稱為「一阿僧祇」。

❺「或三千大千世界」兩句：此明十方界量，一三千世界，二無數百千三千世界，三微塵量等十方無量三千世界。以上總為為十段：一村田量，二大地量，三贍部洲量，四四洲量，五小千界量，六中千界量，七大千界量，八拘胝界量，九無數界量，十微塵界量。

❻ 攝受資具：《瑜伽師地論》第二卷說：「云何十種身資具。一食，二飲，三乘，四衣，五莊嚴具，六歌笑舞樂，七香鬘塗末，八什物之具，九照明，十男女受行。」還有七種攝受事：「云何七種攝受事。一自父母事，二妻子事，三奴婢僕使事，四朋友官僚兄弟眷屬事，五田宅邸肆事，六福業事及方便作業事，七庫藏事。」

❼ 想倒、心倒、見倒：想倒者，謂於無常苦不淨無我中。起常樂淨我妄想分別。心倒者，謂即於彼

所執著中貪等煩惱。見倒者，謂即於彼妄想所分別中。忍可欲樂建立執著。

「復次善男子！彼諸菩薩由能了知五種義故名為知義。何等五義？一者遍知事，二者遍知義，三者遍知因，四者得遍知果，五者於此覺了。

「善男子！此中遍知事者，當知即是一切所知，謂或諸蘊、或諸內處、或諸外處，如是一切。

「遍知義者，乃至所有品類差別所應知境，謂世俗故、或勝義故，或功德故、或過失故，緣故，世故，或生、或住、或壞相故，或如病等故，或苦、集等故，或真如、實際、法界等故，或廣、略故，或一向記故、或分別記故、或反問記故，或置記故，或隱密故、或顯了故，如是等類，當知一切名遍知義。

「遍知因者，當知即是能取前二菩提分法，所謂念住或正斷等。

「得遍知果者，謂貪恚癡永斷毘奈耶及貪恚癡一切永斷諸沙門果❶，及我所說聲聞、如來若共不共、世出世間所有功德，於彼作證。

「於此覺了者，謂即於此作證法中諸解脫智廣為他說、宣揚開示。善男子！如是五義當知普攝一切諸義。

「復次善男子！彼諸菩薩由能了知四種義故名為知義。何等四義？一者心執受義，二者領納義，三者了別義，四者雜染清淨義。善男子！如是四義當知普攝一切諸義。

「復次善男子！彼諸菩薩由能了知三種義故名為知義。何等三義？一者文義，二者義義，三者界義。

「善男子！言文義者，謂名身等。義義當知復有十種：一者真實相，二者遍知相，三者永斷相，四者作證相，五者修習相，六者即彼真實相等品類差別相，七者所依、能依相屬相，八者即遍知等障礙法相，九者即彼隨順法相，十者不遍知等及遍知等過患、功德相。言界義者，謂五種界：一者器世界，二者有情界，三者法界❷，四者所調伏界❸，五者調伏方便界❹。善男子！如是五義當知普攝一切義。」

慈氏菩薩復白佛言：「世尊！若聞所成慧了知其義，若思所成慧了知其義，若奢摩他毘鉢舍那修所成慧了知其義，此何差別？」

佛告慈氏菩薩曰：「善男子！聞所成慧，依止於文，但如其說，未善意趣，未現在前，隨順解脫，未能領受成解脫義，思所成慧，亦依於文，不惟如說，能善意趣，未現在前，轉順解脫，未能領受成解脫義，若諸菩薩修所成慧，亦依於文、亦不依文，亦如其說、亦不如說，能善意趣，所知事同分三摩地所行影像現前，極順解脫，已能領受成解脫義。善男子！是名三種知義差別。」

慈氏菩薩復白佛言：「世尊！修奢摩他毘鉢舍那諸菩薩眾知法、知義，云何為智？云何為見？」

佛告慈氏菩薩曰：「善男子！我無量門宣說智、見二種差別，今當為汝略說其相：若緣總法修奢摩他毘鉢舍那所有妙慧，是名為智，若緣別法修奢摩他毘鉢舍那所有妙慧，是名為見。」

【譯文】

「還有善男子！那菩薩由於能夠了知五種義而稱為義。哪五種義呢？第一種是遍知事，第二種是遍知義，第三種是遍知因，第四種是遍知果，第五種是於此覺了。

「善男子！這裡遍知事應該知道就是指一切所知，如諸蘊、諸內處、諸外處等等這樣的一切。

「遍知義還知道所有品類差別所應知境，如世俗的、或勝義的，或功德的、或過失的，緣的，世的，或生的、或住的、或壞相的，或如病等，或苦、集等，或真如、實際、法界等，或廣、略，或一向記、或分別記故、或反問記、或擱置的，或隱密的、或顯了的如是等等，應當知道這一切，如此稱為遍知義。

「遍知因，應該知道就是能取前面二者（遍知事，遍知義）的菩提分法，如四念住或四正勤等菩提分法。」

「遍知果是對於貪、恚、癡永調伏及貪、恚、癡一切煩惱永斷的諸沙門果，和我所說的聲聞、如來共與不共、世出世間所有功德，去證得這些果位和功德，稱為遍知果。

「於此覺了是指將上面所說的作證法中諸解脫智，廣向其他有情宣說、宣揚開示。善男子！應當知道，這樣五義普攝一切諸義。

「還有善男子！諸菩薩因能夠了知四種義的原因而稱為知義。哪四種義呢？第一種是心執受義；第二種是領納義；第三種是了別義；第四種是雜染清淨義。善男子！應該知道，這樣的四義普攝一切諸義。

「還有善男子！諸菩薩因能夠了知三種義的原因而稱為知義。哪三種義呢？第一種是文義；第二種是義義；第三種是界義。

「善男子！說文義是指名、身等。而義義應該知道其中還有十種：第一種是真實相；第二種是遍知相；第三種是永斷相；第四種是作證相；第五種是修習相；第六種是指真實相等的品類差別相；第七種是所依、能依相的屬相；第八種就是遍知等的障礙法相；第九種就是遍知等的隨順法相；第十種是不遍知等及遍知等過患功德相。說界義有五種界：第一種是器世界；第二種是有情界；第三種是法界；第四種是所調伏界；第五種是調伏方便界。善男子！應該知道這樣五義普攝一切義。」

彌勒菩薩再問佛陀說：「世尊！對於聞所成慧了知其義，思所成慧了知其義，奢摩他毘缽舍那修所成慧了知其義，這其中有什麼差別？」

佛陀對彌勒菩薩說：「善男子！聞所成慧是指依止於文，只是就其文而取義，而不能通達聖教意趣，緣境時不能使所聞義的同分影像顯現在前，只是隨順解脫，沒能領受成解脫義；思所成慧也是依於文，但不只是就其文而取義，而是能通達聖教意趣，但緣境時不能使所聞義的同分影像顯現在前，能轉順解脫，但不能領受成解脫義；如果菩薩修所成慧，依於文也可不依於文，可以就其文取義，也可不只是就其文而取義，能通達聖教意趣，所知事的同分三摩地所行影像現前，極順解脫，已能領受成解脫義。善男子！這就是三種知義的差別。」

彌勒菩薩再問佛陀：「世尊！修奢摩他毘鉢舍那的諸菩薩眾應該知法、知義，那什麼是智？什麼是見呢？」

佛陀告訴彌勒菩薩說：「善男子！我透過無量門來宣說智與見的差別，現應當給你略說其相：如果緣總法修奢摩他毘鉢舍那所有的妙慧稱為智，如果緣別法修奢摩他毘鉢舍那的所有妙慧稱為見。」

【注釋】

❶ 毘奈耶：梵文音譯，調伏，滅的意思。此處指伏斷煩惱。沙門果：即指「預流果、一來果、不還果、阿羅漢果」四沙門果。此正斷煩惱。

❷ 法界：指意識所緣對象之所有事物。為「十八界」之一。據《俱舍論》卷一載，受、想、行三蘊與無表色、無為法，稱為法界；於「十二處」之中，則稱為「法處」。然十八界中其他之十七界

亦稱為「法」，故廣義泛指有為、無為之一切諸法，亦稱為「法界」。就字義而言，界有「種族生本」之義。

❸ 所調伏界：指菩薩思惟十方無量世界有情種種行種種性。

❹ 調伏方便界：指菩薩思惟十方無量世界所化有情調伏方便。如說秘密之法，說顯了之法，攝受方便，折伏方便等等。

慈氏菩薩復白佛言：「世尊！修奢摩他毘鉢舍那諸菩薩眾，由何作意？何等、云何除遣諸相？」

佛告慈氏菩薩曰：「善男子！由真如作意，除遣法相及與義相。若於其名及名自性無所得時，亦不觀彼所依之相，如是除遣。如於其名，於句、於文、於一切義當知亦爾，乃至於界及界自性無所得時，亦不觀彼所依之相，如是除遣。」

「世尊！諸所了知真如義相，此真如相亦可遣不？」

「善男子！於所了知真如義中都無有相，亦無所得，當何所遣？善男子！我說了知真如義時，能伏一切法義之相，非此了達，餘所能伏。」

「世尊！如世尊說濁水器喻、不淨鏡喻、撓泉池喻❶，不任觀察自面影相，若堪任者與上相違。如是若有不善修心，則不堪任如實觀察所有真如，若善修心，堪任觀察。此說何等能觀察心？依何真如而作是說？」

「善男子！此說三種能觀察心，謂聞所成能觀察心、若思所成能觀察心、若修所成能觀察心，依了別真如作如是說❷。」

「世尊！如是了知法義菩薩為遣諸相勤修加行，有幾種相難可除遣？誰能除遣？」

「善男子！有十種相，空能除遣。何等為十？一者了知法義故，有種種文字相，此由一切法空能正除遣❸，二者了知安立真如義故❹，有生滅住異性❺、相續隨轉相，此由相空及無先後空能正除遣，三者了知能取義故，有顧戀身相及我慢相，此由內空及無所得空能正除遣，四者了知所取義故，有顧戀財相，此由外空能正除遣，五者了知受用義，男女承事、資具相應故，有內安樂相、外淨妙相，此由內外空及本性空能正除遣，六者了知建立義故，有無量相，此由大空能正除遣，七者了知無色故，有內寂靜解脫相，此由有為空能正除遣，八者了知相真如義故，有補特伽羅無我相、法無我相、若惟識相及勝義相，此由畢竟空、無性空、無性自性空及勝義空能正除遣，九者由了知清淨真如義故，有無為相、無變異相，此由無為空、無變異空能正除遣，十者即於彼相對治空性作意思惟故，有空性相，此由空空能正除遣❻。」

「世尊！除遣如是十種相時，除遣何等？從何等相而得解脫？」

「善男子！除遣三摩地所行影像相，從雜染縛相而得解脫，彼亦除遣❼。「善男子！當知就勝說如是空，治如是相，非不一一治一切相。譬如無明，非不能生乃至老死諸雜染法，就勝但說能生於行，由是諸行親近緣故，此中道理當知亦爾。」

爾時，慈氏菩薩復白佛言：「世尊！此中何等空是總空性相？若諸菩薩了知是已無有失壞，於空性相離增上慢。」

爾時，世尊嘆慈氏菩薩曰：「善哉！善哉！善男子！汝今乃能請問如來如是深義，令諸菩薩於空性相無有失壞。何以故？善男子！若諸菩薩於空性相有失壞者，便為失壞一切大乘。是故汝應諦聽！諦聽！當為汝說總空性相。善男子！若於依他起相及圓成實相中，一切品類雜染、清淨遍計所執相畢竟遠離性，及於此中都無所得❽，如是名為於大乘中總空性相❾。」

【譯文】

彌勒菩薩再問佛陀說：「世尊！修奢摩他毘缽舍那的菩薩眾，怎麼作意？除遣什麼相，怎樣來除遣？」

佛陀告訴彌勒菩薩說：「善男子！修奢摩他毘缽舍那應透過真如作意，來除遣法相和義相。如果對於其名和名的自性無所得時，也不觀其所依之相，這樣來除遣。像對於名一樣，對於句子、對於文、對於一切義應當知道都是這樣，界和界自性都無所得，也不觀界所依之相，這樣除遣。」

「世尊！諸所了知的真如義相，即前面所說的真如作意所緣真如，這真如相可以除遣嗎？」

「善男子！所了知真如義中沒有相也無所得，這裡能除遣什麼呢？善男子！我說了知真如義能伏一切法相和義相，其他一切諸法皆不能伏此了達的真如。」

「世尊！您曾所說過濁水器的比喻、不淨鏡的比喻、擾泉池的比喻，在這些比喻中，透過器皿中渾濁的水、不潔淨的鏡面、擾動後的清泉池，我們都不能觀察自己的本來影相，如果可以的話，就和以上所說的渾濁等就相違了。因此，如果不善於修心的話，則不堪任如實地來觀察所有真如，如果善於修心的話，就堪任觀察。那麼，這裡所說的能觀察心是什麼？是依什麼樣的真如而說的？」

「善男子！這裡說的是三種能觀察心，分別為聞所成能觀察心、思所成能觀察心、修所成能觀察心，是依了別真如而作如此說的。」

「世尊！這樣了知法義菩薩為遣除諸相勤修加行，有幾種相難以除遣？什麼能夠來除遣？」

「善男子！有十種相可以被除遣，空能夠除遣這十種相。十種相具體是哪幾種呢？第一種，因了知法義的緣故而有種種文字相，這由一切法空能正除遣；第二種，因了知安立真如義的緣故，有生、滅、住、異四種性和相續的隨轉相，這由相空和無先後空能正除遣；第三種，因了知能取義的緣故，有顧戀身相和我慢相，這由內空和無所得空能正除遣；第四種，因了知所取義的緣故，有顧戀財物相，這由外空能正除遣；第五種，因了知受用義，男女承事，受用資具的緣故，而有內安樂相、外淨妙相，這由內外空及本性空能正除遣；第六種，因了知建立義的緣故，有無量相，這由大空能正除遣，第七種，了知無色的緣故，有內寂靜解脫相，這由有為空能正除遣；第八種，因了知相真如義的緣故，有補特伽羅無我相，法無我相，還有如唯識相和勝義相，這由畢竟空、無性空、無性自性空及勝義空能正除遣；第九種，因了知清淨真如義的緣故，有無為相和無變異相，這由無為空、無變異空能正除遣；第十種，由於彼相對治，空性作意思惟的緣故而有空性相，這由空空能正除遣。」

「世尊！以上所說的除遣十種相時，是從除遣哪一種心相來說的呢？是從什麼相中而得解脫的呢？」

「善男子！以上所說的除遣十種相時，是除遣三摩地所行的影像相（即是在禪定中影像相），是從雜染縛相中而得解脫，雜染縛相也隨之除遣。

「善男子！應該知道就勝來說以上十種相除遣中，是某種空治某種相，但不是說各個空不能治一切相，這就像十二緣起中的無明不是不能生識乃至老等諸雜染法，就勝來說是無明生行，這是由於諸行與無明親近的緣故。此處十種相除遣的道理應該知道也是這樣的。」

這時，彌勒菩薩再問佛陀：「世尊！這裡面什麼樣的空是總空性相呢？如果諸菩薩了知了這總空性相便無損減惡取空失，也在空性相上遠離了未證謂證的增上慢過。」

這時，佛陀對彌勒菩薩讚歎道：「很好啊！很好啊！善男子！你現在能夠問如來這樣的深義，使諸菩薩對於空性相沒有增益、損減、惡取空的過失。為什麼呢？善男子！因為如果菩薩對於空性相有增益、損減、惡取空的過失，便為失壞一切大乘。因此你應諦聽！諦聽！現在就為你說總空性相。善男子！如果在依他起相和圓成實相中，對一切品類雜染的遍計所執相和一切品類的清淨遍計所執相的畢竟遠離性能都了知，而且於其中都無所得，這稱為大乘中的總空性相。」

【注釋】

❶ 濁水器喻、不淨鏡喻、撓泉池喻：這三個比喻，圓測法師認為可以按三慧次第來解：「淨水之器照像雖得，猶不及鏡，故喻聞慧。淨鏡雖明，無澄淨性，故喻思慧。水性調柔，有澄淨性，故喻修慧。或可一一通喻三慧。」

❷ 了別真如：即七真如中的了別真如，圓測疏中解釋此真如有兩種，一種是一切行唯是識性稱為真如，這就是世俗的唯識觀。第二種是唯識之性稱為唯識性，這就是勝義唯識觀。菩薩在地前是觀唯識相，初地以上菩薩則觀唯識性。這裡通說兩種觀。

❸ 一切法空：在《大般若經》中，一切法空指如「五蘊」、「十二處」、「十八界」，有色無色，有見無見，有對無對，有漏無漏，有為無為等這一切法，由一切法空。圓測法師認為在本經中，攝一切能詮的教法，以依文字而顯一切法空。

❹ 安立真如：即「七真如」中的安立真如，「四諦」中的苦聖諦。

❺ 生滅住異性：指顯示諸法生滅變遷之生、住、異、滅等四相。法相宗主張「四相假立，過未無體」。就剎那而言，有為法依因緣之力，由本無而今有，乃屬暫有還無者，為表示異於無為而

假立四相。以本無今有，故稱有位為「生」，暫停於生位即稱「住」，住位前後之變異即稱「異」，以暫有還無，故稱滅時為「滅」。

❻「有十種相」至「此由空空能正除遣」數句：《大般若經》中講二十空：「菩薩摩訶薩大乘相者。謂內空、外空、內外空、空空、大空、勝義空、有為空、無為空、畢竟空、無際空、散空、無變異空、本性空、自相空、共相空、一切法空、不可得空、無性空、自性空、無性自性空，是名菩薩摩訶薩大乘相。」另外《大般若經》中，《大智度論》也說十八空，與二十空比較，合二十空中的散空無變異空為散無散空，合自相空和共相空為自共相空。本經只有十七空。對比二十空，少散空、自性空，合二十空中的自相和共相為一相空。對比十八空，少自性空，在此經中歸入一切法空。

❼「除遣三摩地所行影像相」三句：對此圓測法師介紹了三種說法：一種是「觀空除遣遍計所執十種相時，空觀心中仍有依他似空影像。隨空心現，從此空觀入於證智。更除似空影像相分，相分既除，即從一切雜染相縛種子解脫。執解脫心亦皆遠離。故言彼亦除遣」。第二種說法是「如上所說除十相時，唯能除遣三摩地所行依他影像相分，由能除遣定影像故，即解脫有漏相縛，由彼解脫相縛力故，能緣見分亦能除遣。或可現行相縛解脫力故，彼相縛種亦得解脫」。第三種是「如上所說除遣十相，即是依定所現影像所起遍計所執相也。謂由三摩地有影像現，後散心中，依彼影像，即隨妄情，有所執相。故觀空時，能除如是所執之相。除執相故，從雜染相而得解

脫。由解脫故，彼能執心亦名除遣。」

❽此中都無所得：這裡「此中」的所指，多有不同的解釋，總有三種：第一種是清辯法師認為此中都無所得是顯依他起及圓成實二性的空義，這樣三性都無所得而稱為總空性相；第二種是護法法師等認為三性中只是遣除遍計所執性，而不是其他二性，這裡所說的在依他起相及圓成實相中，一切品類染淨所執畢竟遠離性，是說明依他起和圓成實二性中遠離所執，只是遣所執以顯空性，而說此中都無所得是為了止濫，是說這總空性一切十相都無所得而不是像前十六空各遣一相；第三種是智藏論師的觀點，對於「一切品類雜染、清淨遍計所執相畢竟遠離性」其認為是在依他起能相中分別計執為雜染，而在圓成實能相中分別計執為清淨，這樣為遍計所執能相，由能相空性故空，「此中都無所得」則是指依他起自性中、遍計所執自性都不可得，同時認為空性圓滿至極成就性即是圓成實自性，而對於總空性相其用世俗諦和勝義諦來攝三性。對於「此中都無所得」的不同理解，也是中觀和唯識爭論的焦點。就文義來說，「此中」一種是近指雜染清淨遍計所執相的「遠離性」，這與唯識的見解近；一種是指前的「依他起相及圓成實相」，這與中觀的見解近。

❾總空性相：此總空性與前十七空的差別，一種解釋是「體無差別，總別有異」。一種解釋是「總空性是遣所執性，而前十七空除遣影像」，因此有差別。

慈氏菩薩復白佛言：「世尊！此奢摩他毘鉢舍那能攝幾種勝三摩地？」

佛告慈氏菩薩曰：「善男子！如我所說無量聲聞、菩薩、如來有無量種勝三摩地，當知一切皆此所攝。」

「世尊！此奢摩他毘鉢舍那以何為因？」

「善男子！清淨尸羅、清淨聞思所成正見以為其因❶。」

「世尊！此奢摩他毘鉢舍那以何為果？」

「善男子！善清淨心、善清淨慧以為其果。復次善男子！一切聲聞及如來等所有世間及出世間一切善法，當知皆是此奢摩他毘鉢舍那所得之果。」

「世尊！此奢摩他毘鉢舍那能作何業？」

「善男子！此能解脫二縛為業，所謂相縛及粗重縛❷。」

「世尊！如佛所說五種繫中，幾是奢摩他障？幾是毘鉢舍那障？幾是俱障？」

「善男子！顧戀身、財是奢摩他障，於諸聖教不得隨欲是毘鉢舍那障，樂相雜住、於少喜足當知俱障，由第一故不能造修，由第二故所修加行不到究竟。」

「世尊！於五蓋中❸，幾是奢摩他障？幾是毘鉢舍那障？幾是俱障？」

「善男子！掉舉惡作是奢摩他障，惛沉睡眠、疑是毘鉢舍那障，貪欲、瞋恚當知俱障。」

「世尊！齊何名得奢摩他道圓滿清淨？」

「善男子！乃至所有惛沉、睡眠正善除遣，齊是名得奢摩他道圓滿清淨。」

「世尊！齊何名得毘鉢舍那道圓滿清淨？」

「善男子！乃至所有掉舉、惡作正善除遣，齊是名得毘鉢舍那道圓滿清淨。」

「世尊！若諸菩薩於奢摩他毘鉢舍那現在前時，應知幾種心散動法？」

「善男子！應知五種：一者作意散動，二者外心散動，三者內心散動，四者相散動，五者粗重散動。善男子！若諸菩薩捨於大乘相應作意，墮在聲聞、獨覺相應諸作意中，當知是名作意散動。若於其外五種妙欲諸雜亂相所有尋思隨煩惱中❹，及於其外所緣境中縱心流散，當知是名外心散動。若由惛沈及以睡眠、或由沉沒、或由愛味三摩鉢底、或由隨一三摩鉢底諸隨煩惱之所染污❺，當知是名內心散動。若依外相，於內等持所行諸相作意思惟，名相散動。若內作意為緣生起所有諸受，由粗重身計我起慢，當知是名粗重散動。」

「世尊！此奢摩他毘鉢舍那從初菩薩地乃至如來地，能對治何障？」

「善男子！此奢摩他毘鉢舍那，於初地中對治惡趣煩惱業、生、雜染障，第二地中對治微細誤犯現行障，第三地中對治欲貪障，第四地中對治定愛及法愛障，第五地中對治生死涅槃一向背趣障，第六地中對治相多現行障，第七地中對治細相現行障，第八地中對治於無相作功用及於有相不得自在障，第九地中對治於一切種善巧言辭不得自在障，第十地中對治不得圓滿法身證得障。善男子！此奢摩他毘鉢舍那於如來地對治極微細、最極微細煩惱障及所知障，由能永害如是障故，究竟證得無著無礙一切智見，依於所作成滿所緣建立最極清淨法身。」

【譯文】

彌勒菩薩再問佛陀說：「世尊！這奢摩他和毘鉢舍那能夠攝幾種勝三摩地？」

佛陀告訴彌勒菩薩說：「善男子！像我所說的無量聲聞、菩薩、如來有無量種勝三摩地，應該知道這一切都是屬於此奢摩他和毘鉢舍那所攝。」

「世尊！這奢摩他和毘鉢舍那是以什麼為因的呢？」

「善男子！奢摩他和毘鉢舍那是以清淨尸羅（戒）和清淨聞思所成的正見為因的。」

「世尊！這奢摩他和毘鉢舍那是以什麼為果的呢？」

「善男子！奢摩他和毘鉢舍那是以善清淨心和善清淨慧為其結果的。還有善男子！一切聲聞和如來等的所有世間和出世間的一切善法，應當知道這都是奢摩他毘鉢舍那所得的果。」

「世尊！這奢摩他毘鉢舍那能作什麼業呢？」

「善男子！奢摩他毘鉢舍那以解脫二縛為業，二縛是指相縛和粗重縛。」

「世尊！像佛所說的五種繫縛中，什麼是奢摩他障，什麼是毘鉢舍那障？什麼是俱障？」

「善男子！顧戀身體、財物是奢摩他障，對於諸聖教不得隨欲是毘鉢舍那障，樂於在熱鬧繁雜的地方與群眾住在一起，得少而為樂、為知足應該知道是俱障，由於樂於相互雜居則不能修習，由於得少而樂足則所修的加行會不到究竟。」

「世尊！在五蓋中，什麼是奢摩他障？什麼是毘鉢舍那障？什麼是俱障？」

「善男子！掉舉、惡作是奢摩他障，昏沉、睡眠、猶疑是毘鉢舍那障，貪欲、瞋恚應該知道是俱障。」

「世尊！怎麼樣才能稱為奢摩他道圓滿清淨？」

「善男子！不僅掉舉、惡作的障礙已除遣，而且所有昏沉、睡眠的障礙也善於除遣，這樣稱得上奢摩他道圓滿清淨。」

「世尊！怎麼樣才能稱為毘鉢舍那道圓滿清淨？」

「善男子！不僅昏沉、睡眠、猶疑的障礙已除遣，而且所有掉舉、惡作的障礙也善於除遣，這樣稱得上毘鉢舍那道圓滿清淨。」

「世尊！如果菩薩於修奢摩他毘鉢舍那現在前時，應該知道有幾種心散動法？」

「善男子！應該知道有五種：第一種是作意散動；第二種是外心散動；第三種是內心散動；第四種是相散動；第五種是粗重散動。善男子！如果菩薩捨於大乘的相應作意墮在聲聞獨覺的相應諸作意中，應該知道稱為作意散動。如果對於外在的色、聲、香、味、觸五種妙欲和諸繁鬧雜亂相中所有尋思隨煩惱中，和在外所緣境中縱心流散，應當知道稱為外心散動。如果內心昏沉、睡眠或者沉沒、或者貪愛三摩缽底或者被一三摩缽底的諸隨煩惱如放逸、懈怠等所污染，應當知道這些稱為內心散動。如果依外相，對內等持的所行諸相作意思惟稱為相散動，如果對內作意為緣生起所有諸覺受時，因我見我慢的粗重的種子，起我想起我慢想。應當知道這稱為粗重散動。」

「世尊！這奢摩他毘缽舍那從菩薩初地乃至到如來地，能分別對治什麼障？」

「善男子！這奢摩他毘缽舍那，在初地中對治惡趣煩惱業、生、雜染障，在第二地中對治微細誤犯現行障，在第三地中對治欲貪障，在第四地中對治定愛及法愛障，在第五地中對治生死涅槃一向背趣障，在第六地中對治相多現行障，在第七地中對治細相現行障，在第八地中對治於無相作功用及於有相不得自在障，在第九地中對治於一切種善巧言辭不得自在障，在第十地中對治不得圓滿法身證得障。善男子！這奢摩他毘缽舍那於在如來地對治的是極微細、最極微細煩惱障及所知障，因能永害這樣障的原因，究竟證得了無著無礙的一切智見，依於所作成滿所緣建立了最極清淨的法身。」

【注釋】

❶尸羅：有行為、習慣、性格、道德、虔敬等諸義。為六波羅蜜中之「戒行」，乃佛陀所制定，令佛弟子受持，以為防過止惡之用。《大智度論》卷十三中說：「尸羅，好行善道，不自放逸，是名尸羅。或受戒行善，或不受戒行善，皆名尸羅。」

❷相縛：有兩種解釋：一種是指相分由於是有漏相而使見分不得自在，此說即相為縛稱為「相縛」。另一種是指第七末那識為相縛體，由於第七識，使其他眼等識，對於所緣相不得自在。此說相之縛稱為「相縛」。粗重縛：一種說法是有漏法上無堪任性稱為「粗重縛」；一種說法是二障種子通名粗重。

❸五蓋：蓋，覆蓋之意。謂覆蓋心性，令善法不生之五種煩惱。即：㈠貪欲蓋執著貪愛五欲之境，無有厭足，而蓋覆心性。㈡瞋恚蓋於違情之境上懷忿怒，亦能蓋覆心性。㈢昏眠蓋又作「睡眠蓋」。昏沉與睡眠，皆使心性無法積極活動。㈣掉舉惡作蓋，又作「掉戲蓋」、「調戲蓋」、「掉悔蓋」。心之躁動（掉），或憂惱已作之事（悔），皆能蓋覆心性。㈤疑蓋，於法猶豫而無決斷，因而蓋覆心性。

❹尋思隨煩惱：隨煩惱指隨根本煩惱而起之煩惱，與「根本煩惱」相對稱。又作「隨惑」、「枝末惑」。據《俱舍論》卷二十一載，隨煩惱有二義，一是指隨心生起而惱亂有情之一切煩惱。二是指依根本煩惱而起之其他煩惱。

❺三摩鉢底：意譯「等至」、「正受」、「正定現前」。指由遠離昏沉、掉舉等，而使身心達於平等安和之境。即身心安和之狀態，為三摩地之進境。有關「三摩鉢底」與「三摩地」（等持）之差別，《大毘婆沙論》卷一六二中列舉數種說法，有說等持以一物為體，等至以五蘊為體。有說等持為一剎那，等至則相續。有說諸等持即等至，而等至非是等持，如無想等至、滅盡等至即屬

之。有說亦有等持非是等至，如不定心相應等持即屬之。又依《俱舍論》光記卷六所載，三摩地通於定、散及善、惡、無記等三性，唯有心平等，持心趣向於境，故稱「等持」。三摩鉢底則通於「有心定」與「無心定」兩種，唯在定，不通於散。此外，亦有說三摩鉢底即禪定之異名者。

慈氏菩薩復白佛言：「世尊！云何菩薩依奢摩他毘鉢舍那勤修行故，證得阿耨多羅三藐三菩提？」

佛告慈氏菩薩曰：「善男子！若諸菩薩已得奢摩他毘鉢舍那，依七真如，於如所聞、所思法中由勝定心❶，於善審定、於善思量、於善安立真如性中內正思惟❷，彼於真如正思惟故，心於一切細相現行尚能棄捨，何況粗相❸。

「善男子！言細相者，謂心所執受相，或領納相，或了別相，或雜染清淨相，或內相，或外相，或內外相，或謂我當修行一切利有情相，或正智相，或真如相，或苦集滅道相，或有為相，或無為相，或有常相，或無常相，或苦有變異性相，或苦無變異性相，或有為異相，或有為同相相，或知一切是一切已有一切相，或補特伽羅無我相，或法無我相，於彼現行，心能棄捨。彼既多住如是行故、於時時間從其一切繫蓋散動善修治心，從是已後，於七真如有七各別自內所證通達智生，名為見道。由得此故，名入菩薩正性離生，生如來家，證得初地，又能受用此地勝德。彼於先時由得奢摩他毘鉢舍那故，已得二種所緣：謂有分別影像所緣及無分別影像所緣。彼於今時得見道故，更證得事邊際所緣，復於後後一切地中進修修道，即於如是三種所緣作意思惟，譬如有人以其細楔出於粗楔，如是菩薩依此以楔出楔方便遣內相故❹，一切隨順雜染分相皆悉除遣，相除遣故粗重亦遣❺，永害一切相、粗重故，漸次於彼後後地中，如煉金法陶煉其心，乃至證得阿耨多羅三藐三菩提，又得所作成滿所緣。善男子！如是菩薩於內止觀正修行故，證得阿耨多羅三藐三菩提心。」

【譯文】

彌勒菩薩再問佛陀說：「世尊！為什麼說菩薩依奢摩他毘鉢舍那勤修行緣故可以證得阿耨多羅三藐三菩提？」

佛陀告訴彌勒菩薩說：「善男子！如果諸菩薩已得奢摩他毘鉢舍那，依據七真如，在如所聞、所思法中，由勝定心，在善審定、善思量、善安立的真如性中內正思惟。諸菩薩對真如正思惟的緣故，心對於一切細相現行尚能棄捨，何況粗相。

「善男子！說細相是指對於心所執受相，或者領納相，或者了別相，或者雜染清淨相，或者內相，或者外相，或者內外相，或者謂我當修行一切利有情相，或者正智相，或者真如相，或者苦集滅道相，或者有為相，或者無為相，或者有常相，或者無常相，或者苦有變異性相，或者苦無變異性相，或者有為異相相，或者有為同相相，或者知一切是一切已有一切相，或者補特伽羅無我相，或者法無我相這些現行心能棄捨。諸菩薩多作這樣的行持後，時時對一切繫縛、蓋障、散動障善巧地修治心，從這以後，對於七真如有七種各別自內所證的通達智生起，這稱為見道。因得見道的原因稱為菩薩正性離生，生如來家中，證得初地，又能受用這地的勝德。諸菩薩因為先前修得奢摩他毘缽舍那的緣故，已經得到有分別影像所緣和無分別影像所緣二種所緣，諸菩薩因現得見道的緣故，更是證得事邊際所緣，再在以後一切地中進修修道，即對於這樣三種所緣作意思惟，這猶如有人利用細楔將粗楔取出一樣，菩薩也是這樣用以楔出楔的方便遣除內相後，一切隨順雜染分相也除遣，因相縛除遣的緣故，粗重縛也除遣了，這樣永害一切相縛、粗重縛後，漸漸在菩薩的後後地中，像煉金法一樣陶煉其心，一直到證得阿耨多羅三藐三菩提，獲得所作成滿所緣。善男子！菩薩因這樣於內觀正修行的緣故而證得阿耨多羅三藐三菩提心。」

【注釋】

❶ 如所聞：聞慧所依。聞指聽聞，即是指耳根發生耳識聞言教。所思法中：是指思慧所依，思即思慮。意為數發生智慧思擇法。由勝定心：是修慧所依。修指修習，勝定發生智慧修對治的意思。

❷ 善審定：指聞所成慧。善思量：指思所成慧。善安立：指修所成慧。

❸ 粗相：一切散位所現諸相，或可一切染污所現諸相，或可欲界下地諸相。

❹以楔出楔：這裡有幾種不同解釋，在《瑜伽師地論》中說，影像比喻細楔，本質比喻粗楔。身輕安比喻為細楔，身粗重比喻為粗楔，這樣以細楔遣除粗楔。在《顯揚聖教論》中也認為是透過一思惟三摩地所行影像相緣故，除遣諸法的根本性相，使其不復現。《攝大乘論》說聖道比喻細楔，雜染種子比喻粗楔。世親菩薩認為一切總相緣智，用以楔出楔的道理，除遣阿賴耶識中一切障粗重。《梁論》中說，以粗楔遣細楔，比喻十地中以勝智遣劣智，像世間破木的時候，先用細楔，後用粗楔。修觀的行人破煩惱也是這樣。

❺相：指相縛。指所緣之相分拘礙能緣見分之心，使不得自在，不了境相如幻。粗重：指粗重縛，其性無堪任，非調柔細輕，故謂粗重。即其性剛強深重，能縛有情身心於生死，或使之不了如幻者，皆稱為「粗重縛」。

慈氏菩薩復白佛言：「世尊！云何修行引發菩薩廣大威德？」

「善男子！若諸菩薩善知六處，便能引發菩薩所有廣大威德：一者善知心生，二者善知心住，三者善知心出，四者善知心增，五者善知心減，六者善知方便。

「云何善知心生？謂如實知十六行心生起差別，是名善知心生。十六行心生起差別者：一者不可覺知堅住器識生，謂阿陀那識❶，二者種種行相所緣識生，謂頓取一切色等境界分別意識，及頓取內外境界覺受❷，或頓於一念瞬息須臾現入多定見多佛土、見多如來分別意識❸，三者小相所緣識生，謂欲界繫識，四者大相所緣識生，謂色界繫識，五者無量相所緣識生，謂空識無邊處繫識，六者微細相所緣識生，謂無所有處繫識，七者邊際相所緣識生，謂非想非非想處繫識，八者無相識生，謂出世識及緣滅識，九者苦俱行識生，謂地獄識，十者雜受俱行識生，謂欲行識，十一喜俱行識生，謂初、二靜慮識，十二樂俱行識生，謂第三靜慮識，十三不苦不樂俱行識生，謂從第四靜慮乃至非想非非想處識，十四染污俱行識生，謂諸煩惱及隨煩惱相應識，十五善俱行識生，謂信等相應識，十六無記俱行識生，謂彼俱不相應識。

「云何善知心住？謂如實知了別真如。

「云何善知心出？謂如實知出二種縛，所謂相縛及粗重縛，此能善知，應令其心從如是出。

「云何善知心增？謂如實知能治相縛、粗重縛心，彼增長時、彼積集時亦得增長、亦得積集❹，名善知增。

「云何善知心減？謂如實知彼所對治相及粗重所雜染心，彼衰退時、彼損減時此亦衰退、此亦損減，名善知減。

「云何善知方便？謂如實知解脫、勝處及遍處❺，或修、或遣。

「善男子！如是菩薩於諸菩薩廣大威德，或已引發、或當引發、或現引發。」

慈氏菩薩復白佛言：「世尊！如世尊說於無餘依涅槃界中一切諸受無餘永滅，何等諸受於此永滅？」

「善男子！以要言之，有二種受無餘永滅。何等為二？一者所依粗重受、二者彼果境界受❻。所依粗重受當知有四種：一者有色所依受、二者無色所依受、三者果已成滿粗重受、四者果未成滿粗重受❼。果已成滿受者，謂現在受，果未成滿受者，謂未來因受。彼果境界受亦有四種：一者依持受，二者資具受，三者受用受，四者顧戀受。於有餘依涅槃界中，果未成滿受一切已滅，領彼對治明觸生受，領受共有，或復彼果已成滿受，又二種受一切已滅，惟現領受明觸生受❽。於無餘依涅槃界中，般涅槃時此亦永滅，是故說言於無餘依涅槃界中一切諸受無餘永滅。」

爾時，世尊說是語已，復告慈氏菩薩曰：「善哉！善哉！善男子！汝今善能依止圓滿最極清淨妙瑜伽道請問如來，汝於瑜伽已得決定最極善巧，吾已為汝宣說圓滿最極清淨妙瑜伽道，所有一切過去、未來正等覺者已說、當說皆亦如是，諸善男子若善女人皆應依此勇猛精進，當正修學。」

爾時，世尊欲重宣此義而說頌曰：

「於法假立瑜伽中，若行放逸失大義，

依止此法及瑜伽，若正修行得大覺。
見有所得求免難，若謂此見為得法，
慈氏彼去瑜伽遠，譬如大地與虛空。
利生堅固而不作，悟已勤修利有情，
智者作此窮劫量，便得最上離染喜。
若人為欲而說法，彼名捨欲還取欲，
愚癡得法無價寶，反更遊行而乞丐。
於諍喧雜戲論著，應捨發起上精進，
為度諸天及世間，於此瑜伽汝當學。」

爾時，慈氏菩薩復白佛言：「世尊！於是解深密法門中，當何名此教？我當云何奉持？」

佛告慈氏菩薩曰：「善男子！此名瑜伽了義之教，於此瑜伽了義之教汝當奉持。」

說此瑜伽了義教時，於大會中有六百千眾生發阿耨多羅三藐三菩提心，三百千聲聞遠塵離垢，於諸法中得法眼淨，一百五十千聲聞諸漏永盡，心得解脫，七十五千菩薩獲得廣大瑜伽作意❾。

【譯文】

彌勒菩薩再問佛陀說：「世尊！怎樣修行能夠引發菩薩的廣大威德？」

「善男子！如果諸菩薩善知六處便可以引發菩薩所有的廣大威德，這六處是：第一善知心生；第二善知心住；第三善知心出；第四善知心增；第五善知心減；第六善知方便。

「怎樣是善知心生呢？這是說如實地知道十六種行心生起的差別稱為善知心生。十六種行心生起的差別具體是：第一種是不可以被覺知的堅住執持器世間的識生，這是指阿陀那識；第二種是所緣為種種行相的識生，指頓取一切色等境界的分別意識和頓取內外境界的覺受，或者是頓於一念瞬息須臾間，現入多定見多佛土、見多如來的分別意識；第三種是指所緣為小相的識生，這是欲界的繫識；第四種是所緣為大相的識生，這是色界的繫識；第五種是所緣為無量相的識生，這是空識無邊處的繫識；第六種是所緣為微細相的識生，這是無所有處繫識；第七種是所緣為邊際相的識生，這是非想非非想處的繫識；第八種是無相識生，這是出世識和緣滅識；第九種是與純苦俱行的識生，這是地獄識；第十種與雜受俱行的識生，這是欲界的行識；第十一種是與喜俱行的識生，這是初禪、二禪識，第十二種是與樂俱行的識生，這是三禪識；第十三種是與不苦不樂的俱行識生，這是指從四禪乃至到非想非非想處識；第十四種是與染污俱行的識生，這是諸煩惱及隨煩惱相應識；第十五種是與善俱行的識生，這是信等善法相應識；第十六種是與無記俱行的識生，這是與善染俱不相應識。

「怎樣是善知心住？善知心住是指能夠如實了別真如。

「怎樣是善知心出？善知心出是指能夠如實了知相縛和粗重縛二種縛，由能知心可以善知，這樣可以使無分別智的相應心從二縛出。

「怎樣是善知心增？善知心增是指如實地知道當相縛和粗重縛增長時、積集時，能治二縛的心相應慧也得增長，也得積集，這樣稱為善知增。

「怎樣是善知心減？善知心減是指如實地知道所對治的相縛和粗重縛雜染心衰退、損減時，與此雜染心相應的對治見也衰退、損減。這樣稱為善知心減。

「怎樣是善知方便？善知方便是指如實知道解脫、勝處及遍處，或者修習，或者除遣。

「善男子！透過如此，菩薩對諸菩薩的廣大威德或者已經引發、或者將來應當引發，或者於現在引發。」

彌勒菩薩再對佛陀說：「世尊！像您說過，無餘依涅槃界中一切諸受無餘永滅，那麼，怎樣的諸受在無餘依涅槃中永滅呢？」

「善男子！精要地說，有二種受無餘永滅。是哪二種呢？第一種是所依粗重受，第二種是彼果境界受。所依的粗重受應該知道有四種：第一種是有色所依受；第二種是無色所依受；第三種是果已成滿粗重受；第四種是果未成滿粗重受。果已成滿受是指現在受，果未成滿受是指未來因受。那果境界受也有四種：第一種是依持受；第二種是資具受；第三種是受用受；第四種是顧戀受。在有餘依涅槃界中，果未成滿受一切已滅，領受彼對治業煩惱盡後的明觸生受，領受共有的境界受；或再有彼果成滿受；或者又有所依粗重受和彼果境界受一切已滅，只現領受明觸所生受。在無餘依涅槃界中，在涅槃圓寂時明觸所生受也隨之永滅，因此說在無餘依涅槃界中一切諸受無餘永滅。」

這時，佛陀說完這些後，再對彌勒菩薩說：「很好啊！很好啊！善男子！你今能善於依止圓滿、最極清淨的妙瑜伽道來請問如來，你已經對於瑜伽道得決定最極善巧，我已經為你宣說了圓滿、最清淨的妙瑜伽道，所有一切過去、未來的正等覺者已經說的、應當要說的與我現在所說的沒有不同。諸善男子和善女人都應依此說而勇猛精進，都應當依此說來正修學。」

這時，佛陀想重新宣說此教義而說頌為：

「於法假立瑜伽中，若行放逸失大義，
依止此法及瑜伽，若正修行得大覺。
見有所得求免難，若謂此見為得法，
慈氏彼去瑜伽遠，譬如大地與虛空。
利生堅固而不作，悟已勤修利有情，
智者作此窮劫量，便得最上離染喜。
若人為欲而說法，彼名捨欲還取欲，
愚癡得法無價寶，反更遊行而乞丐。
於諍喧雜戲論著，應捨發起上精進，

為度諸天及世間，於此瑜伽汝當學。」

這時，彌勒菩薩再問佛陀：「世尊！在這解深密法門中，這稱為什麼教授？我應該奉持什麼呢？」

佛陀告訴彌勒菩薩說：「善男子！此教授稱之為瑜伽了義之教，對此瑜伽了義之教你應當奉持。」

當佛陀講說這瑜伽了義教時，在大會中，有六百千的眾生發起了阿耨多羅三藐三菩提心，三百千的聲聞遠塵離垢，在諸法中獲得了法眼淨，一百五十千聲聞諸漏永盡，心得解脫，七十五千菩薩獲得廣大瑜伽作意。

【注釋】

❶ 阿陀那識：梵語「阿陀那」，玄奘法師翻譯為「執持」。有三義，第一是執持色根所依，第二是執持種子，第三是執持取生相續結。

❷ 「二者種種行相」四句：這裡說有漏意識。

❸ 「或頓於一念瞬息須臾」句：這裡說無漏意識。

❹ 「彼增長時、彼積集時」句：現行轉增名稱增長，熏成種子稱為積集。也有解釋為初增長時稱為增長，數數重起稱為積集。

❺解脫、勝處及遍處：此說八解脫、八勝處、十遍處，八解脫指八種由淺入深的禪觀行法門。依此八種禪定力量可斷三界煩惱，證得解脫，故名「八解脫」。又名「八背捨」。即依八種禪定力以背棄五欲境，且捨離其貪著之執心，故名。八勝處指即觀欲界之色處（色與相），制伏之而去除貪心之八階段。勝處，謂制勝煩惱以引起佛教認識之所依處。十遍處是禪定修持法之一，是一種可遠離三界煩惱的禪觀。即觀六大及四顯色各遍滿一切處而無間隙。又作「十遍」、「十遍入」、「十遍處定」、「十一切入」、「十一切處」。

❻所依粗重受：指依內六根緣內身中六根及境，諸有漏受。是指依六根或者是二種粗重障所隨的原因。彼果境界受：指謂外六境，這能與六根為增上果。

❼有色所依受：指五識身相應受、無色所依受：指意識相應受。有色所依受、無色所依受也就是身心二受。果已成滿受：指過去無明行等所生的現在果受。果未成滿受：指與業煩惱相應，能夠感生未來因受。

❽有兩種解釋：一種是說有餘依涅槃中只滅未來的因受，但還有其他的三受在。只是說無漏受為明觸所生受，因此有三受。第二種是說無學人身中所有的受通漏無漏，總的稱為明觸所生受。因此是說在有餘依中，前所依粗重受、彼果境界受此二受一切已滅，只有唯有無學人明觸所生受存在。

❾廣大瑜伽作意：人法二空名為「廣大」，止觀二道，名為「瑜伽」。此說菩薩獲得緣二空性止觀作意。也有解釋為菩薩得無生法忍。

卷四

地波羅蜜多品第七

地波羅蜜多：地原義為土地，以能生為義。還有所依的意思。《大乘義章》十二說：「能生曰地。」《佛地論》中說，地是所依、所行、所攝。波羅蜜多，譯為到彼岸。指由布施等力，能從生死此岸到達涅槃彼岸，故稱為到彼岸。由於此品廣說地及波羅蜜多義，故名地波羅蜜多品。本品仍是所觀行。上品止觀品中對菩薩道的過程是略說或總說，偏向於菩薩道的心識真如，空作意說；本品是廣說或者是別說，偏向於菩薩道的具體事說。本品首先廣明諸地，詳說了菩薩十地和十一分圓滿過程，菩薩十地得名、所對治、功德殊勝、菩薩生最為殊勝的因緣、行廣大願、妙願、勝願的四因緣。第二是廣明波羅蜜多。菩薩有六種所應學事：布施、持戒、忍辱、精進、靜慮、智慧到彼岸即六波羅蜜多，前三種是增上戒學所攝，精進遍於增上戒學、心學、慧學，靜慮是增上心學所攝，智慧到彼岸是增上慧學所攝。本品介紹了五相修學波羅蜜多：先是猛利信解，後以十法行聞思修，勤護菩提心，親近善知識，無間地勤修善品。六種波羅蜜多中，前三種能饒益有情，而後三種則能對治一切煩惱。六波羅蜜多還有四波羅蜜多作為助伴，方便波羅蜜多是前三者的助伴，願波羅蜜多是精進波羅蜜多的助伴，力波羅蜜多是靜慮波羅蜜多的助伴，智波羅蜜多是般若波羅蜜多的助伴。六種波羅蜜多的次第是由於前前能引發後後。本品分析了六種波羅蜜多各自的品類差別，波羅蜜多稱為波羅蜜多的原因（因具有無染著、無顧戀、無罪過、無分別、正回向等五相特徵），諸相違事和能獲得大財富等的多果異熟。其中在行持波羅蜜多時，有四種間雜染法：無悲加行，不如理加行，不常加行，不殷重加行。若菩薩只是以財物饒益眾生而未能將眾生安置善處則稱為「非方便行」。波羅蜜多具有於此諸法不求他知等的總的清淨相，六種波羅蜜多各自還有七種清淨相。波羅蜜多具有四種最勝威德。一切波羅蜜多以大悲為因，可愛果異熟和饒益一切有情為果，圓滿菩提為大義利。本品中解釋了無自性性離諸文字，自內所證，但又不可離開於文字來說，以這樣的密義來說般若波羅蜜多能取諸法無自性性。還就如何稱為波羅蜜多及波羅蜜多的深淺分別了波羅蜜多、近波羅蜜多、大波羅蜜多。第三解釋了依地起度所對治的害伴隨眠、羸劣隨眠、微細隨眠等的隨眠障和地上對治隨眠分為皮粗重斷，膚粗重斷，骨粗重斷三過程的情況。第四宣說了聲聞乘、大乘惟是一乘的密意。

爾時，觀自在菩薩白佛言：「世尊！如佛所說菩薩十地，所謂極喜地、離垢地、發光地、焰慧地、極難勝地、現前地、遠行地、不動地、善慧地、法雲地❶，復說佛地為第十一。如是諸地幾種清淨？幾分所攝？」

爾時，世尊告觀自在菩薩曰：「善男子！當知諸地四種清淨，十一分攝。

「云何名為四種清淨能攝諸地？謂增上意樂清淨攝於初地❷，增上戒清淨攝第二地❸，增上心清淨攝第三地❹，增上慧清淨於後後地轉勝妙故❺，當知能攝從第四地乃至佛地。善男子！當知如是四種清淨普攝諸地。

云何名為十一種分能攝諸地？謂諸菩薩先於勝解行地❻，依十法行極善修習勝解忍故❼，超過彼地證入菩薩正性離生❽。

「彼諸菩薩由是因緣此分圓滿，而未能於微細毀犯誤現行中正知而行，由是因緣於此分中猶未圓滿，為令此分得圓滿故，精勤修習便能證得。

「彼諸菩薩由是因緣此分圓滿，而未能得世間圓滿等持、等至及圓滿聞持陀羅尼❾，由是因緣於此分中猶未圓滿，為令此分得圓滿故，精勤修習便能證得。

「彼諸菩薩由是因緣此分圓滿，而未能令隨所獲得菩提分法多修習住，心未能捨諸等至愛及與法愛，由是因緣於此分中猶未圓滿，為令此分得圓滿故，精勤修習便能證得。

「彼諸菩薩由是因緣此分圓滿，而未能於諸諦道理如實觀察，又未能於生死涅槃棄捨一向背趣作意❿，又未能修方便所攝菩提分法，由是因緣於此分中猶未圓滿，為令此分得圓滿故，精勤修習便能證得。

「彼諸菩薩由是因緣此分圓滿，而未能於生死流轉如實觀察，又由於彼多生厭故未能多住無相作意，由是因緣於此分中猶未圓滿，為令此分得圓滿故，精勤修習便能證得。

「彼諸菩薩由是因緣此分圓滿，而未能令無相作意無缺無間多修習住，由是因緣於此分中猶未圓滿，為令此分得圓滿故，精勤修習便能證得。

「彼諸菩薩由是因緣此分圓滿，而未能於無相住中捨離功用，又未能得於相自在，由是因緣於此分中猶未圓滿，為令此分得圓滿故，精勤修習便能證得。

「彼諸菩薩由是因緣此分圓滿，而未能於異名、眾相、訓詞差別、一切品類宣說法中得大自在⓫，由是因緣於此分中猶未圓滿，為令此分得圓滿故，精勤修習便能證得。

「彼諸菩薩由是因緣此分圓滿，而未能得圓滿法身現前證受，由是因緣於此分中猶未圓滿，為令此分得圓滿故，精勤修習便能證得。

「彼諸菩薩由是因緣此分圓滿，而未能得遍於一切所知境界無著無礙妙智妙見，由是因緣於此分中猶未圓滿，為令此分得圓滿故，精勤修習便能證得。

「由是因緣此分圓滿，此分滿故於一切分皆得圓滿。善男子！當知如是十一種分普攝諸地。」

【譯文】

這時，觀自在菩薩對佛陀說：「世尊！佛陀所說過菩薩有十地，即極喜地、離垢地、發光地、焰慧地、極難勝地、現前地、遠行地、不動地、善慧地、法雲地，還說佛地是第十一地，這樣諸地由幾種清淨所攝？幾分所攝？」

這時，佛陀告訴觀自在菩薩說：「善男子！應該知道諸地由四種清淨所攝和十一分所攝。

「怎麼說四種清淨能攝諸地？這是說增上意樂清淨攝初地，增上戒清淨攝第二地，增上心清淨攝第三地，由於增上慧清淨在以後諸地中轉更為勝妙的緣故，應該知道增上慧清淨能攝從第四地到佛地。善男子！應當知道這樣的四種清淨普攝諸地。

怎麼說十一種分能攝諸地？這是因為諸菩薩先前在勝解行地，依照十法行，極善修習，獲得勝解忍，從而超過勝解行地，證入菩薩正性離生。

「此類諸菩薩由於這樣的因緣，獲得此初地正性離生分圓滿，但還不能在微細毀犯、誤現行中正知而行，由於這樣的因緣於此分中還沒有圓滿，為了能使此分得圓滿，精勤修習便能證得。

「此類諸菩薩由於這樣的因緣此分圓滿，但還不能得到世間圓滿等持、等至和圓滿聞持陀羅尼，由於這樣的原因此分沒有圓滿，為了能使此分得圓滿，精勤修習便能證得。

「此類諸菩薩由於這樣的因緣此分圓滿，但還不能使隨所獲得菩提分法多修習住，心還不能捨離等至愛和法愛，由於這因緣此分中還沒有圓滿，為了能使此分得圓滿，精勤修習便能證得。

「此類諸菩薩由於這樣的因緣此分圓滿，但還不能對於諸諦道理如實觀察，也還不能對於生死涅槃棄捨一向背趣作意，又未能修方便所攝的菩提分法，由於這樣的原因此分還未圓滿，為了能夠使此分得圓滿，精勤修習便能證得。

「此類諸菩薩由於這樣的因緣此分圓滿，但還不能在生死流轉中如實觀察，又由於彼諸菩薩多生厭的緣故，不能多住無相作意，由於這樣的原因此分還沒有圓滿，為了能夠使此分圓滿，精勤修習便能證得。

「此類諸菩薩由於這樣的因緣此分圓滿，但還不能使無相作意無缺無間地多修習住，由於這樣的原因此分還沒有圓滿，為了能夠使此分圓滿，精勤修習便能證得。

「此類諸菩薩由於這樣的因緣此分圓滿，但還不能夠在無相住中捨離功用，又還不能夠於相獲得自在，由於這樣的原因此分還沒有圓滿，為了能夠使此分圓滿，精勤修習便能證得。

「此類諸菩薩由於這樣的因緣此分圓滿，但還不能夠在異名、眾相、訓詞差別等一切品類宣說法中得大自在，由於這樣的原因此分還沒有圓滿，為了能夠使此分圓滿，精勤修習便能證得。

「此類諸菩薩由於這樣的因緣此分圓滿，但還不能夠獲得圓滿法身的現前證受，由於這樣的原因此分還沒有圓滿，為了能夠使此分圓滿，精勤修習便能證得。

「此類諸菩薩由於這樣的因緣此分圓滿，但還不能獲得遍於一切所知境界無著無礙的妙智妙見，由於這樣的原因此分還沒有圓滿，為了能夠使此分圓滿，精勤修習便能證得。

「此類諸菩薩由於這樣的因緣此分圓滿，由於這分圓滿，一切分都得以圓滿。善男子！應當知道這樣十一種分普攝諸地。」

【注釋】

❶ 十地：地，是住處、住持、生成的意思。即住其位為家，並於其位持法、育法、生果之意。「十地」即指十個菩薩行的重要階位。

❷ 增上意樂清淨：淨信為先，擇法為先，對於諸佛法所有勝解，印解決定，稱為「菩薩增上意樂」。《瑜伽師地論》第四十八中說菩薩極喜住有十種心意樂，已得意樂清淨。這十種是：「於一切師長尊重福田，不行虛誑意樂；二者、於同法菩薩忍辱柔和易可共住意樂；三者、勝伏一切煩惱及隨煩惱眾魔事業心自在轉意樂；四者、於一切行深見過失意樂；五者、於大涅槃深見勝利意樂；六者、於諸妙善菩提分法常勤修習意樂；七者、即於彼修為隨順故樂處遠離意樂；八者，於諸世間有染尊位利養恭敬無所顧戀意樂；九者、遠離下乘趣證大乘意樂；十者、欲作一切有情一切義利意樂。如是十種無倒意樂依心而轉。是故說為意樂清淨。」

❸ 增上戒：指戒定慧「三學」中的戒學。戒可修善，並防止身、口、意所作之惡業。

❹ 增上心：指戒定慧「三學」中具有增上勢力的定學，因為能增進「心」之學，所以稱增上心學。

❺ 增上慧：指戒定慧「三學」中的慧學。能斷除煩惱，顯發本性，稱為「慧學」。

❻勝解行地：資糧位、加行位、見道位、修道位、究竟位五位之內，依前二位起深信解，名勝解行地。

❼十法行：受持經典的方法，可使菩薩成熟有情，也是地前菩薩主要修習的方法。具體為：一書寫，二供養，三施他，四若他誦讀專心諦聽，五自披讀，六受持，七正為他開演文義，八諷誦，九思惟，十修習行。在《瑜伽論記》中對此十法行之功用有分講：「如是十行皆有資義名福。第九是加行道是思。第十是淨障道者是修。尋此文相。第九方名加行。故可謂前八唯生得善也。」因此「十法行」的功德甚大。

❽正性離生：見道的異名。所謂「正性」，係指無漏聖道。「離生」指斷除由「分別」而生起的煩惱。無漏聖道能離見惑，而稱為正性離生。

❾等持：梵音「三摩地」，譯為「等持」，因離沉浮稱為「等」，持心令住一境，名為「等持」。等至：梵音為「三摩缽底」，這裡譯為「等至」。等的意思如前等持，至為至極，寂靜到極處的意思稱為等至。陀羅尼：意為總持，念慧為體。《大智度論》卷五云：「何以故名陀羅尼？云何陀羅尼？答曰：陀羅尼，秦言能持，或言能遮。能持者，集種種善法，能持令不散不失。（中略）能遮者，惡不善根心生，能遮令不生，若欲作惡罪，持令不作，是名陀羅尼。」而據《佛地經論》卷五所述，可知陀羅尼是一種記憶法，即於一法之中，持一切法；於一文之中，持一切文；於一義之中，持一切義；依記憶此一法、一文、一義，總持無量佛法。然此陀羅尼略有四

種。第一種是法陀羅尼，指聞持佛之教法而不忘。二者義陀羅尼，指於諸法無量之義趣總持不忘。三者咒陀羅尼，指菩薩能依禪定起咒術為眾生除患；四者能得菩薩忍陀羅尼，指安住法之實相而忍持不失。

⑩未能於生死涅槃棄捨一向背趣作意：指未得棄捨一向背生死，一向取涅槃二種作意。《成唯識論》說「未得生死涅槃無差別道」。

⑪於異名、眾相、訓詞差別、一切品類宣說法中得大自在：異名，指法無礙境；眾相，指義無礙境；訓詞差別，指詞無礙境；一切品類宣說法中得大自在，指樂說無礙境。

觀自在菩薩復白佛言：「世尊！何緣最初名極喜地？乃至何緣說名佛地？」

佛告觀自在菩薩曰：「善男子！成就大義，得未曾得出世間心，生大歡喜，是故最初名極喜地，遠離一切微細犯戒❶，是故第二名離垢地，由彼所得三摩地及聞持陀羅尼，能為無量智光依止，是故第三名發光地，由彼所得菩提分法燒諸煩惱，智如火焰，是故第四名焰慧地，由即於彼菩提分法方便修習最極艱難方得自在，是故第五名極難勝地，現前觀察諸行流轉，又於無相多修作意方現在前，是故第六名現前地，能遠證入無缺無間無相作意，與清淨地共相鄰接，是故第七名遠行地，由於無相得無功用，於諸相中不為現行煩惱所動，是故第八名不動地，於一切種說法自在，獲得無礙廣大智慧，是故第九名善慧地，粗重之身廣如虛空，法身圓滿譬如大雲皆能遍覆，是故第十名法雲地，永斷最極微細煩惱及所知障，無著無礙於一切種所知境界現正等覺故，第十一說名佛地。」

觀自在菩薩復白佛言：「於此諸地，有幾愚癡，有幾粗重為所對治？」

佛告觀自在菩薩曰：「善男子！此諸地中有二十二種愚癡，十一種粗重為所對治。謂於初地有二愚癡：一者執著補特伽羅及法愚癡、二者惡趣雜染愚癡及彼粗重為所對治，於第二地有二愚癡：一者微細誤犯愚癡、二者種種業趣愚癡及彼粗重為所對治，於第三地有二愚癡：一者欲貪愚癡、二者圓滿聞持陀羅尼愚癡及彼粗重為所對治❷，於第四地有二愚癡：一者等至愛愚癡、二者法愛愚癡及彼粗重為所對治，於第五地有二愚癡：一者一向作意棄背生死愚癡、二者一向作意趣向涅槃愚癡及彼粗重為所對治，於第六地有二愚癡：一者現前觀察諸行流轉愚癡、二者相多現行愚癡及彼粗重為所對治，於第七地有二愚癡：一者微細相現行愚癡、二者一向無相作意方便愚癡及彼粗重為所對治，於第八地有二愚癡：一者於無相作功用愚癡、二者於相自在愚癡及彼粗重為所對治，於第九地有二愚癡：一者於無量說法無量法句文字後後慧辯陀羅尼自在愚癡、二者辯才自在愚癡及彼粗重為所對治，於第十地有二愚癡：一者大神通愚癡、二者悟入微細秘密愚癡及彼粗重為所對治，於如來地有二愚癡：一者於一切所知境界極微細著愚癡、二者極微細礙愚癡及彼粗重為所對治❸。善男子！由此二十二種愚癡及十一種粗重故安立諸地，而阿耨多羅三藐三菩提離彼繫縛。」

觀自在菩薩復白佛言：「世尊！阿耨多羅三藐三菩提甚奇稀有，乃至成就大利大果，令諸菩薩能破如是大愚癡羅網，能越如是大粗重稠林，現前證得阿耨多羅三藐三菩提。」

觀自在菩薩復白佛言：「世尊！如是諸地幾種殊勝之所安立？」

佛告觀自在菩薩曰：「善男子！略有八種：一者增上意樂清淨，二者心清淨，三者悲清淨，四者至彼岸清淨，五者見佛供養承事清淨，六者成熟有情清淨，七者生清淨❹，八者威德清淨。善男子！於初地中所有增上意樂清淨乃至威德清淨，後後諸地乃至佛地所有增上意樂清淨乃至威德清淨，當知彼諸清淨展轉增勝，惟於佛地除生清淨。又初地中所有功德於上諸地平等皆有，當知自地功德殊勝。一切菩薩十地功德皆是有上，佛地功德當知無上。」

觀自在菩薩復白佛言：「世尊！何因緣故，說菩薩生於諸有生最為殊勝？」

佛告觀自在菩薩曰：「善男子！四因緣故：一者極淨善根所集起故，二者故意思擇力所取故，三者悲愍濟度諸眾生故，四者自能無染除他染故。」

觀自在菩薩復白佛言：「世尊！何因緣故，說諸菩薩行廣大願、妙願、勝願？」

佛告觀自在菩薩曰：「善男子！四因緣故：謂諸菩薩能善了知涅槃樂住，堪能速證，而復棄捨速證樂住，無緣、無待發大願心，為欲利益諸有情故，處多種種長時大苦，是故我說彼諸菩薩行廣大願、妙願、勝願。」

【譯文】

觀自在菩薩再問佛陀說：「世尊！以什麼因緣最初地名為極喜地？還有後面諸地如何得名，乃至最後為什麼說名為佛地。」

佛陀告訴觀自在菩薩說：「善男子！成就大義，得未曾得的出世間心，生大歡喜，這樣的緣故最初地稱名為極喜地；遠離了一切微細犯戒，由這樣的原因，第二地稱名為離垢地；由於彼菩薩所得的三摩地和聞持陀羅尼，能為無量智光所依止，由這樣的原因，第三地稱名為發光地；由於彼菩薩所得的菩提分法燒諸煩惱，智如火焰，由這樣的原因，第四地稱名為焰慧地；由於彼菩薩對於彼菩提分法方便修習，經最極艱難方得自在，由這樣的原因，第五地稱名為極難勝地；彼菩薩能現前觀察諸行的流轉，又對於無相，須多修作意才現在前，由這樣的原因，第六地稱名為現前地；彼菩薩能遠證入無缺、無間、無相作意，與清淨地共相鄰接，由這樣的原因第七地稱名為遠行地；彼菩薩於無相得無功用，在諸相中不被現行煩惱所動，由這樣的原因第八地稱名為不動地；彼菩薩於一切種說法自在，獲得無礙廣大智慧，由這樣的原因第九地稱名為善慧地；雖然因我法二執所障的粗重之身廣如虛空，但彼菩薩法身圓滿時，就像天上廣大無邊的雲一樣都能覆蓋，這樣的原因第十地稱名為法雲地；那菩薩永遠斷除了最極微細的煩惱障和所知障，對於一切種的所知境界無著無礙，現正等覺，由這樣的原因，第十一地稱名為佛地。」

觀自在菩薩再問佛陀：「在這菩薩諸地中，所對治的愚癡有幾種？所對治的粗重有幾種？」

佛陀告訴觀自在菩薩說：「善男子！在這諸地中有所對治的愚癡有二十二種、所對治的粗重有十一種。在初地時，所對治的愚癡有二種：第一種是執著於補特伽羅及法的愚癡；第二種是惡趣雜染愚癡。另外與此二愚癡相應的粗重（種子習氣）是所對治的。在第二地時，所對治的愚癡有二種：第一種是微細誤犯的愚癡；第二種是種種業趣愚癡。另外與此二愚癡相應的粗重（種子習氣）是所對治的。在第三地時，所對治的愚癡有二種：第一種是欲貪愚癡；第二種是圓滿聞持陀羅尼愚癡。另外與此二愚癡相應的粗重（種子習氣）是所對治的。在第四地時，所對治的愚癡有二種：第一種是等至愛愚癡；第二種是法愛愚癡。另外與此二愚癡相應的粗重（種子習氣）是所對治的。在第五地時，所對治的愚癡有二種：第一種是一向作意棄背生死愚癡；第二種是一向作意趣向涅槃愚癡。另外與此二愚癡相應的粗重（種子習氣）是所對治的。在第六地時，所對治的愚癡有二種：第一種是現前觀察諸行流轉愚癡；第二種是相多現行愚癡。另外與此二愚癡相應的粗重（種子習氣）是所對治的。在第七地時，所對治的愚癡有二種：第一種是微細相現行愚癡；第二種是一向無相作意方便愚癡。另外與此二愚癡相應的粗重（種子習氣）是所對治的。在第八地時，所對治的愚癡有二種：第一種是於無相作功用愚癡；第二種是於相自在愚癡。另外與此二愚癡相應的粗重（種子習氣）是所對治的。在第九地時，所對治的愚癡有二種：第一種於無量說法陀羅尼，無量法句、文、字陀羅尼，後後慧辯陀羅尼自在的愚癡；第二種是辯才自在愚癡。另外與此二愚癡相應的粗重（種子習氣）是所對治的。在第十地時，所對治的愚癡有二種：第一種是大神通愚癡；第二種是悟入微細秘密愚癡。另外與此二愚癡相應的粗重（種子習氣）是所對治的。在如來地時，所對治的愚癡有二種：第一種是對於一切所知境界極微細著愚癡；第二種是極微細礙愚癡。另外與此二愚癡相應的粗重（種子習氣）是所對治的。善男子！因為有這二十二種愚癡和十一種粗重，所以安立了諸地，但是阿耨多羅三藐三菩提則離繫了這些愚癡和粗重的繫縛。」

觀自在菩薩再對佛陀說：「世尊！阿耨多羅三藐三菩提真是甚奇稀有啊！其能夠成就大利大果，使諸菩薩能夠破這樣的大愚癡羅網，能穿越如是大粗重的稠林，現前證得阿耨多羅三藐三菩提！這真是稀有啊！」

觀自在菩薩再問佛陀說：「世尊！這些菩薩諸地中幾種殊勝可以安立？」

佛陀告訴觀自在菩薩說：「善男子！這裡略說有八種殊勝可以安立：第一種是增上意樂清淨；第二種是心清淨；第三種是悲清淨；第四種是至彼岸清淨；第五種是見佛供養承事清淨；第六種是成熟有情清淨；第七種是生清淨；第八種是威德清淨。善男子！在初地中具有增上意樂清淨乃至威德清淨的所有清淨，以後諸地一直到佛地，都具有從增上意樂清淨乃至威德清淨的所有清淨，其中惟除佛地沒有生清淨。應當知道各地的清淨是展轉增勝的，後地超勝前一地的清淨。又初地中所有功德在初地以上諸地中平等都具有，還應當知道十地各自具有各自的功德殊勝。一切菩薩的十地功德都有比其地更殊勝的，佛地功德應當知道是無上的，沒有再比其更殊勝的。」

觀自在菩薩再問佛陀說：「世尊！以什麼因緣說菩薩生於諸有情眾生中是最為殊勝的？」

佛陀告訴觀自在菩薩說：「善男子！這裡面有四種因緣：第一種是極淨善根所集起的緣故（勢力而生）；第二種是故意思擇力所取的緣故（願力而生）；第三種是悲愍濟度眾生的緣故；第四種是自己已經能夠無染，但能除他染的緣故。」

觀自在菩薩再問佛陀說：「世尊！以什麼因緣說諸菩薩行廣大願、妙願、勝願？」

佛告訴觀自在菩薩說：「善男子！這是以四因緣的緣故，因諸菩薩能善了知涅槃樂住，並堪能速證；但捨棄速證涅槃樂住；以無緣、無待發大願心；為了能夠利益諸有情的緣故，而處於許多種種長時的大苦。因此我說彼諸菩薩行廣大願，妙願、勝願。」

【注釋】

❶ 遠離一切微細犯戒：世親解釋為「性戒成就，非如初地思擇護戒。性戒成故，諸犯戒垢已遠離故」。

❷ 欲貪愚癡：這是能障勝定和修慧。往昔多與欲貪俱，與貪欲同體，名欲貪愚。是所知障之一。

❸ 於一切所知境界極微細著愚癡：此中微所知障。極微細礙愚癡，此中一切任運煩惱障種。

❹ 生清淨：謂諸菩薩為利有情受種種生。故《瑜伽論》四十八講了諸菩薩生的五種：一者除災生；二者隨類生；三者大勢生；四者增上生；五者最後生。

觀自在菩薩復白佛言：「世尊！是諸菩薩凡有幾種所應學事？」

佛告觀自在菩薩曰：「善男子！菩薩學事略有六種：所謂布施、持戒、忍辱、精進、靜慮、智慧到彼岸❶。」

觀自在菩薩復白佛言：「世尊！如是六種所應學事，幾是增上戒學所攝？幾是增上心學所攝？幾是增上慧學所攝？」

佛告觀自在菩薩曰：「善男子！當知初三但是增上戒學所攝，靜慮一種但是增上心學所攝，慧是增上慧學所攝，我說精進遍於一切。」

觀自在菩薩復白佛言：「世尊！如是六種所應學事，幾是福德資糧所攝？幾是智慧資糧所攝？」

佛告觀自在菩薩曰：「善男子！若增上戒學所攝者，是名福德資糧所攝，若增上慧學所攝者，是名智慧資糧所攝，我說精進、靜慮二種遍於一切。」

觀自在菩薩復白佛言：「世尊！於此六種所學事中，菩薩云何應當修學？」

佛告觀自在菩薩曰：「善男子！由五種相應當修學：一者最初於菩薩藏波羅蜜多相應微妙正法教中猛利信解，二者次於十種法行以聞、思、修所成妙智精進修行，三者隨護菩提之心，四者親近真善知識❷，五者無間勤修善品。」

觀自在菩薩復白佛言：「世尊！何因緣故，施設如是所應學事但有六數？」

佛告觀自在菩薩曰：「善男子！二因緣故：一者饒益諸有情故，二者對治諸煩惱故。當知前三饒益有情，後三對治一切煩惱。前三饒益諸有情者，謂諸菩薩由布施故，攝受資具饒益有情，由持戒故，不行損害、逼迫、惱亂饒益有情，由忍辱故，於彼損害、逼迫、惱亂堪能忍受饒益有情。後三對治諸煩惱者，謂諸菩薩由精進故，雖未永伏一切煩惱，亦未永害一切隨眠，而能勇猛修諸善品，彼諸煩惱不能傾動善品加行，由靜慮故永伏煩惱，由般若故永害隨眠。」

觀自在菩薩復白佛言：「世尊！何因緣故，施設所餘波羅蜜多但有四數？」

佛告觀自在菩薩曰：「善男子！與前六種波羅蜜多為助伴故。謂諸菩薩於前三種波羅蜜多所攝有情，以諸攝事方便善巧而攝受之安置善品，是故我說方便善巧波羅蜜多與前三種而為助伴。

「若諸菩薩於現法中煩惱多故，於修無間無有堪能，羸劣意樂故，下界勝解故，於內心住無有堪能，於菩薩藏不能聞、緣、善修習故，所有靜慮不能引發出世間慧，彼便攝受少分狹劣福德資糧，為未來世煩惱輕微心生正願，如是名願波羅蜜多。由此願故，煩惱微薄，能修精進，是故我說願波羅蜜多與精進波羅蜜多而為助伴。

「若諸菩薩親近善士、聽聞正法、如理作意為因緣故，轉劣意樂成勝意樂，亦能獲得上界勝解，如是名力波羅蜜多。由此力故，於內心住有所堪能，是故我說力波羅蜜多與靜慮波羅蜜多而為助伴。

「若諸菩薩於菩薩藏已能聞、緣、善修習故，能發靜慮，如是名智波羅蜜多，由此智故堪能引發出世間慧，是故我說智波羅蜜多與慧波羅蜜多而為助伴。」

觀自在菩薩復白佛言：「世尊！何因緣故，宣說六種波羅蜜多如是次第？」

佛告觀自在菩薩曰：「善男子！能為後後引發依故，謂諸菩薩若於身財無所顧吝，便能受持清淨禁戒，為護禁戒便修忍辱，修忍辱已能發精進，發精進已能辦靜慮，具靜慮已便能獲得出世間慧。是故我說波羅蜜多如是次第。」

【譯文】

觀自在菩薩再問佛陀說：「世尊！這些發廣大願的諸菩薩總有幾種所應學事？」

佛陀告訴觀自在菩薩說：「善男子！菩薩應學的事略說有六種，就是布施、持戒、忍辱、精進、靜慮、智慧到彼岸。」

觀自在菩薩再問佛陀說：「世尊！這六種所應學事中，哪幾種是增上戒學所攝？哪幾種是增上心學所攝？哪幾種是增上慧學所攝？」

佛陀告訴觀自在菩薩說：「善男子！應當知道前三種只是增上戒學所攝，靜慮一種是增上心學所攝，智慧到彼岸是增上慧學所攝，我說精進遍於增上戒學、增上心學、增上慧學中。」

觀自在菩薩再問佛陀說：「世尊！這六種所應學事中，哪幾種是福德資糧所攝？哪幾種是智慧資糧所攝？」

佛陀告訴觀自在菩薩說：「善男子！如是增上戒學所攝的屬於福德資糧所攝，如是增上慧學所攝的屬於智慧資糧所攝，我說精進、靜慮二種所學遍於集積福德資糧和智慧資糧之中。」

觀自在菩薩再對佛陀說：「世尊！這六種所學事中，菩薩怎樣來修學？」

佛陀告訴觀自在菩薩說：「善男子！這裡應當修學五種相應：第一種相應是最初對於集大乘法要的菩薩藏，與諸度（波羅蜜）相應的微妙正法教，起猛利信解；第二種相應是以聞、思、修所成妙智精進地修行：書寫、供養、施他、若他誦讀專心諦聽、自披讀、受持、正為他開演文義、諷誦、思惟、修習等十法行；第三種是時時護念菩提心；第四種是親近真善知識；第五種是無間地勤修善品。」

觀自在菩薩再對佛陀說：「世尊！以什麼原因施設這樣的所學事只有六種？」

佛陀告訴觀自在菩薩說：「善男子！這裡有兩種原因才如此施設的：第一種是饒益諸有情的緣故；第二種是對治煩惱的緣故。應該知道，前面三種是饒益有情的，後面三種是對治一切煩惱的。說前面三種饒益諸有情，是指諸菩薩由於行布施，能夠使眾生獲得資具，從而饒益有情；由於持戒能夠不行損害、逼迫、惱亂其他眾生，從而饒益有情；由忍辱的緣故，菩薩在受損害、逼迫、惱亂時堪能忍受，以此饒益有情。說後面三種對治諸煩惱，是指諸菩薩由於精進的原因，雖然未能永伏一切煩惱，也未能永害一切隨眠，但能勇猛修習諸善品，使諸煩惱不能傾動善品的加行；由靜慮禪定的緣故，而能永伏煩惱；由般若智慧的緣故而能永害隨眠。」

觀自在菩薩再對佛陀說：「世尊！以什麼原因施設所餘的波羅蜜多只有四種？」

佛陀告訴觀自在菩薩說：「善男子！這是由於有四種波羅蜜多能作為前面六種波羅蜜多助伴的緣故。菩薩們在行施前面三種波羅蜜多，攝受有情時，常常以諸攝事的方便善巧來安置善品，因此我說方便善巧波羅蜜多是前面三種波羅蜜多的助伴。

「如果菩薩們在現實中煩惱多，不能無間隙地修習善法，意樂也較羸劣，只是對欲界和散位處有所勝解，不能獲得心一境性的內心安住，由於對菩薩藏不能聽聞，不能緣慮，不能善修習，所有靜慮不能引發出世間慧，那菩薩便只能獲得少分狹劣的福德資糧，但是為了能夠使於未來世煩惱變輕微，心裡生起正願，這樣稱名為願波羅蜜多。由這樣生起願波羅蜜多的緣故，這類菩薩煩惱減為微薄，能夠修習精進波羅蜜多，因此我說願波羅蜜多是精進波羅蜜多的助伴。

「如果菩薩們能夠親近善士，聽聞正法，如理作意，以此為因緣，這樣就會轉低劣的意樂成為殊勝的意樂，也就能獲得內一心的上界勝解，這樣稱為力波羅蜜多。由於力波羅蜜多的緣故，內心能夠安住心一境性，因此我說力波羅蜜多是靜慮波羅蜜多的助伴。

「如果菩薩們對菩薩藏已經有所聽聞、有所緣慮、能善修習，能發靜慮，這樣稱名為智波羅蜜多，由於獲得了智波羅蜜多，就能夠引發出世間慧，因此我說智波羅蜜多是慧波羅蜜多的助伴。」

觀自在菩薩再問佛陀說：「世尊！是以什麼原因來宣說這樣的六種波羅蜜多次第的？」

佛陀告訴觀自在菩薩說：「善男子！這是由於前面的波羅蜜多能夠引發後面的波羅蜜多，並能作為後面波羅蜜多的依止。展開來說，如果諸菩薩對於身財沒有顧吝，那就能受持清淨禁戒，而為了護持禁戒便須修忍辱，修忍辱後就能發起精進，發精進後就能夠成辦靜慮，而具備了靜慮後便能獲得出世間慧。因此，我以這樣的次第來宣說波羅蜜多。」

【注釋】

❶ 布施、持戒、忍辱、精進、靜慮、智慧到彼岸：即「六度」，布施（檀波羅蜜或檀那波羅蜜），總有財施、法施和無畏施三種，謂菩薩由修布施，能對治慳吝貪愛煩惱，與眾生利樂；持戒（尸波羅蜜或尸羅波羅蜜），包括出家、在家、大乘、小乘一切戒法和善法，謂菩薩由修一切戒法和善法，能斷身口意一切惡業；忍辱（羼提波羅蜜），謂菩薩由修忍度，能忍受一切有情罵辱擊打及外界一切寒熱飢渴等之大行，即能斷除瞋恚煩惱；精進（毘梨耶波羅蜜），謂菩薩精勵身心，精修一切大行，能對治懈怠，成就一切善法；靜慮（禪度波羅蜜或禪那波羅蜜），也稱「禪定」、「三昧」、「三摩地」、定，謂思惟真理，定止散亂，心一境性，調伏眼耳等諸根，會趣寂靜妙境，有「四禪」、「八定」及「一切三昧」等；智慧到彼岸（般若波羅蜜），謂通達諸法體性本空之智及斷除煩惱證得真性之慧，能對治癡昧無知（無明）。

❷ 善知識：指教示佛法之正道，令得勝益之師友。善知識相圓滿有八個方面：一者住戒；二者多

聞；三者具證；四者哀愍；五者無畏；六者堪忍；七者無倦；八者善詞。

觀自在菩薩復白佛言：「世尊！如是六種波羅蜜多，各有幾種品類差別？」

佛告觀自在菩薩曰：「善男子！各有三種。施三種者：一者法施，二者財施，三者無畏施，戒三種者：一者轉捨不善戒，二者轉生善戒，三者轉生饒益有情戒❶，忍三種者：一者耐怨害忍，二者安受苦忍，三者諦察法忍❷，精進三種者：一者被甲精進❸，二者轉生善法加行精進，三者饒益有情加行精進，靜慮三種者：一者無分別寂靜、極寂靜、無罪故、對治煩惱眾苦樂住靜慮❹，二者引發功德靜慮，三者引發饒益有情靜慮❺，慧三種者：一者緣世俗諦慧，二者緣勝義諦慧，三者緣饒益有情慧。」

觀自在菩薩復白佛言：「世尊！何因緣故，波羅蜜多說名波羅蜜多？」

佛告觀自在菩薩曰：「善男子！五因緣故：一者無染著故，二者無顧戀故，三者無罪過故，四者無分別故，五者正回向故。無染著者，謂不染著波羅蜜多諸相違事；無顧戀者，謂於一切波羅蜜多諸果異熟及報恩中❻，心無繫縛；無罪過者，謂於如是波羅蜜多無間雜染法，離非方便行；無分別者，謂於如是波羅蜜多不如言詞執著自相；正回向者，謂以如是所作、所集波羅蜜多，回求無上大菩提果。」

「世尊！何等名為波羅蜜多諸相違事？」

「善男子！當知此事略有六種：一者於喜樂欲財富自在諸欲樂中深見功德及與勝利，二者於隨所樂縱身語意而現行中深見功德及與勝利，三者於他輕蔑不堪忍中深見功德及與勝利，四者於不勤修著欲樂中深見功德及與勝利，五者於處憒鬧世雜亂行深見功德及與勝利，六者於見聞覺知言說戲論深見功德及與勝利❼。」

「世尊！如是一切波羅蜜多何果異熟？」

「善男子！當知此亦略有六種：一者得大財富，二者往生善趣❽，三者無怨無壞多諸喜樂，四者為眾生主，五者身無惱害，六者有大宗葉❾。」

「世尊！何等名為波羅蜜多間雜染法？」

「善男子！當知略由四種加行❿：一者無悲加行故，二者不如理加行故，三者不常加行故，四者不殷重加行故。不如理加行者，謂修行餘波羅蜜多時，於餘波羅蜜多遠離失壞。」

「世尊！何等名為非方便行？」

「善男子！若諸菩薩以波羅蜜多饒益眾生時，但攝財物饒益眾生便為喜足，而不令其出不善處安置善處，如是名為非方便行。何以故？善男子！非於眾生惟作此事名實饒益。譬如糞穢若多若少終無有能令成香潔，如是眾生由行苦故其性是苦，無有方便但以財物暫相饒益可令成樂，惟有安處妙善法中，方可得名第一饒益。」

【譯文】

觀自在菩薩再問佛陀說：「世尊！這樣的六種波羅蜜多，各有幾種品類差別？」

佛陀告訴觀自在菩薩說：「善男子！六種波羅蜜多各自有三種品類差別。布施波羅蜜多有三種：第一種是法施；第二種是財施；第三種是無畏施。持戒波羅蜜多有三種：第一種是捨去不善戒；第二種是生起諸善的戒；第三種是饒益有情的戒。忍辱波羅蜜多有三種：第一種是耐怨害忍；第二種是安受苦忍；第三種是諦察法忍；精進波羅蜜多有三種：第一種是披甲精進；第二種是轉生善法加行精進；第三種是饒益有情加行精進。靜慮波羅蜜多有三種：第一種是因為達到無分別寂靜，遠離諸愛味，泯一切相的極寂靜，遠離我慢、我愛、我見的隨煩惱得清淨的無罪境界，從而對治諸煩惱眾苦，獲得現法樂住的靜慮；第二種是能引發菩薩諸種功德的靜慮；第三種是能引發饒益有情的靜慮。慧波羅蜜多有三種：第一種是緣世俗諦慧；第二種是緣勝義諦慧；第三種是緣饒益有情慧。」

觀自在菩薩再問佛陀說：「世尊！以什麼原因說波羅蜜多為波羅蜜多（到彼岸）呢？」

佛陀告訴觀自在菩薩說：「善男子！以五種因緣而稱為波羅蜜多：第一種是無染著；第二種是無顧戀；第三種是無罪過；第四種是無分別；第五種是正回向。無染著是指不染著與波羅蜜多諸相違的事；無顧戀是指在一切波羅蜜多所帶來的諸異熟果報和報恩的果報中，心中沒有被其繫縛；沒有罪過是指行持波羅蜜多時，沒有間雜染法，遠離非方便行；無分別是指行持波羅蜜多時，不去如他言詞所說的執著自相；正回向是指行持如上所說的波羅蜜多，所集諸波羅蜜多的功德，都回求無上大菩提果。」

「世尊！哪些行為是與波羅蜜多諸相違的事？」

「善男子！應該知道這些事簡略說來有六種：第一種是喜歡欲境、喜樂於財富、喜樂於自在，在諸種欲樂中，反而深見功德和勝利；第二種是在隨其所樂中，放縱身、語、意的行為，在這樣的現行中，反而深見功德和勝利；第三種是在被他人輕蔑中不堪忍受，對此反而深見功德和勝利；第四種是不精勤修習，耽於欲樂，對於這其中反而深見功德和勝利；第五種是處於世間憒鬧的場所，行世間雜亂事時，對這種情形時，反而深見功德和勝利；第六種是對於世間的見、聞、覺知、言說戲論反而深見功德和勝利。」

「世尊！那麼這一切的波羅蜜多會得到什麼樣的異熟果報呢？」

「善男子！應該知道這裡略有六種：第一種是會獲得巨大的財富；第二種是以後能夠往生人、天等善趣；第三種是沒有怨敵，行事不會被破壞，常被人所喜樂；第四種是為眾生主；第五種是身沒有惱害；第六種是廣解五明，得大宗葉的異熟果報。」

「世尊！什麼稱為波羅蜜多的間雜染法？」

「善男子！應當知道波羅蜜多的間雜染法略有四種加行：第一種是沒有悲心的加行；第二種是不如理的加行，第三種是不常常用功的加行；第四種是心不殷重的加行。其中不如理加行是指修行某波羅蜜多時，遠離了或失壞了其他的波羅蜜多。」

「世尊！那怎樣稱為非方便行？」

「善男子！如果諸菩薩以波羅蜜多饒益眾生的時候，只是施予財物去饒益眾生，便以此喜足了，而沒有努力使眾生遠離那些不善處，安置眾生於善處，這樣稱為非方便行。為什麼這麼說呢？善男子！對眾生只是作些財物上施予的事情不是真正的饒益。譬如糞穢無論是增多一些或減少一些，終不能使糞穢成為香潔的。同樣的對於眾生，由於諸行本質是苦的，所以眾生性也是苦的，若其他沒有方便，而只是施予世間的財物，那只能暫時地饒益有情，使其成樂。只有將眾生安處在妙善法中，才稱得上第一饒益。」

【注釋】

❶「一者法施」三句：即為律儀戒、攝善法戒、饒益有情戒。一律儀戒，指諸菩薩所受七眾別解脫戒；二攝善法戒，指諸菩薩受別解脫後，所有一切為大菩提，由身語意積集諸善，總說名為攝善法戒；三饒益有情戒，指諸菩薩於諸有情能引義利。

❷諦察法忍：堪能審諦觀察諸法。即法思勝解忍，指諸菩薩於一切法能正思擇、善安勝解。

❸被甲精進：謂諸菩薩加行，其心勇悍，先擐誓甲。

❹無分別寂靜：指離一切虛妄分別以及粗重。《瑜伽師地論》中說：「遠離一切分別，能生身心輕安。」極寂靜：指遠諸愛味，泯一切相。無罪：《瑜伽師地論》中說「遠離惰舉」，「遠離六度

隨煩惱」。對治煩惱眾苦樂住：指由此定能治煩惱苦，神通自在，得現法樂。

❺「一者無分別」至「三者引發饒益」三句：對這三種靜慮，世親論師曾歸納為：一是安住靜慮，由此能安現法樂住。二引發靜慮，由此能引六種神通。三成所作事靜慮，依此成立所作利有情事。

❻異熟：指依善惡業因而得的果報。梵語vipâa（毘播迦），原義為食物的調理，後用於指煮熟、消化或果物生熟成長等狀態的轉化，或指異常的結果。舊譯果報，新譯異熟。由於因有善有惡，果則具非善非惡之無記性，係與因異類而成熟者，故稱「異熟」。《俱舍論》卷二中說：「所造業至得果時，變而能熟，故名異熟。果從彼生，名異熟生。彼所得果與因別類，而是所熟，故名異熟。」

❼「當知此事略有六種」數句：以上六事，分別可指違施障事，違戒度事，違忍度事，違精進事，違定度事，違慧度事。

❽善趣：《大智度論》卷三十中說，六道中，地獄、畜生、餓鬼等，屬於惡趣；天、人、阿修羅等，屬於善趣。此為通說。《俱舍論》卷十八則以人、天二者為善趣。

❾此中由布施力故得大財富；由持戒故往生善趣；由忍辱故無怨無壞，多諸歡喜；由勤精進故得大尊貴，為眾生主；由靜慮故伏除煩惱，故能感得身無怨害；由般若故廣解五明，得大宗葉。葉指施族，大宗葉為廣大宗族的意思。

❿加行：舊譯作「方便」。即加功用行之意。乃針對正行之預備行。據《成唯識論》卷九、《大乘法苑義林章》卷二末之說，接近見道的四善根之位，特稱加行，然亦廣通資糧位。

觀自在菩薩復白佛言：「世尊！如是一切波羅蜜多有幾清淨？」

佛告觀自在菩薩曰：「善男子！我終不說波羅蜜多除上五相有餘清淨，然我即依如是諸事，總別當說波羅蜜多清淨之相。

「總說一切波羅蜜多清淨相者，當知七種。何等為七？一者菩薩於此諸法不求他知，二者於此諸法見已不生執著，三者即於如是諸法不生疑惑：謂為能得大菩提不？四者終不自讚毀他有所輕蔑，五者終不憍傲放逸，六者終不少有所得便生喜足，七者終不由此諸法於他發起嫉妒慳吝。

「別說一切波羅蜜多清淨相者，亦有七種。何等為七？謂諸菩薩如我所說七種布施清淨之相隨順修行：一者由施物清淨行清淨施❶，二者由戒清淨行清淨施❷，三者由見清淨行清淨施❸，四者由心清淨行清淨施❹，五者由語清淨行清淨施❺，六者由智清淨行清淨施❻，七者由垢清淨行清淨施❼，是名七種施清淨相❽。

「又諸菩薩能善了知制立律儀一切學處，能善了知出離所犯，具常尸羅、堅固尸羅、常作尸羅、常轉尸羅、受學一切所有學處❾，是名七種戒清淨相。

「若諸菩薩於自所有業果異熟深生依信，一切所有不饒益事現在前時不生憤發，亦不反罵、不瞋、不打、不恐、不弄、不以種種不饒益事反相加害，不懷怨結，若諫誨時不令恚惱，亦復不待他來諫誨，不由恐怖、有染愛心而行忍辱，不以作恩而便放捨，是名七種忍清淨相。

「若諸菩薩通達精進平等之性，不由勇猛勤精進故自舉凌他，具大勢力，具大精進，有所堪能，堅固勇猛，於諸善法終不捨軛，如是名為七種精進清淨之相。

「若諸菩薩有善通達相三摩地靜慮、有圓滿三摩地靜慮、有俱分三摩地靜慮、有運轉三摩地靜慮、有無所依三摩地靜慮、有善修治三摩地靜慮、有於菩薩藏聞緣修習無量三摩地靜慮❿，如是名為七種靜慮清淨之相。

「若諸菩薩遠離增益、損減二邊，行於中道，是名為慧，由此慧故，如實了知解脫門義，謂空、無願、無相三解脫門，如實了知有自性義，謂遍計所執、若依他起、若圓成實三種自性，如實了知無自性義，謂相、生、勝義三種無自性性，如實了知世俗諦義，謂於五明處⓫，如實了知勝義諦義，謂於七真如，又無分別離諸戲論純一理趣多所住故、無量總法為所緣故、及毘鉢舍那故，能善成辦法隨法行，是名七種慧清淨相。」

觀自在菩薩復白佛言：「世尊！如是五相各有何業？」

佛告觀自在菩薩曰：「善男子！當知彼相有五種業，謂諸菩薩無染著故，於現法中，於所修習波羅蜜多，恆常殷重勤修加行無有放逸，無顧戀故，攝受當來不放逸因，無罪過故，能正修習極善圓滿、極善清淨、極善鮮白波羅蜜多，無分別故，方便善巧波羅蜜多速得圓滿，正回向故，一切生處波羅蜜多及彼可愛諸果異熟皆得無盡，乃至無上正等菩提。」

觀自在菩薩復白佛言：「世尊！如是所說波羅蜜多，何者最廣大？何者無染污？何者最明盛？何者不可動？何者最清淨？」

佛告觀自在菩薩曰：「善男子！無染著性、無顧戀性、正回向性最為廣大，無罪過性、無分別性無有染污，思擇所作最為明盛，已入無退轉法地者名不可動，若十地攝、佛地攝者名最清淨。」

【譯文】

觀自在菩薩再問佛陀說：「世尊！這樣一切波羅蜜多有幾種清淨相？」

佛陀告訴觀自在菩薩說：「善男子！我終不說波羅蜜多除了以上所說的無染著、無顧戀、無罪過、無分別、正回向等五種相外還有其他的清淨相，然而，我還是依於這五種相事來總說和別說波羅蜜多的清淨相。

「總的來說一切波羅蜜多的清淨相，應當知道有七種。是哪七種呢？第一種是菩薩對於諸波羅蜜多法不求他人知道；第二種是對於諸波羅蜜多法見後不生執著；第三種是對於諸波羅蜜多法不會產生『行持這樣的波羅蜜多法能得大菩提嗎？』的疑惑；第四種是終不會自讚毀他，對於他人有所輕蔑；第五種終不驕傲放逸；第六種終不少有所得便生喜足；第七種終不因自己具有諸波羅蜜多法而對其他

有情發起嫉妒和慳吝。

「分別說一切波羅蜜多的清淨相，也有七種。是哪七種呢？這是說諸菩薩按我下面所說七種布施清淨相隨順修行：第一種是以清淨之物布施而行清淨施；第二種是持戒清淨而行清淨施；第三種見清淨而行清淨施；第四種是心清淨而行清淨施；第五種是語清淨而行清淨施；第六種是以如實知的智清淨而行清淨施；第七種是以遠離懈怠、貪、瞋、癡等的垢清淨而行清淨施；這樣稱為七種施清淨相。

「又諸菩薩能善巧地了知佛陀制立的一切律儀戒的學處；能善巧地了知怎樣去遵守這一切學處，並能避免違犯他，而且還了知如果違反後應該怎樣進行懺悔所犯；具常尸羅，雖盡壽命也不捨棄所學處；堅固尸羅，不毀犯諸學處；常作尸羅，於學處沒有違犯；常轉尸羅，如有違犯也能恢復清淨；受學一切所有的學處。這稱為七種戒清淨相。

「如果諸菩薩對於自己所有的異熟業果深生依信，一切所有不饒益事現在前時不生憤發；也不反罵，也不瞋恨，也不打，不恐嚇，不弄，不因為種種不饒益事反相加害；不懷怨結，被他損惱時，也沒有怨嫌；如果有菩薩的怨家前來諫誨的，應即便受謝而不能使其生惱；如果有菩薩怨家損害菩薩了，菩薩應該親自速往怨家處求懺謝，而不是等待他來諫誨；菩薩也不是因為恐怖害怕他或有貪愛染

心而行忍辱；菩薩不是以一度饒益眾生便以為恩足，從而捨棄其他的饒益事。這稱為七種忍清淨相。

「如果諸菩薩通達精進平等之性；不因為勇猛精進的緣故而自舉凌他；具大勢力；具大精進；有所堪能；堅固勇猛；對於諸善法不曾懈廢，終不捨棄，這樣稱為七種精進清淨之相。

「如果諸菩薩有善通達三摩地靜慮；有圓滿三摩地靜慮；有俱分三摩地靜慮，有運轉三摩地靜慮；有無所依三摩地靜慮；有善修治三摩地靜慮；有對於菩薩藏聞緣修習無量三摩地靜慮，這樣七種稱為靜慮清淨相。

「如果諸菩薩遠離增益、損減兩邊，行於中道稱名為慧；由於有這慧的緣故，如實了知解脫門義，空、無願、無相稱為三解脫門；如實了知有自性義，遍計所執性、依他起性、圓成實性稱為三種自性；如實了知無自性義，相無自性、生無自性、勝義無自性稱為三種無自性性；如實地了知世俗諦義，五明處稱為世俗諦義；如實了知勝義諦義，七真如稱為勝義諦義；又因能夠無分別，離諸戲論純一理趣多所住的緣故和無量總法為所緣的原因和毘缽舍那，能夠善成辦隨法行，稱為七種慧清淨相。」

觀自在菩薩再問佛陀說：「世尊！以上無染著、無顧戀、無罪過、無分別、正回向五種相有什麼業呢？」

佛陀告訴觀自在菩薩說：「善男子！應該知道這些五相有五種業：諸菩薩因無染著的緣故，在現法中修習波羅蜜多時，恆常殷重勤修加行，沒有放逸；諸菩薩因無顧戀的緣故，能獲得將來不放逸的因；諸菩薩因無罪過的緣故，能正修習極善圓滿、極善清淨、極善鮮白的波羅蜜多；諸菩薩因無分別的緣故，使方便善巧波羅蜜多速得圓滿；諸菩薩因正回向的緣故，於一切菩薩所生處，波羅蜜多和由波羅蜜多所帶來的美好諸果異熟無窮無盡，乃至可以獲得無上正等菩提。」

觀自在菩薩再問佛陀說：「世尊！這裡所說波羅蜜多，什麼最為廣大？什麼是無污染的？什麼是最明盛的？什麼是不可動的？什麼是最清淨的？」

佛陀告訴觀自在菩薩說：「善男子！無染著性、無顧戀性，正回向性的波羅蜜多最為廣大；無罪過性、無分別性的波羅蜜多無有染污；思擇所作的波羅蜜多最為明盛；已入無退轉法地的波羅蜜多為不可動；十地所攝、佛地所攝的波羅蜜多是最清淨的。」

【注釋】

❶施物清淨：非不淨物等而行惠施，稱為施物清淨。
❷戒清淨：息除諸惡等而行惠施，稱為戒清淨。
❸見清淨：不計度我能行施為我所等而行惠施，稱為見清淨。
❹心清淨：以憐愛心等而行惠施，稱為心清淨。
❺語清淨：舒顏含笑先言問訊等而行惠施，稱為語清淨。
❻智清淨：皆如實知等而行惠施，稱為智清淨。

❼ 垢清淨：遠離懈怠貪瞋癡等垢而行惠施，名為垢清淨。

❽ 以上七種清淨相，各有十相，如在《瑜伽師地論》中說施物清淨有十相：一廣大施，謂眾多差別故；二平等施，謂無增無減故；三應時施，謂當彼所樂故；四上妙施，謂色等具足故；五清淨施，謂非不淨物所雜穢故；六如法施，謂無罪相應故；七隨樂施，謂隨求者所愛樂故；八利益施，謂隨彼所宜故；九或頓或漸施，謂觀求者故；十無間施，謂無斷絕故。

❾ 具常尸羅：指不棄捨諸學處。堅固尸羅：指謂不毀犯諸學處。常作尸羅：指於學處無穿穴。常轉尸羅：指穿穴已復還淨。受學一切所有學處：指具隨學的諸處。

❿ 善通達相三摩地靜慮：善通達俗諦相定。圓滿三摩地靜慮：緣彼圓滿真如境定。俱分三摩地靜慮：通緣真俗二境之定。運轉三摩地靜慮：指加行智相應定，唯是有漏作意運轉所依之定。無所依三摩地靜慮：根本智相應定，無異境相可為依止所依之定。善修治三摩地靜慮：後得智相應定。指能善修治種種諸行所依之定。於菩薩藏聞緣修習無量三摩地靜慮：明加行定，指於大乘菩薩藏教，以聞慧為緣，修習無量諸靜慮。

⓫ 五明：是印度古代的五類學術，即聲明、因明、醫方明、工巧明和內明。其內容如《大唐西域記》卷二說：聲明，釋訓詁字，詮目疏別。工巧明，伎術機關，陰陽曆數。醫方明，禁咒閑邪，藥石針艾。因明，考定正邪，研核真偽。內明，究暢五乘，因果妙理。

觀自在菩薩復白佛言：「世尊！何因緣故，菩薩所得波羅蜜多諸可愛果及諸異熟常無有盡，波羅蜜多亦無有盡？」

佛告觀自在菩薩曰：「善男子！展轉相依生起修習無間斷故。」

觀自在菩薩復白佛言：「世尊！何因緣故，是諸菩薩深信愛樂波羅蜜多，非於如是波羅蜜多所得可愛諸果異熟？」

佛告觀自在菩薩曰：「善男子！五因緣故：一者波羅蜜多是最增上喜樂因故，二者波羅蜜多是其究竟饒益一切自他因故，三者波羅蜜多是當來世彼可愛果異熟因故，四者波羅蜜多非諸雜染所依事故，五者波羅蜜多非是畢竟變壞法故。」

觀自在菩薩復白佛言：「世尊！一切波羅蜜多各有幾種最勝威德？」

佛告觀自在菩薩曰：「善男子！當知一切波羅蜜多各有四種最勝威德：一者於此波羅蜜多正修行時，能捨慳吝、犯戒、心憤、懈怠、散亂、見趣所治，二者於此正修行時，能為無上正等菩提真實資糧，三者於此正修行時，於現法中，能自攝受饒益有情，四者於此正修行時，於未來世，能得廣大無盡可愛諸果異熟。」

觀自在菩薩復白佛言：「世尊！如是一切波羅蜜多何因？何果？有何義利？」

佛告觀自在菩薩曰：「善男子！如是一切波羅蜜多大悲為因，微妙可愛諸果異熟、饒益一切有情為果，圓滿無上廣大菩提為大義利。」

觀自在菩薩復白佛言：「世尊！若諸菩薩具足一切無盡財寶，成就大悲，何緣世間現有眾生貧窮可得？」

佛告觀自在菩薩曰：「善男子！是諸眾生自業過失。若不爾者，菩薩常懷饒益他心，又常具足無盡財寶，若諸眾生無自惡業能為障礙，何有世間貧窮可得？譬如餓鬼為大熱渴逼迫其身，見大海水悉皆涸竭，非大海過，是諸餓鬼自業過耳。如是菩薩所施財寶猶如大海，無有過失，是諸眾生自業過耳，猶如餓鬼自惡業力令無有水。」

觀自在菩薩復白佛言：「世尊！菩薩以何等波羅蜜多取一切法無自性性？」

佛告觀自在菩薩曰：「善男子！以般若波羅蜜多能取諸法無自性性。」

「世尊！若般若波羅蜜多能取諸法無自性性，何故不取有自性性❶？」

「善男子！我終不說以無自性性取無自性性❷，然無自性性離諸文字、自內所證，不可捨於言說文字而能宣說，是故我說般若波羅蜜多能取諸法無自性性。」

觀自在菩薩復白佛言：「世尊！如佛所說波羅蜜多、近波羅蜜多、大波羅蜜多，云何波羅蜜多？云何近波羅蜜多？云何大波羅蜜多？」

佛告觀自在菩薩曰：「善男子！若諸菩薩經無量時修行施等成就善法，而諸煩惱猶故現行未能制伏，然為彼伏，謂於勝解行地軟中勝解轉時❸，是名波羅蜜多。復於無量時修行施等漸復增上成就善法，而諸煩惱猶故現行，然能制伏，非彼所伏，謂從初地以上，是名近波羅蜜多。復於無量時修行施等轉復增上成就善法，一切煩惱皆不現行，謂從八地以上，是名大波羅蜜多。」

【譯文】

觀自在菩薩再問佛陀說：「世尊！以什麼原因說菩薩所得的波羅蜜多可愛果和諸異熟果報常常沒有窮盡，同樣波羅蜜多也沒有窮盡？」

佛陀告訴觀自在菩薩說：「善男子！這是由於展轉相依生起，修習無間斷的緣故。」

觀自在菩薩再問佛陀說：「世尊！是什麼原因使諸菩薩不對這樣美好的波羅蜜多所生成的諸果異熟深信愛樂，而是深信愛樂波羅蜜多本身？」

佛陀告訴觀自在菩薩說：「善男子！對於此，這有五種因緣：第一種，波羅蜜多是最增上喜樂的因；第二種，波羅蜜多是其究竟饒益一切自他的因；第三種，波羅蜜多是為當來世彼可愛果異熟的因；第四種，波羅蜜多是非諸雜染所依事；第五種，是波羅蜜多不是畢竟變壞法。」

觀自在菩薩再問佛陀說：「世尊！一切波羅蜜多各有幾種最勝威德？」

佛陀告訴觀自在菩薩說：「善男子！應當知道一切波羅蜜多各有四種最勝威德：第一種，正修行此波羅蜜多時，能夠捨棄慳吝、犯戒、心憤、懈怠、散亂、智慧所對治的邪見；第二種，正修行此波羅蜜多時，能成為無上正等菩提的真實資糧；第三種，正修行此波羅蜜多時，在現世法中就能夠攝受自他，饒益有情；第四種，正修行此波羅蜜多時，於未來世能夠得到廣大無盡可愛的諸果異熟。」

觀自在菩薩再問佛陀說：「世尊！這樣一切波羅蜜多以什麼為因？以什麼為果？有什麼義利？」

佛陀告訴觀自在菩薩說：「善男子！這樣的一切波羅蜜多是以大悲為因的，是以微妙可愛諸果異熟和饒益一切有情為結果的，是以圓滿無上廣大菩提為大義利的。」

觀自在菩薩再問佛陀說：「世尊！如果諸菩薩具足一切無盡的財寶，並且成就了大悲，那為何世間現有的眾生還有貧窮的現象呢？」

佛陀告訴觀自在菩薩說：「善男子！這是諸眾生自己業力的過失。如果不是這樣的話，菩薩常常懷饒益他的心，又常常具足無盡的財寶，如果諸眾生沒有自己的惡業能為障礙，怎麼會有世間的貧窮現象呢？譬如餓鬼被大熱渴逼迫其身，看見大海水都涸竭了，這不是大海的過錯，這是諸餓鬼自己業力的緣故。正像如此，菩薩所施的財寶猶如大海一樣，對於眾生的貧窮現象並沒有過失，這是諸眾生自己業力的緣故，猶如餓鬼因自己惡業力的緣故，而使大海沒有水。」

觀自在菩薩再對佛陀說：「世尊！菩薩以哪種波羅蜜多取一切法無自性性？」

佛陀告訴觀自在菩薩說：「善男子！以般若波羅蜜多能取諸法無自性性。」

「世尊！如果般若波羅蜜多能取諸法的無自性性，（就有所取，這樣的話）為什麼不取有自性性？」

「善男子！我最終不說以無自性性取無自性性（因無自性性離名言不可說取，若說取，則成為有執著的無自性性，與本義不符），雖然無自性性是離諸文字、自內所證的，但也是不可以離開言說文字而能宣說的，因此我宣說般若波羅蜜多能取諸法無自性性。」

觀自在菩薩再問佛陀說：「世尊！像佛所說的波羅蜜多、近波羅蜜多、大波羅蜜多，什麼是波羅蜜多？什麼是近波羅蜜多？什麼是大波羅蜜多？」

佛陀告訴觀自在菩薩說：「善男子！如果諸菩薩經過無量時間修行布施等諸波羅蜜多，成就了善法，但是諸煩惱還是能夠現行，不能制伏，反而被煩惱所伏，到勝解行地中軟品位的中品勝解轉時，稱為波羅蜜多。再在無量時間裡，修行布施等諸波羅蜜多，漸漸再增上成就善法，諸煩惱仍能現行，但是能制伏煩惱，不被煩惱所伏，這是指從初地以上稱為近波羅蜜多。再在無量時間裡，修行布施等波羅蜜多，轉復增上成就善法，一切煩惱皆不現行，這是指從八地以上稱為大波羅蜜多。」

【注釋】

❶ 何故不取有自性性：此句此是設難說，如果取無自性性，也是執著，那麼應該有所執（有自性性了），這樣的話為什麼不說取有自性性。另外一種解釋是，假如般若能夠取諸法的無自性性，那麼也應能夠取有自性性。因為一真如具有性和無件義兩種義，或者說三種無自性性，也有無性和有性二義，為什麼不取有性義？

❷ 我終不說以無自性性取無自性性：此句有兩種解釋：一種是終不說以有執著無自性性取無自性

性，因此說取有自性性。另一種是說終不說以無自性性取無自性性，因無自性性離名言，因此同樣也不說取有自性性。

❸勝解行地軟中勝解轉：指勝解行地中，地前所修還未成上品，是軟品中的中品勝解轉的時候。

觀自在菩薩復白佛言：「世尊！此諸地中煩惱隨眠可有幾種❶？」

佛告觀自在菩薩曰：「善男子！略有三種。一者害伴隨眠，謂於前五地。何以故？善男子！諸不俱生現行煩惱❷，是俱生煩惱現行助伴❸，彼於爾時永無復有，是故說名害伴隨眠。二者羸劣隨眠，謂於第六第七地中，微細現行若修所伏不現行故。三者微細隨眠，謂於第八地已上，從此已去一切煩惱不復現行，惟有所知障為依止故。」

觀自在菩薩復白佛言：「世尊！此諸隨眠，幾種粗重斷所顯示❹？」

佛告觀自在菩薩曰：「善男子！但由二種：謂由在皮粗重斷故，顯彼初二，復由在膚粗重斷故，顯彼第三，若在於骨粗重斷者，我說永離一切隨眠，位在佛地。」

觀自在菩薩復白佛言：「世尊！經幾不可數劫能斷如是粗重？」

佛告觀自在菩薩曰：「善男子！經於三大不可數劫、或無量劫，所謂年、月、半月、晝夜、一時、半時、須臾、瞬息、剎那量劫不可數故。」

觀自在菩薩復白佛言：「世尊！是諸菩薩於諸地中，所生煩惱當知何相？何失？何德？」

佛告觀自在菩薩曰：「善男子！無染污相。何以故？是諸菩薩於初地中，定於一切諸法法界已善通達，由此因緣，菩薩要知方起煩惱非為不知，是故說名無染污相。於自身中不能生苦，故無過失。菩薩生起如是煩惱，於有情界能斷苦因，是故彼有無量功德。」

觀自在菩薩復白佛言：「甚奇世尊！無上菩提乃有如是大功德利，令諸菩薩生起煩惱尚勝一切有情、聲聞、獨覺善根，何況其餘無量功德。」

觀自在菩薩復白佛言：「世尊！如世尊說若聲聞乘、若復大乘惟是一乘，此何密意？」

佛告觀自在菩薩曰：「善男子！如我於彼聲聞乘中，宣說種種諸法自性，所謂五蘊、或內六處、或外六處如是等類，於大乘中即說彼法同一法界、同一理趣，故我不說乘差別性。於中或有如言於義妄起分別，一類增益、一類損減❺，又於諸乘差別道理謂互相違，如是展轉遞與諍論，如是名為此中密意。」

爾時，世尊欲重宣此義而說頌曰：

「諸地攝想所對治❻，殊勝生願及諸學，
由依佛說是大乘，於此善修成大覺，
宣說諸法種種性，復說皆同一理趣，

謂於下乘或上乘，故我說乘無異性。
如言於義妄分別，或有增益或損減，
謂此二種互相違，愚癡意解成乖諍。」

爾時，觀自在菩薩摩訶薩復白佛言：「世尊！於是解深密法門中，此名何教？我當云何奉持？」

佛告觀自在菩薩曰：「善男子！此名諸地波羅蜜多了義之教，於此諸地波羅蜜多了義之教汝當奉持！」

說此諸地波羅蜜多了義教時，於大會中，有七十五千菩薩皆得菩薩大乘光明三摩地[7]。

【譯文】

觀自在菩薩再問佛陀說：「世尊！在菩薩諸地中煩惱隨眠可以有幾種？」

佛陀告訴觀自在菩薩說：「善男子！這裡略說有三種煩惱隨眠。第一種是害伴隨眠，這在前五地中都具有，為什麼呢？善男子！諸不俱生的現行煩惱是俱生煩惱的現行助伴，在前五地中永不再有了，五地中具有的煩惱隨眠稱為害伴隨眠。第二種是羸劣隨眠，在第六第七地中，有微細煩惱現行，如果菩薩觀修的話就能制伏不讓其現行。第三種是微細隨眠，這是指第八地以上，從此已去一切煩惱不再現行了，只有所知障作為依止了。」

觀自在菩薩再問佛陀說：「世尊！這諸種隨眠，是由幾種粗重斷所顯示出來的？」

佛陀告訴觀自在菩薩說：「善男子！這有兩種：因皮粗重斷的緣故顯第一和第二種隨眠；再由在膚粗重斷的緣故，顯第三種隨眠，我說永離一切隨眠，這是位於佛地的。」

觀自在菩薩再問佛陀說：「世尊！時間上來說要經過多少不可數劫能斷這樣的粗重？」

佛陀告訴觀自在菩薩說：「善男子！這要經過三大不可數劫，或無量劫，指年、月、半月、晝夜、一時、半時、須臾、瞬息、刹那量劫不可數的時間。」

觀自在菩薩再問佛陀說：「世尊！這些菩薩們在諸地中所生的煩惱應當知道是什麼相？有何過失？有何功德呢？」

佛陀告訴觀自在菩薩說：「善男子！這些菩薩們在諸地中所生的煩惱是無染污相。為什麼呢？這是因為諸菩薩在初地中就決定對一切諸法的法界已善通達，由這樣的因緣，當煩惱初生起時，菩薩是知道煩惱生起的，而不是不知，因此稱為無染污相。煩惱雖然生起，但在自身中不會生苦，因此沒有過失。菩薩生起這樣煩惱時，反而成為有情界能斷苦的因，因此說菩薩生起這樣的煩惱有無量功德。」

觀自在菩薩再對佛陀說：「真是奇妙世尊！無上菩提乃有這樣殊勝的大功德利益，即使是令諸菩薩生起煩惱尚勝過一切有情、聲聞、獨覺的善根，何況菩薩的其餘無量功德呢！」

觀自在菩薩再問佛陀說：「世尊！像您所說的，或所謂的聲聞乘，或所謂的大乘這些實際上只是一乘，這裡有什麼密意嗎？」

佛陀告訴觀自在菩薩說：「善男子！如我在那些聲聞乘中所宣說的種種諸法自性，如五蘊、或內六處、或外六處如是等等種類，在大乘中就說那些法同一法界、同一理趣，因此我不說乘的差別性。在這其中或許有如言取義而妄起分別的，一類取義，會定執三乘一向是各自不同，從而增益；一類取義，會定執只有一乘，從而損減。同時又會於諸乘的差別道理認為是互相違背的。這樣會展轉興起諍論。（如此，我宣說或所謂的聲聞乘，或所謂的大乘這些實際上只是一乘。）這樣稱為此中的密意。」

這時，佛陀為了重新宣說此義而說頌為：

「諸地攝想所對治，殊勝生願及諸學，
由依佛說是大乘，於此善修成大覺，
宣說諸法種種性，復說皆同一理趣，
謂於下乘或上乘，故我說乘無異性。
如言於義妄分別，或有增益或損減，
謂此二種互相違，愚癡意解成乖諍。」

這時，觀自在菩薩摩訶薩再問佛陀說：「世尊！在這解深密法門中，這稱為什麼教授？我應當奉持什麼？」

佛陀告訴觀自在菩薩說：「善男子！這稱為諸地波羅蜜多了義之教，對於這諸地波羅蜜多了義之教你應當奉持！」

當佛陀宣說這諸地波羅蜜多了義教時，在大會中，有七十五千菩薩都獲得了菩薩大乘光明三摩地。

【注釋】

❶隨眠：「煩惱」或「煩惱」種子的異名。小乘中，說一切有部以貪、瞋、癡等根本煩惱為隨眠；經部將煩惱的現行稱為「纏」，將其種子稱為「隨眠」。大乘唯識家亦將眠伏於阿賴耶識中的煩惱種子，稱為隨眠。

❷不俱生現行煩惱：見道所斷分別煩惱。

❸俱生煩惱：一切煩惱，略有兩種：一者俱生煩惱，與生俱來之先天性煩惱；一種是分別起煩惱。分別起煩惱即是見所斷惑；俱生煩惱就是修所斷惑。

❹粗重：由煩惱障，所知障二障種勢分力使令有漏身無所堪能，稱為粗重，也稱為「習氣」。

❺增益：對於如來說的三乘教門，如文執義。聞說三乘，定執著三乘一向各異，稱為「增益」。損減：聽聞一乘總皆成佛，定執只有一乘，稱為「損減」。

❻想：名的意思，因名從想起。

❼大乘光明三摩地：指此定能顯發照了大乘理、教、行、果的智光明。

卷五

如來成所作事品第八

如來，佛十號之一，佛之尊稱。《大智度論》中說，乘如實道，來成正覺，為如來。成所作事，指依境行成辦如來現身智等化身事業。本品屬所得果，講述如來的果地功德境界。在本品中，如來法身是由修諸地波羅蜜多善修出離，轉依成滿後而得，如來化身是方便善巧示現的。本品對如來的言音教化歸納了三類，即契經、調伏、本母。契經指義攝事來顯示諸法，有四事、九事、二十九事之分，其中二十九事依雜染四事、世間清淨四事、出世間清淨二十一事來說，這是一個完整的道次第。調伏即為戒律及相應法。本母以「決了、分別、顯示諸法」有十一相，其中第七相即是有名的《解深密經》的四種道理：觀待道理、作用道理、證成道理、法爾道理。其中證成道理實是因明之學。在總結契經、調伏、本母時，本品提出了不共外道的陀羅尼義，其以「一切皆無作用，亦都無有補特伽羅」為核心。本品講如來為何有利益眾生的心生生起，這是由於先前修習方便般若加行力的緣故。本品還

宣說明了化身有心無心，如來所行境界差別相，成佛轉輪涅槃無二相，如來於有情為緣差別，如來法身三乘解脫身差別相，如來菩薩威德住持有情相，淨穢二土差別相等。

爾時，曼殊室利菩薩摩訶薩白佛言❶：「世尊！如佛所說如來法身，如來法身有何等相？」

佛告曼殊室利菩薩曰：「善男子！若於諸地波羅蜜多善修出離，轉依成滿❷，是名如來法身之相。當知此相二因緣故不可思議，無戲論故、無所為故，而諸眾生計著戲論、有所為故。」

「世尊！聲聞、獨覺所得轉依名法身不？」

「善男子！不名法身。」

「世尊！當名何身？」

「善男子！名解脫身。由解脫身故，說一切聲聞、獨覺與諸如來平等平等，由法身故，說有差別。如來法身有差別故，無量功德最勝差別，算數、譬喻所不能及。」

曼殊室利菩薩復白佛言：「世尊！我當云何應知如來生起之相？」

佛告曼殊室利菩薩曰：「善男子！一切如來化身作業，如世界起一切種類，如來功德眾所莊嚴，住持為相。當知化身相有生起，法身之相無有生起。」

曼殊室利菩薩復白佛言：「世尊！云何應知示現化身方便善巧？」

佛告曼殊室利菩薩曰：「善男子！遍於一切三千大千佛國土中，或眾推許增上王家，或眾推許大福田家，同時入胎、誕生、長大、受欲、出家、示行苦行、捨苦行已成等正覺，次第示現，是名如來示現化身方便善巧。」

【譯文】

這時，曼殊室利大菩薩（文殊菩薩）問佛陀說：「世尊！對於佛所說的如來法身，這如來法身有什麼樣的相呢？」

佛陀告訴曼殊室利菩薩說：「善男子！菩薩如果於諸地波羅蜜多善修出離，獲得涅槃菩提果即轉依成滿，稱為如來法身相。應該知道，這如來法身由兩種因緣來說是不可思議的，這兩種因緣是無戲論和無所為，與此相反，諸眾生是計著戲論且有所為的。」

「世尊！聲聞、獨覺所得的轉依稱為法身嗎？」

「善男子！聲聞、獨覺所得的轉依不稱為法身。」

「世尊！那應當稱為什麼身呢？」

「善男子！聲聞、獨覺所得的轉依稱為解脫身。由解脫身的緣故，說一切聲聞、獨覺和諸如來平等平等，由法身的緣故，而說其中有差別。如來法身與二乘解脫身有差別，差別在於如來法身有最勝的無量功德，這是二乘的解脫身透過數目、譬喻來形容都是不能及的。」

曼殊室利菩薩再問佛陀說：「世尊！我應當怎樣知道如來生起相？」

佛陀告訴曼殊室利菩薩說：「善男子！一切如來的化身作業，就像世界由種種的業起種種事而攝持眾生。如來化身也是這樣，如來行無量種類功德莊嚴攝持眾生作為化相。應當知道化身相有生起，法身相沒有生起。」

曼殊室利菩薩再問佛陀說：「世尊！應該知道什麼樣是如來示現化身的方便善巧？」

佛陀告訴曼殊室利菩薩說：「善男子！如來化身遍於一切三千大千佛的國土中，在眾生推許的增上王家，或者眾生所推許的大福田家，如來化身同時入胎、誕生、長大、受欲、出家、示行苦行、捨苦行後成等正覺，次第示現，這樣稱為如來示現化身的方便善巧。」

【注釋】

❶ 曼殊室利菩薩：即文殊菩薩，也稱「妙吉祥」。具不可思議微妙功德，最勝吉祥，故稱「妙吉祥」。

❷ 轉依：轉所依之意。又作「所依已轉」、「變住」。轉，轉捨、轉得之義；依，指使染淨迷悟等諸法得以成立之所依。轉依，即轉捨劣法之所依，而證得勝淨法之所依。如唯識宗所說，由修聖

道，斷滅煩惱障、所知障，而證得涅槃、菩提之果，此二果即稱為「二轉依果」，或「二轉依妙果」，此乃修習之最殊勝境界。所斷除之煩惱、所知二障，即是所轉捨之法；所證得之涅槃、菩提二果，即是所轉得之法。《成唯識論》卷九對「轉依」之解釋有二說：㈠依，乃染淨法之所依，即指「依他起性」；轉，乃轉捨「依他起性」上之「遍計所執性」，而轉得「依他起性」中之「圓成實性」。此係從三性上說明人之思想應如何自世間轉向出世間，對於緣起現象不應執為實我、實法，而應見到唯識真性。㈡依，指生死與涅槃所依之唯識真如；轉，乃滅除依於唯識真如之生死，而證得依於唯識真如之涅槃。此係直接從對唯識真如之迷悟的認識上，說明如何自生死苦而達涅槃樂。此種轉依，均透過阿賴耶識中種子之消長生滅來實現，轉捨煩惱障種子即轉得涅槃果，轉捨所知障種子即轉得菩提果。

曼殊室利菩薩復白佛言：「世尊！凡有幾種一切如來身所住持言音差別，由此言音所化有情未成熟者令其成熟，已成熟者緣此為境速得解脫？」

佛告曼殊室利菩薩曰：「善男子！如來言音略有三種：一者契經，二者調伏，三者本母。」

「世尊！云何契經？云何調伏？云何本母？」

「曼殊室利！若於是處，我依攝事顯示諸法是名契經，謂依四事，或依九事，或復依於二十九事。

「云何四事？一者聽聞事，二者歸趣事，三者修學事，四者菩提事❶。

「云何九事？一者施設有情事，二者彼所受用事，三者彼生起事，四者彼生已住事，五者彼染淨事，六者彼差別事，七者能宣說事，八者所宣說事，九者諸眾會事❷。

「云何名為二十九事？謂依雜染品有攝諸行事，彼次第隨轉事，即於是中作補特伽羅想已於當來世流轉因事，作法想已於當來世流轉因事，依清淨品有繫念於所緣事，即於是中勤精進事，心安住事，現法樂住事❸，超一切苦緣方便事，彼遍知事，此復三種：顛倒遍知所依處故、依有情想外有情中邪行遍知所依處故、內離增上慢遍知所依處故，修依處事，作證事，修習事，令彼堅固事❹，彼行相事❺，彼所緣事❻，已斷未斷觀察善巧事❼，彼散亂事❽，彼不散亂事❾，不散亂依處事❿，修習劬勞加行事⓫，修習勝利事⓬，彼堅牢事⓭，攝聖行事，攝聖行眷屬事，通達真實事，證得涅槃事，於善說法、毘奈耶中世間正見超升一切外道所得正見頂事，及即於此不修退事⓮，於善說法毘奈耶中不修習故說名為退，非見過失故名為退。

「曼殊室利！若於是處，我依聲聞及諸菩薩顯示別解脫及別解脫相應之法是名調伏⓯。」

「世尊！菩薩別解脫幾相所攝？」

「善男子！當知七相：一者宣說受軌則事故⑯，二者宣說隨順他勝事故⑰，三者宣說隨順毀犯事故⑱，四者宣說有犯自性故⑲，五者宣說無犯自性故⑳，六者宣說出所犯故㉑，七者宣說捨律儀故㉒。

【譯文】

曼殊室利菩薩再問佛陀說：「世尊！如來的言音能使所化有情未成熟者令其成熟，已成熟者能夠緣此如來言音為境速得解脫，那麼總共有幾種這樣的一切如來身所住持的言音差別呢？」

佛告曼殊室利菩薩說：「善男子！如來言音略有三種：第一種是契經；第二種是調伏；第三種是本母。」

「世尊！什麼是契經？什麼是調伏？什麼是本母呢？」

「曼殊室利！對於此，我依攝事來顯示諸法稱為契經，這裡有依於四事或者依於九事或者依於二十九事等幾類之分。

「四事是哪四種事呢？這第一種是聽聞事；第二種是歸趣事；第三種是修學事；第四種是菩提事。

「九事是哪九種事呢？第一種是施設有情事；第二種是彼所受用事，第三種是彼生起事，第四種是彼生已住事，第五種是彼染淨事，第六種是彼差別事，第七種是能宣說事，第八種是所宣說事，第九種是諸眾會事。

「為什麼說名為二十九事？這二十九事是指依雜染品有攝諸行事；次第隨轉事；眾生在雜染和次第隨轉事中生補特伽羅想後成為當來世流轉的因事（我執想）；作法想後成為當來世流轉因事（法執想）；依清淨品有繫念於所緣事；在繫念所緣事中勤精進事；心安住事；現法樂住事；超一切苦緣的方便事；彼遍知事，這裡再有三種遍知事：遍知顛倒所依處事、遍知依有情想，於外有情中起邪行的所依處事、遍知內離增上慢的所依處事；修依處事；作證事；修習事；令彼堅固事；彼行相事；彼所緣事；善巧觀察已斷未斷煩惱事；彼散亂事；彼不散亂事；不散亂的依處事；修習劬勞加行事；修習勝利事；彼堅牢事；攝聖行事；攝聖行眷屬事；通達真實事；證得涅槃事；在善說法中、毘奈耶（調伏法）中，以世間的正見超升一切外道所得正見，成為頂上之事；及即於此不修退事，因在善說法、毘奈耶（調伏法）中不修習的緣故稱為退，沒能見到過失稱為退。

「曼殊室利！若是這樣的，我給聲聞和諸菩薩們所顯示別解脫及別解脫相應法稱為調伏。」

「世尊！菩薩別解脫有幾相所攝？」

「善男子！這裡應當知道有七相所攝：第一種是宣說受戒的軌則事；第二種是宣說違犯重罪的隨順他勝事；第三種宣說違犯輕罪的隨順毀犯事；第四種是宣說有犯自性；第五種是宣說無犯自性；第六種是宣說發露懺悔及出所犯之法；第七種是宣說捨去戒律儀相。

【注釋】

❶「一者聽聞事」至「四者菩提事」四句：《顯揚聖教論》中說聞為聽聞十二分教；歸趣中三最勝歸依指謂佛、法、僧三種歸趣；修學中三學指戒、定、慧等三學。菩提指三菩提即聲聞菩提、獨覺菩提、無上正等菩提。

❷「一者施設有情事」至「九者諸眾會事」數句：「有情事」指五取蘊；「受用事」指十二處；「生起事」指十二緣生；「生已住事」指四食；「染淨事」指四聖諦；「差別事」指無量界；「能宣說事」指佛和諸佛弟子；「所宣說事」指四念住等的菩提分法；「眾會事」指八眾：一、剎帝力眾，二、婆羅門眾，三、長者眾，四、沙門眾，五、四大天王眾，六、三十三天眾，七、焰摩天眾，八、梵天眾。

❸現法樂住事：指四事定。謂得六神通已於現世中安樂而住。

❹令彼堅固事：是指真見道。又有一種解說，謂由獲得見道為緣，永不退轉為異生故名為令彼見道堅固事。

❺彼行相事：即有相見道。

❻彼所緣事：是說有相見道之所緣境事。

❼已斷未斷觀察善巧事：指有相見道，已斷見所斷的煩惱，於修所斷煩惱尚未斷時的所有觀察。

❽彼散亂事：指修道時，不依聞思二慧斷除三界修所斷煩惱的加行遠道。

❾ 彼不散亂事：指住定時，所有其他心、心所等皆不散亂。

❿ 不散亂依處事：指專持正定行相，因作為慧依處的緣故所以稱為依處。

⓫ 修習劬勞加行事：謂斷除欲界修所斷煩惱的無間道和解脫道。

⓬ 修習勝利事：指斷除色界修所斷煩惱的無間道及解脫道。

⓭ 彼堅牢事：指斷除無色界修所斷煩惱之無間道，亦即金剛喻定。

⓮ 「謂依雜染品有攝諸行事」至「及即於此不修退事」數句：以上二十九事，前四事是依雜染品說為四：一、說五蘊，二、說十二緣生，三、說我執，四、說法執。有繫念於所緣事者以下是第二依清淨品說有二十五事，其中分二：第一宣說「四種世間清淨事者」，即說聞慧、說思慧、說加行定、說四事定。超一切苦緣方便事以下，是第二說二十一種出世間清淨事，這又分為六：一、明依一事說順解脫分，二、明依四事說順抉擇分，三、明依四事說見道，四、明依六事說修道，五、明依四事說無學道，六、明依二事說殊勝及非殊勝。

⓯ 別解脫：是七眾所受律儀戒法皆名別解脫。其中差別，即二乘所受唯於身語七支安立為體，菩薩則總於身等三業安立為體。一切有部的諸教典中認為八眾初受律儀時之表色別別棄捨各種惡故，而立別解脫及業道名。

⓰ 宣說受軌則事：宣說受戒軌則。

⓱ 宣說隨順他勝事：指如果有違犯四種重罪，則其定被他勝煩惱所制伏。他勝處法共有四種，如

《瑜伽師地論》中說：「若諸菩薩，為欲貪求利養恭敬，自讚毀他。及性慳吝故，於諸有情不施財法。由忿恨故捶打有情，發粗惡言，謗菩薩藏，宣說邪法等四種他勝處法。」其論還說斷命、不與取、邪淫、妄語、酤酒及說他過失等也是他勝處。

⑱ 宣說隨順毀犯事：此指前說重罪以外其他輕罪，如《梵網經》所說四十八種輕罪及《瑜伽師地論》所說各種輕罪。

⑲ 宣說有犯自性：宣說有犯自性相，有犯自性指有犯有所違越罪。

⑳ 宣說無犯自性：即宣說無制罪，如果彼心增上狂亂，或重苦受之所逼切，或未曾受淨戒律儀，這樣一切都無違犯。《瑜伽師地論》中還加上了加初修業者。

㉑ 宣說出所犯：即宣說發露懺罪及出所犯之法。

㉒ 宣說捨律儀：即宣說捨律儀相。

「曼殊室利！若於是處，我以十一種相決了、分別、顯示諸法，是名本母。何等名為十一種相？一者世俗相，二者勝義相，三者菩提分法所緣相，四者行相，五者自性相，六者彼果相，七者彼領受開示相，八者彼障礙法相，九者彼隨順法相，十者彼過患相，十一者彼勝利相。

「世俗相者當知三種：一者宣說補特伽羅故，二者宣說遍計所執自性故，三者宣說諸法作用事業故。

「勝義相者，當知宣說七種真如故。

「菩提分法所緣相者，當知宣說遍一切種所知事故。

「行相者，當知宣說八行觀故。云何名為八行觀耶？一者諦實故，二者安住故，三者過失故，四者功德故，五者理趣故，六者流轉故，七者道理故，八者總別故。諦實者，謂諸法真如。安住者，謂或安立補特伽羅，或復安立諸法遍計所執自性，或復安立一向、分別、反問、置記❶，或復安立隱密、顯了記別差別。過失者，謂我宣說諸雜染法有無量門差別過患。功德者，謂我宣說諸清淨法有無量門差別勝利。理趣者，當知六種：一者真義理趣❷，二者證得理趣，三者教導理趣，四者遠離二邊理趣，五者不可思議理趣❸，六者意趣理趣。流轉者，所謂三世、三有為相及四種緣。道理者，當知四種：一者觀待道理，二者作用道理，三者證成道理，四者法爾道理。觀待道理者，謂若因若緣能生諸行及起隨說，如是名為觀待道理❹。作用道理者，謂若因若緣能得諸法，或能成辦，或復生已作諸業用，如是名為作用道理。證成道理者，謂若因若緣能令所立、所說、所標義得成立，令正覺悟，如是名為證成道理❺。又此道理略有二種：一者清淨，二者不清淨。由五種相名為清淨，由七種相名不清淨。云何由五種相名為清淨？一者現見所得相，二者依止現見所得相，三者自類譬喻所引相，四者圓成實相，五者善清淨言教相。現見所得相者，謂一切行皆無常性、一切行皆是苦性、一切法皆無我性，此為世間現量所得，如是等類是名現見所得相。依止現見所得相者，謂一切行皆剎那性、他世有性、淨不淨業無失壞性，由彼能依粗無常性現可得故，由諸有情種種差別依種種業現可得故，由諸有情若樂若苦、淨不淨業以為依止現可得故，由此因緣於不現見可為比度，如是等類是名依止現見所得相。自類譬喻所引相者，謂於內外諸行聚中，引諸世間共所了知所得生死以為譬喻，引諸世間共所了知所得生等種種苦相以為譬喻，引諸世間共所了知所得不自在相以為譬喻，又復於外引諸世間共所了知所得衰盛以為譬喻，如是等類當知是名自類譬喻所引相。圓成實相者，謂即如是現見所得相、若依止現見所得相、若自類譬喻所得相，於所成立決定能成，當知是名圓成實相。善清淨言教相者，謂一切智者之所宣說，如言涅槃究竟寂靜，如是等類當知是名善清淨言教相。善男子！是故由此五種相故，名善觀察清淨道理，由清淨故應可修習。」

曼殊室利菩薩復白佛言：「世尊！一切智者相❻，當知有幾種？」

佛告曼殊室利菩薩曰：「善男子！略有五種：一者若有出現世間，一切智聲無不普聞，二者成就三十二種大丈夫相，三者具足十力，能斷一切眾生一切疑惑，四者具足四無所畏宣說正法，不為一切他論所伏，而能摧伏一切邪論，五者於善說法毘奈耶中，八支聖道、四沙門等皆現可得。如是生故、相故、斷疑網故、非他所伏能伏他故、聖道沙門現可得故，如是五種當知名為一切智相。

「善男子！如是證成道理由現量故、由比量故、由聖教量故❼，由五種相名為清淨。

「云何七種相名不清淨？一者此餘同類可得相，二者此餘異類可得相，三者一切同類可得相，四者一切異類可得相，五者異類譬喻所得相，六者非圓成實相，七者非善清淨言教相❽。若一切法意識所識性，是名一切同類可得相。若一切法相、性、業、法、因果異相❾，由隨如是一一異相決定展轉各各異相，是名一切異類可得相❿。善男子！若於此餘同類可得相及譬喻中，有一切異類相者，由此因緣，於所成立非決定故，是名非圓成實相；又於此餘異類可得相及譬喻中，有一切同類相者，由此因緣於所成立不決定故，是名非圓成實相。非圓成實故，非善觀察清淨道理，不清淨故不應修習。若異類譬喻所引相，若非善清淨言教相，當知體性皆不清淨。

「法爾道理者，謂如來出世、若不出世，法性安住、法住、法界⓫，是名法爾道理。

「總別者，謂先總說一句法已，後後諸句差別分別究竟顯了。

「自性相者，謂我所說有行有緣所有能取菩提分法，謂念住等，如是名為彼自性相。

「彼果相者，謂若世間、若出世間，諸煩惱斷及所引發世出世間諸果功德，如是名為得彼果相。

「彼領受開示相者，謂即於彼以解脫智而領受之，及廣為他宣說開示，如是名為彼領受開示相。

「彼障礙法相者，謂即於修菩提分法能隨障礙諸染污法，是名彼障礙法相。

「彼隨順法相者，謂即於彼多所作法，是名彼隨順法相。

「彼過患相者，當知即彼諸障礙法所有過失，是名彼過患相。

「彼勝利相者，當知即彼諸隨順法所有功德，是名彼勝利相。」

【譯文】

「曼殊室利！若是這樣的，我以十一種相決了、分別、顯示諸法，稱名為本母。十一種相是哪些呢？第一種是世俗相；第二種是勝義相；第三種是菩提分法所緣相；第四種是行相；第五種是自性相；第六種是彼果相；第七種是彼領受開示相；第八種是彼障礙法相；第九種是彼隨順法相；第十種是彼過患相；第十一種是彼勝利相。

「世俗相應該知道有三種：第一種是宣說補特伽羅；第二種是宣說遍計所執自性；第三種是宣說諸法作用事業。

「勝義相應該知道是指宣說七種真如。

「菩提分法所緣相應當知道是宣說遍一切種所知事。

「行相應當知道是指宣說八行觀。怎麼稱為八行觀呢？八行觀是指：第一種是諦實；第二種是安住；第三種是過失；第四種是功德；第五種是理趣；第六種是流轉；第七種是道理；第八種是總別。諦實指諸法真如。安住指安立補特伽羅或安立諸法遍計所執自性，或安立一向、分別、反問、置記，或安立隱密、顯了記別差別。過失指我所宣說的諸雜染法有無量門的差別過患。功德是指我宣說的諸清淨法有無量門的差別勝利。理趣應該知道還分六種：第一種是真義理趣；第二種是證得理趣；第三種是教導理趣；第四種是遠離二邊理趣；第五種是不可思議理趣；第六種是意趣理趣。流轉是指三世、三世有為相和四種緣。道理應當知道再分為四種：第一種是觀待道理；第二種是作用道理；第三種是證成道理；第四種是法爾道理。觀待道理是指諸因諸緣的勢力，生起諸行，諸行生起時要觀待諸因諸緣，以及對此隨起言說時要以名身、句身、文身等觀待諸行而起，這樣稱為觀待道理。作用道理是指諸因諸緣具足而能得諸法或者能成辦或諸法生起後能有諸業用，這樣稱為作用道理。證成道理是指對於諸因諸緣能夠使所安立的宗義，所說立義的依據，解釋先所說的立義獲得成立，由此還能令人生起正確的覺悟。又證成道理略有二種：第一種是清淨；第二種是不清淨。這裡有五種相稱為清淨，有七種相稱為不清淨。是由哪五種相稱為清淨呢？第一種是現見所得相；第二種是依止現見所得相；第三種是自類譬喻所引相；第四種是圓成實相；第五種是善清淨言教相。現見所得相是指一切行都是無常性；一切行都是苦性；一切法都是無我性。這些是世間的現量可以見到的，因此如是等類稱為現見所得相。依止現見所得相是指一切行都是剎那性；他世有性；淨不淨業沒有失壞。由現見粗的無常性，可以推出一切行都是微細生滅的剎那性；由現見諸有情種種差別都是依於過去的種種業，可以推出因現在所作的業能所引發未來世果的存在；由現見諸有情因依止淨不淨業的緣故而有或樂或苦，可以推出淨不淨業不會失壞性。由於這些原因，對於不可見相可以透過現見所得相來比量推度了知，如是等類稱名為依止現見所得相。所謂的自類譬喻所引相，是指在內在有情和外在非有情的諸行所彙聚中，內有情中，引以諸世間都所了知的內有情生命都有生死作為譬喻；引以諸世間都所了知內有情都有生等種種苦相作為譬喻；引以諸世間共所了知的內有情所得不自在以為譬喻；又再在外非有情中，引諸世間共所了知的所得有衰盛以為譬喻。像這樣等類，應當知道稱為自類譬喻所引相。圓成實相是指按如上所說的現見所得相、依止現見所得相、自類譬喻所得相，對於所要成立的道理決定能成，應該知道這樣稱為圓成實相。善清淨言教相是指一切智者所宣說的，如說涅槃究竟寂靜，這樣的言教應當知道稱為善清淨言教相。善男子！這樣五種相稱為善觀察清淨道理。因為是清淨的，應予以修習。」

曼殊室利菩薩再問佛陀說：「世尊！以上提到的一切智者相，應該知道的有幾種呢？」

佛陀告訴曼殊室利菩薩說：「善男子！一切智者的相略說有五種：第一種是如果有一切智者出現世間，其一切智的名聲天上天下無不普聞，第二種是成就三十二種大丈夫相，第三種是具足十力，能斷一切眾生的一切疑惑；第四種是具足四無所畏宣說正法，不被一切他論所伏，而且能夠摧伏一切邪論；第五種是在其善說法、毘奈耶（調伏法）中，八支聖道、四沙門果等都現前可獲得。這樣的出生、相、斷疑網、非他所能伏他、聖道沙門現可得五種相應當知道稱為一切智相。

「善男子！這樣的證成道理由現量、比量、聖教量的緣故，由五種相稱為清淨。

「哪七種相稱為不清淨呢？第一種是此餘同類可得相；第二種是此餘異類可得相；第三種是一切同類可得相；第四種是一切異類可得相；第五種是異類譬喻所得相；第六種是非圓成實相，第七種是非善清淨言教相。一切法的意識所識性稱為一切同類可得相；一切法的相、性、業、法、因果互相觀待彼此不同，隨著這些的一一異相決定展轉後的各各異相，稱為一切異類可得相。善男子！如在以上的同類可得相和譬喻中，有一切異類相，由於這樣的原因，對所要成立的道理非決定的緣故，這樣稱為非圓成實相。又在以上說的餘異類可得相和譬喻中，有一切同類相，由於這樣的原因，對於所要成立的道理不決定的緣故，這樣稱為非圓成實相。因為是非圓成實的緣故，所以不是善觀察清淨道理，因不清淨的緣故不應該修習。像異類譬喻所引相如果不是善清淨言教相，應該知道體性都不清淨。

「所謂的法爾道理是指不管如來出世或不出世，法性安住、法住、法界，這樣稱為法爾道理。

「總別是指先總說一句法，後面諸句差別、分別地究竟顯了前面的總句。

「自性相是指我所說的有緣境的行相和能緣的自體，所有能取的菩提分法，如四念住等，這些稱為彼自性相。

「彼果相是指於世間中或出世間中，依與前所說的菩提分法的自性相，斷諸煩惱和由斷煩惱所引發的世出世間諸果的功德，這稱為得彼果相。

「彼領受開示相是指對於前說的斷煩惱和由斷煩惱所引發的世出世間功德，以解脫智領受之，並廣為他人宣說開示，這樣稱為領受開示相。

「彼障礙法相是指在修菩提分法時，能隨作障礙的諸染污法，稱為彼障礙法相。

「彼隨順法相是指對於菩提分法能夠多所作法，稱為彼隨順法相。

「對於彼過患相，應該知道，就是指諸障礙修菩提分法的諸染污法的所有過失稱為彼過患相。

「對於彼勝利相，應該知道，就是指隨順法的所有功德稱為彼勝利相。」

【注釋】

❶ 一向：即「一向記」。如有問：「一切生者決定滅耶？佛法僧良福田耶？」這樣的問應一向記，此義是決定的緣故。分別：即「分別記」。如有問：「一切滅者定更生耶？佛法僧寶唯一有耶？」這樣的問應分別記，此義是不定的緣故。反問：即「反問記」。如有問：「菩薩十地為上為下？佛法僧寶為勝為劣？」這樣的等問應反問記：「汝望何問？」置記：即「默置記」，如有問：「實有性我為善為惡？石女兒色為黑為白？」這樣的問應默置記，不應記，因為應記的話會增長戲論。

❷ 真義理趣：《顯揚聖教論》由離二邊理趣解釋「真義理趣」，離二邊理趣者略有六種：一、遠離於不實有而妄執為真實有之增益邊；二、遠離於真實有而妄執為不實有之損減邊；三、遠離執常邊；四、遠離執斷邊；五、遠離受用欲樂邊；六、遠離受用自苦邊。

❸不可思議理趣：《顯揚聖教論》說有六種不可思議事：一、我不可思議，二、有情不可思議，三、世間不可思議，四、一切有情業報不可思議，五、證靜慮者及靜慮境界不可思議，六、諸佛及諸佛境界不可思議。

❹觀待道理：在《瑜伽師地論》中說有兩種觀待，一、生起觀待，二、施設觀待。「生起觀待者，謂由諸因諸緣勢力，生起諸蘊。此蘊生起要當觀待諸因諸緣。施設觀待者，謂由名身、句身、文身，施設諸蘊。此蘊施設，要當觀待名身、句身、文身。是名於蘊生起觀待，施設觀待。即此生起觀待、施設觀待，生起諸蘊施設諸蘊，說名道理。」

❺證成道理：《瑜伽師地論》透過三量來說證成道理：「謂於一切蘊皆是無常，或眾緣所生，或苦、空、無我等義，由三量故，謂由至教量故、由現量故、由比量故，如實觀察。諸有智者於證成道理，心正喜悅，由三量故，能於諸蘊皆無常性，或眾緣生性，或苦性、空性及無我性安置成立。如是等名證成道理。」

❻一切智：《瑜伽師地論》中說，一切智是證知一切之智。於一切界、一切事、一切品、一切時智無礙轉稱名為「一切智」。

❼現量：又稱「真現量」，乃指對境時無任何分別籌度之心，各各逼附自體，顯現分明，照了量知。亦即由五官能力直接覺知外界之現象者；此一覺知乃構成知識之最基礎來源。比量：乃由既知之境比附量度，而能正確推知未現前及未知之境。聖教量：為一切智所說之言教，或從其聞，

或隨其法，其中又分：不違聖言，佛自說經教，輾轉流布，不違正法、正義；能治雜染，善修此法，能永調伏貪癡等煩惱；不違法相，不於一切離言法中建立言說。

❽「云何七種相」至「七者非善清淨言教相」數句：此經所說七種相中，前五種相即是《因明正理門論》所說六不定中前五種，《因明正理門論》中第六相是違決定。

❾若一切法相、性、業、法、因果異相：相比量，指由現在，或先所見隨其所有相狀相屬，推度境界。業比量，指以作用比業所依。法比量，指以此相鄰相屬法，比餘相鄰相屬法。因果比量，指以因果輾轉相比。在《瑜伽師地論》中說，比量指與思擇俱，已思、應思所有境界。這裡有五種：一、相比量，二、體比量，三、業比量，四、法比量，五、因果比量。

❿一切異類可得相：此處指一切法、相、性、業等互相觀待，彼此不同，因此稱為「一切異類」。例如聲上的所聞性等只是聲上有，非是宗法上有，因此其名因。彼所聞聲，只是宗法上有，沒有同喻。因之異類如閃電上有非所聞相，稱為「一切異類可得相」。

⓫法性：是諸緣起，無始時來，理成就性，稱為「法性」。法住：如成就性，以無顛倒文句安立，是名「法住」。法界：由法住，以彼法性為因，是故說彼名為「法界」。

曼殊室利菩薩白佛言：「惟願世尊為諸菩薩略說契經、調伏、本母不共外道陀羅尼義，由此不共陀羅尼義，令諸菩薩得入如來所說諸法甚深密意。」

佛告曼殊室利菩薩曰：「善男子！汝今諦聽！吾當為汝略說不共陀羅尼義，令諸菩薩於我所說密意言辭能善悟入。善男子！若雜染法、若清淨法，我說一切皆無作用，亦都無有補特伽羅，以一切種離所為故，非雜染法先染後淨，非清淨法後淨先染。凡夫異生於粗重身執著諸法、補特伽羅自性、差別❶，隨眠妄見以為緣故計我我所，由此妄謂我見、我聞、我嗅、我嘗、我觸、我知、我食、我作、我染、我淨如是等類邪加行轉，若有如實知如是者，便能永斷粗重之身，獲得一切煩惱不住，最極清淨，離諸戲論，無為依止，無有加行。善男子！當知是名略說不共陀羅尼義。」

爾時，世尊欲重宣此義復說頌曰：

「一切雜染清淨法，皆無作用數取趣，
由我宣說離所為，染污清淨非先後，
於粗重身隨眠見，為緣計我及我所，
由此妄謂我見等，我食我為我染淨。
若如實知如是者，乃能永斷粗重身，
得無染淨無戲論，無為依止無加行。」

【譯文】

曼殊室利菩薩對佛陀說：「希望世尊能為諸菩薩略說契經、調伏、本母三者不共外道的總持陀羅尼義，由這不共總持陀羅尼義可以使菩薩得入如來所說的諸法甚深密意。」

佛陀告訴曼殊室利菩薩說：「善男子！你現在諦聽！我應當為你略說不共陀羅尼義，使諸菩薩對我所說的密意言辭能善悟入。善男子！對於雜染法、對於清淨法我說一切皆沒有作用，也沒有補特伽羅，因一切種離所為的緣故。雜染法不是先染後可轉淨的，清淨法也不是後轉淨先前是染垢的。凡夫眾生於有漏五蘊的粗重身起執著諸法、補特伽羅有自性差別，這是由於凡夫眾生以隨眠種子和妄見以為緣而遍計有我和我所，並由此妄見而認為有我見、我聞、我嗅、我觸、我知、我食、我作、我染、我淨這樣等類的邪加行轉。如果能如實地知道這樣的道理，便能永斷煩惱的粗重之身，獲得一切煩惱不住，最極清淨，離諸戲論，無為依止，無有加行。善男子！應當知道這是略說不共陀羅尼義。」

這時，世尊佛陀想重新宣說以上教義再說頌為：

「一切雜染清淨法，皆無作用數取趣，
由我宣說離所為，染污清淨非先後，
於粗重身隨眠見，為緣計我及我所，
由此妄謂我見等，我食我為我染淨。
若如實知如是者，乃能永斷粗重身，

得無染淨無戲論，無為依止無加行。」

【注釋】

❶異生：由執各種異見而生。粗重身：示癡所緣境，意為有漏五蘊是由二障所引的，粗重隨行，因此稱為「粗重身」。

爾時，曼殊室利菩薩摩訶薩復白佛言：「世尊！云何應知諸如來心生起之相？」

佛告曼殊室利菩薩曰：「善男子！夫如來者，非心意識生起所顯，然諸如來有無加行心法生起，當知此事猶如變化。」

曼殊室利菩薩復白佛言：「世尊！若諸如來法身遠離一切加行❶，既無加行，云何而有心法生起？」

佛告曼殊室利菩薩曰：「善男子！先所修習方便般若加行力故有心生起。善男子！譬如正入無心睡眠，非於覺悟而作加行，由先所作加行勢力而復覺悟；又如正在滅盡定中，非於起定而作加行，由先所作加行勢力還從定起。如從睡眠及滅盡定心更生起，如是如來由先修習方便般若加行力故，當知復有心法生起。」

曼殊室利菩薩復白佛言：「世尊！如來化身當言有心、為無心耶❷？」

佛告曼殊室利菩薩曰：「善男子！非是有心、亦非無心。何以故？無自依心故，有依他心故❸。」

曼殊室利菩薩復白佛言：「世尊！如來所行、如來境界，此之二種有何差別？」

佛告曼殊室利菩薩曰：「善男子！如來所行，謂一切種如來共有不可思議無量功德，眾所莊嚴清淨佛土。如來境界，謂一切種五界差別。何等為五？一者有情界，二者世界，三者法界，四者調伏界，五者調伏方便界。如是名為二種差別。」

曼殊室利菩薩復白佛言：「世尊！如來成等正覺、轉正法輪、入大涅槃，如是三種當知何相？」

佛告曼殊室利菩薩曰：「善男子！當知此三皆無二相，謂非成等正覺、非不成等正覺，非轉正法輪、非不轉正法輪，非入大涅槃、非不入大涅槃。何以故？如來法身究竟淨故，如來化身常示現故。」

曼殊室利菩薩復白佛言：「世尊！諸有情類但於化身見聞奉事生諸功德，如來於彼有何因緣？」

佛告曼殊室利菩薩曰：「善男子！如來是彼增上所緣之因緣故，又彼化身是如來力所住持故。」

曼殊室利菩薩復白佛言：「世尊！等無加行，何因緣故如來法身為諸有情放大智光，及出無量化身影像？聲聞、獨覺解脫之身無如是事？」

佛告曼殊室利菩薩曰：「善男子！譬如等無加行從日月輪水火二種頗胝迦寶放大光明，非餘水火頗胝迦寶，謂大威德有情所住持故，諸有情業增上力故；又如從彼善工業者之所雕飾末尼寶珠出印文像，不從所餘不雕飾者。如是緣於無量法界方便般若極善修習，磨瑩集成如來法身，從是能放大智光明，及出種種化身影像，非惟從彼解脫之身有如斯事。」

曼殊室利菩薩復白佛言：「世尊！如世尊說，如來、菩薩威德住持，令諸眾生於欲界中生剎帝力、婆羅門等大富貴家，人身、財寶無不圓滿，或欲界天、色、無色界一切身財圓滿可得。世尊！此中有何密意？」

佛告曼殊室利菩薩曰：「善男子！如來菩薩威德住持，若道、若行於一切處能令眾生獲得身財皆圓滿者，即隨所應為彼宣說此道此行，若有能於此道此行正修行者，於一切處所獲身財無不圓滿。若有眾生於此道行違背輕毀，又於我所起損惱心及瞋恚心，命終已後於一切處所得身財無不下劣。曼殊室利！由是因緣當知如來及諸菩薩威德住持，非但能令身財圓滿，如來菩薩住持威德，亦令眾生身財下劣。」

【譯文】

這時，曼殊室利大菩薩再問佛陀說：「世尊！諸如來心生起之相是如何的？」

佛陀告訴曼殊室利菩薩說：「善男子！如來心的生起不是心意識生起所顯的，然而如來有無加行的心法生起，應當知道這事猶如變化一樣。」

曼殊室利菩薩再問佛陀說：「世尊！如果諸如來法身遠離一切加行，既然沒有加行，那為什麼說有心法生起？」

佛陀告訴曼殊室利菩薩說：「善男子！這是由於先前所修習方便般若加行力的緣故而有心自然生起。善男子！這好像正入無心睡眠的人，不是在睡眠中作覺醒的加行，而是由於睡前所作的加行勢力而使其覺醒；這又像有情正在滅盡定中，其在定中不作起定的加行，是由於入滅盡定之前所作的加行勢力使其從滅盡定出。像從睡眠和滅盡定中的心再生起一樣，如來由於先前修習的方便般若加行力的緣故，應當知道再有心法生起。」

曼殊室利菩薩再問佛陀說：「世尊！如來的化身應當說是有心的還是無心的？」

佛陀告訴曼殊室利菩薩說：「善男子！這既不是有心也不是無心。為什麼這麼說呢？這是因為沒有自依心，而有依他心的緣故。」

曼殊室利菩薩再問佛陀說：「世尊！如來所行和如來境界，這二種有什麼差別？」

佛陀告訴曼殊室利菩薩說：「善男子！如來所行是指一切種如來共有的不可思議的無量功德，眾所莊嚴清淨的佛土。如來境界是指一切種的五界差別。是哪五種呢？第一種是有情界；第二種是世界；第三種是法界；第四種是調伏界；第五種是調伏方便界。這樣稱為五種差別。」

曼殊室利菩薩再問佛陀說：「世尊！如來成等正覺，轉正法輪，入大涅槃這樣三種應當知道是什麼相呢？」

佛陀告訴曼殊室利菩薩說：「善男子！應當知道這三種都是無二相，是非成等正覺、非不成等正覺，非轉正法輪、非不轉正法輪，非入大涅槃、非不入大涅槃。為什麼呢？這是由於如來法身究竟清淨，而如來化身常示現的原因。」

曼殊室利菩薩再問佛陀說：「世尊！諸有情眾生只是看到如來的化身，聽聞佛法，對於如來化身供養、奉事等從而生諸功德，那麼如來對彼眾生有何因緣呢？」

佛陀告訴曼殊室利菩薩說：「善男子！如來具有作有情眾生增上所緣的因緣，而且那能使有情眾生生出諸功德的如來化身是如來力所住持的。」

曼殊室利菩薩再問佛陀說：「世尊！如來法身和聲聞獨覺的解脫身都沒有加行，那麼是什麼原因如來法身能為諸有情放大智光，並能出無量的化身影像，而聲聞、獨覺解脫身則沒有？」

佛陀告訴曼殊室利菩薩說：「善男子！這譬如日月輪的水火二種頗胝迦寶與其他水火頗胝迦寶一樣是沒有加行的，但是日月輪的水火二種頗胝迦寶能放出大光明，而其他水火頗胝迦寶則不能放出大光明，這是因為日月輪中有大威德的有情所住持的緣故，還有世間諸有情殊勝增上業力的因緣，能感得光明。又譬如能從經過具有善巧技術的工匠雕飾過的末尼寶珠會現出印文的像出來，而其餘的末尼寶珠則顯不出來。如來法身正是如此，其之前緣於無量法界方便般若極善修習，才磨瑩集成如來法身，從這樣的如來法身能放出大智光明，和現種種化身影像，因此，於二乘解脫身則見不到這樣的功德事。」

曼殊室利菩薩再問佛陀：「世尊！像世尊所說，因如來、菩薩威德住持的緣故，能使諸眾生在欲界中生於剎帝力、婆羅門等的大富貴家，人身和財寶無不圓滿，或者生於欲界天，色界天，無色界天中，可得一切身財圓滿。世尊！這裡面有什麼密意？」

佛陀告訴曼殊室利菩薩說：「善男子！如來、菩薩威德住持，如能按教授的若道、若行而奉行的話，則能使得眾生於一切處中獲得身財皆圓滿。就是說，如來隨眾生所應而宣說此道此行，眾生如果聽了後能按此道此行正修行的話，那麼其生於一切處所獲身財無不圓滿。假使有眾生不僅不按此道此行修行，而且違背輕毀此道此行，並對我生起損惱心和瞋恚心，此類眾生命終以後再生於一切處所得身財都是下劣不圓滿的。曼殊室利！由這樣的因緣，應當知道如來和諸菩薩威德住持，不但能使眾生所得身財圓滿，而且如來菩薩住持威德，也能使眾生所得身財下劣。」

【注釋】

❶ 法身：佛的自性真身。是大小乘諸家通用的名稱。因此隨諸家所說而有種種不同內容。小乘諸部對佛所說之教法及其所詮之菩提分法、佛所得之無漏功德法等，皆稱為「法身」。如小乘家立

戒、定、慧、解脫、解脫知見的「五分法身」。大乘則除此之外，別以佛之自性真如淨法界，稱為「法身」，謂法身即無漏無為、無生無滅。此處有的以如來圓滿受用身者為解釋。

❷化身：乃佛為利益地前凡夫等眾生而變現種種形相之身。

❸自依心：指見分心，自己緣慮是依見分種子而生起故。依他心：指相分心，依見分心而得生起，不作緣慮故。

曼殊室利菩薩復白佛言：「世尊！諸穢土中何事易得、何事難得？諸淨土中何事易得、何事難得？」

佛告曼殊室利菩薩曰：「善男子！諸穢土中八事易得，二事難得。何等名為八事易得？一者外道，二者有苦眾生，三者種姓家世興衰差別，四者行諸惡行❶，五者毀犯尸羅❷，六者惡趣，七者下乘，八者下劣意樂加行菩薩❸。何等名為二事難得？一者增上意樂加行菩薩之所遊集❹，二者如來出現於世。曼殊室利！諸淨土中與上相違，當知八事甚為難得，二事易得。」

爾時，曼殊室利菩薩摩訶薩白佛言：「世尊！於是解深密法門中此名何教？我當云何奉持？」

佛告曼殊室利菩薩摩訶薩曰：「善男子！此名如來成所作事了義之教，於此如來成所作事了義之教汝當奉持！」

說是如來成所作事了義教時，於大會中有七十五千菩薩摩訶薩皆得圓滿法身證覺❺。

【譯文】

曼殊室利菩薩再問佛陀說：「世尊！諸穢土中什麼事易得、什麼事難得？諸淨土中什麼事易得、什麼事難得？」

佛陀告訴曼殊室利菩薩說：「善男子！諸穢土中有八事易得而二事難得。是哪八事呢？第一種是外道；第二種是有苦眾生；第三種是種姓家世興衰差別；第四種是行諸惡行；第五種是毀犯尸羅；第六種是惡趣；第七種是下乘；第八種是下劣意樂加行菩薩。是哪二事難得呢？第一種是具有增上意樂加行的眾菩薩遊集；第二種是如來出現於世。曼殊室利！在諸淨土中剛好與穢土中相違，應當知道也有相應的八事甚為難得，而二事易得。」

這時，曼殊室利大菩薩再問佛陀說：「世尊！在這解深密法門中，此稱為什麼教授？我應當奉持什麼？」

佛陀告訴曼殊室利大菩薩說：「善男子！此教授稱為如來成所作事了義之教，對於這如來成所作事了義之教你應當奉持！」

在佛陀宣說此如來成所作事了義教時，在大會中，有七十五千大菩薩都獲得了圓滿法身證覺。

【注釋】

❶ 行諸惡行：未受律儀的補特伽羅所有罪行都稱為「行諸惡行」。

❷ 毀犯尸羅：已受律儀的補特伽羅所有違犯戒律者都稱為「毀犯尸羅」。

❸ 下劣意樂：地前所有初發低劣心稱為「下劣意樂」。

❹ 增上意樂加行菩薩：指初地以上的菩薩。

❺ 法身證覺：此處指獲得十地因圓滿法身，尚未獲得微妙正遍覺果圓滿法身。

附錄

《解深密經》總綱：

- 解深密經
  - 境——勝義了義之教
    - 勝義諦相品（勝義境）般若真空
    - 心意識相品（世俗境）、一切法相品（有性境）——唯識法相
    - 無自性相品（無性境）空有雙融，回歸中道
  - 行
    - 瑜伽了義之教　分別瑜伽品
    - 地波羅蜜多了義之教　地波羅蜜多品
  - 果
    - 如來成所作事了義之教　如來成所作事品

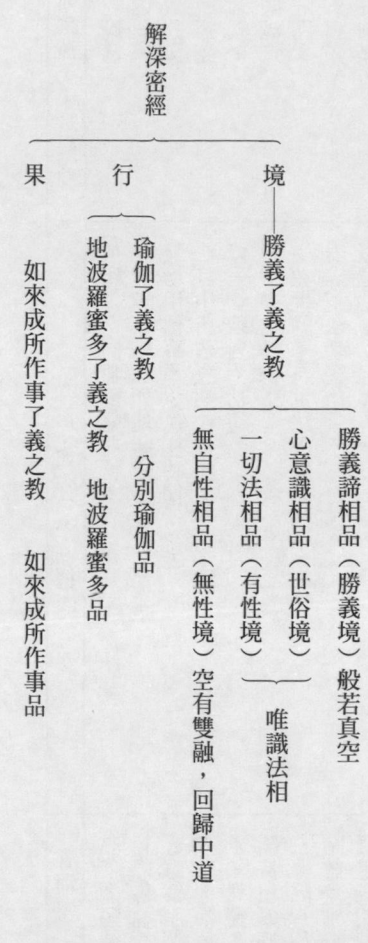

如來淨土十八圓滿

顯色圓滿，
形色圓滿，
分量圓滿，
方所圓滿，
因圓滿，
果圓滿，
主圓滿，
輔翼圓滿，
眷屬圓滿，
任持圓滿，
事業圓滿，
攝益圓滿，
無畏圓滿，
住處圓滿，
路圓滿，
乘圓滿，
門圓滿，
依持圓滿。

如來二十一德

於所知一向無障轉功德；
有無無二相真如最勝清淨能入功德；
無功用佛事不休息住功德；
法身中所依意樂作業無差別功德；
修一切障對治功德；
降伏外道功德；
生在世間不為世法所礙功德；
安立正法功德；
授記功德；
一切世界示現受用變化身功德；
斷疑功德；
令入種種行功德；
當來法生遍智功德；
如其勝解示現功德；
無量所依調伏有情加行功德；
平等法身波羅蜜多成滿功德；
隨其勝解示現差別佛土功德；
三種佛身方處無分限功德；
窮生死際常現利益安樂一切有情功德；無盡功德；
究竟功德。

聲聞眾十三德

心善調順德；
紹隆佛種德；
心慧解脫德；
戒善清淨德；
求法樂德；
聞持積集德；
三業隨智德；
諸慧差別德；
具足三明德；
現法樂住德；
勝淨福田德；
威儀寂靜德；
忍辱柔和德。

菩薩眾十大

精進大；
因大；
所緣大；
時大；
無染大；
作意大；
住持大；
清淨大；
證得大；
業大。

勝義諦相品第二

1. 一切法無二

			一切法無二的原因	
一切法	有為法	非有為	言有為 乃是本師假施設句。 若是本師假施設句， 即是遍計所集言辭所說， 若是遍計所集言辭所說， 即是究竟種種遍計言辭所說，不成實故，非是有為。	諸聖者以聖智聖見離名言故現正等覺，即於如是離言法性，為欲令他現等覺故，假立名相謂之有為
		非無為	言無為者，亦墮言辭。 （設離有為無為少有所說，其相亦爾。）	
	無為法	非無為	言無為者， 亦是本師假施設句。 若是本師假施設句， 即是遍計所集言辭所說， 若是遍計所集言辭所說， 即是究竟種種遍計言辭所說，不成實故，非是無為。	諸聖者以聖智聖見離名言故現正等覺，即於如是離言法性，為欲令他現等覺故，假立名相謂之無為。
		非有為	言有為者，亦墮言辭， （設離無為有為少有所說，其相亦爾。）	

2. 勝義超過一切尋思境相

勝義	尋思
無相所行	但行有相境界
不可言說	但行言說境界
絕諸表示	但行表示境界
絕諸諍論	但行諍論境界
由此道理當知勝義超過一切尋思境相。	

3. 勝義諦微細甚深超過諸行一異性相

假設	推論	相違和結論
若勝義諦相與諸行相都無異者	應於今時一切異生皆已見諦，又諸異生皆應已得無上方便安隱涅槃，或應已證阿耨多羅三藐三菩提。	由於今時非諸異生皆已見諦，非諸異生已能獲得無上方便安隱涅槃，亦非已證阿耨多羅三藐三菩提，是故「勝義諦相與諸行相都無異相」不應道理。

約三五過。破一異執。	若勝義諦相與諸行相一向異者	已見諦者於諸行相應不除遣，若不除遣諸行相者，應於相縛不得解脫，此見諦者於諸相縛不解脫故，於粗重縛亦應不脫，由於二縛不解脫故，已見諦者應不能得無上方便安隱涅槃，或不應證阿耨多羅三藐三菩提。	由於今時非見諦者於諸行相不能除遣，然能除遣，非見諦者於諸相縛不能解脫，然能解脫，非見諦者於粗重縛不能解脫，然能解脫，以於二障能解脫故，亦能獲得無上方便安隱涅槃，或有能證阿耨多羅三藐三菩提，是故「勝義諦相與諸行相一向異相」不應道理。
約淨共相。破一異執。	若勝義諦相與諸行相都無異者	如諸行相墮雜染相，此勝義諦相亦應如是墮雜染相。	由於今時勝義諦相非墮雜染相，諸行共相名勝義諦相，是故「勝義諦相與諸行相都無異相」不應道理。
	若勝義諦相與諸行相一向異者	應非一切行相共相名勝義諦相。	由諸行共相名勝義諦相，「勝義諦相與諸行相一向異相」不應道理。
約行無別及無我等。破一異執。	若勝義諦相與諸行相都無異者	如勝義諦相於諸行相無有差別，一切行相亦應如是無有差別，修觀行者於諸行中如其所見、如其所聞、如其所覺、如其所知不應後時更求勝義。	由於今時一切行相皆有差別、非無差別，修觀行者於諸行中如其所見、如其所聞、如其所覺、如其所知復於後時更求勝義，是故「勝義諦相與諸行相都無有異」不應道理。
	若勝義諦相與諸行相一向異者	應非「諸行唯無我性、唯無自性之所顯現是勝義相」，又應俱時別相成立，謂雜染相及清淨相。	又即「諸行唯無我性、唯無自性之所顯現名勝義相」，又非俱時染淨二相別相成立，是故「勝義諦相與諸行相『一向異』不應道理」。

十喻說：

	十喻色
色	螺貝白色一異喻 金與黃色一異喻聲
聲	箜篌聲曲一異喻香
香	黑沉與妙香一異喻味
味	胡椒辛味一異喻 訶梨淡味一異喻觸
觸	綿與柔軟一異喻 熟酥醍醐一異喻法
法	理事一異喻 煩惱性相一異喻
	如是， 勝義諦相不可施設與諸行相一相異相。

4. 勝義諦遍一切一味相

- 勝義諦遍一切一味相
  - 種種相法記別所解，為增上慢所執持故，於勝義諦遍一切一味相不能解了。
    - 六種善巧所觀境界。記別所解。
      - 一明五蘊。二類處緣生。三明四食。四明四諦。五明十八界。
    - 道品三十七法
      - 念住（四念住）正斷（四正斷）神足（四神足）諸根（五根）諸力（五力）覺支（七覺支）八聖道
  - 清淨所緣顯一味相
  - 三遍義（真如、勝義、法無我性）以辨一味
  - 離三過釋一味相

心意識相品第三

1. 心意識秘密之義

①阿陀那識，阿賴耶識，心的涵義

彼彼有情墮彼彼有情眾中，或在卵生、或在胎生、或在濕生、或在化生身分生起。

↓

於中最初一切種子心識成熟，展轉和合，增長廣大。

← 此識亦名阿陀那識。何以故？由此識於身隨逐執持故。亦名阿賴耶識。何以故？由此識於身攝受藏隱同安危義故。亦名為心。何以故？由此識色、聲、香、味、觸等積集滋長故。

↓

依二執受：
一者有色諸根及所依執受，
二者相名分別言說戲論習氣執受。
有色界中具二執受，無色界中不具二種。

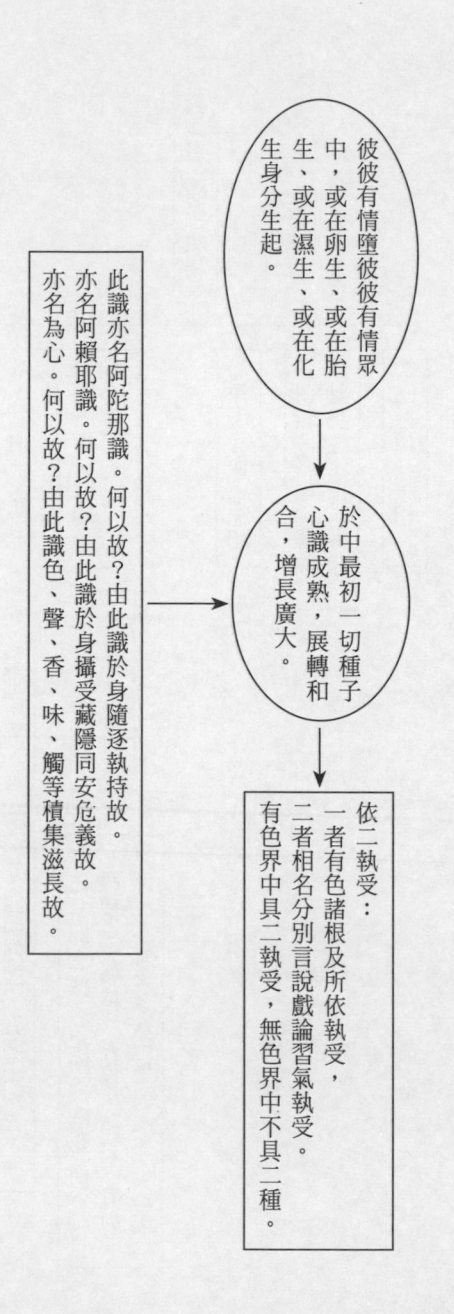

②阿陀那識與六識，五識與意識的關係

根	境	識	意識與五識關係	意識隨轉的特性
眼	色	眼及色為緣生眼識，	眼識俱隨行同時同境有分別意識轉	若於爾時一眼識轉，即於此時唯有一分別意識與眼識同所行轉，若於爾時二、三、四、五諸識身轉，即於此時唯有一分別意識與五識身同所行轉。
耳	聲	耳及聲為緣生耳識	耳識俱隨行同時同境有分別意識轉	
鼻	香	鼻以香為緣生鼻識	鼻識俱隨行同時同境有分別意識轉	
舌	味	舌以味所緣生舌識	舌識俱隨行同時同境有分別意識轉	
身	觸	身以觸為緣生身識	身識俱隨行同時同境有分別意識轉	
意				
阿陀那識為依止、為建立故六識身轉				

③以阿陀那識為依止，諸識隨轉的譬喻：

原文：譬如大暴水流，若有一浪生緣現前唯一浪轉，若二若多浪生緣現前有多浪轉，然此暴水自類恆流無斷無盡。又如善淨鏡面，若有一影生緣現前唯一影起，若二若多影生緣現前有多影起，非此鏡面轉變為影，亦無受用滅盡可得。如是廣慧，由似暴流阿陀那識為依止為建立故，若於爾時有一眼識生緣現前，即於此時一眼識轉，若於爾時乃至有五識身生緣現前，即於此時五識身轉。（譯文略）

④心意識一切秘密善巧菩薩的得名

原文：若諸菩薩於內各別如實不見阿陀那、不見阿陀那識，不見阿賴耶、不見阿賴耶識，不見積集、不見心，不見眼、色及眼識，不見耳、聲及耳識，不見鼻、香及鼻識，不見舌、味及舌識，不見身、觸及身識，不見意、法及意識，是名勝義善巧菩薩，如來施設彼為勝義善巧菩薩。廣慧！齊此名為於心意識一切秘密善巧菩薩，如來齊此施設彼為於心意識一切秘密善巧菩薩。（譯文略）

一切法相品第四

1. 三種法相

名義		眩翳過患喻	清淨頗胝迦寶喻
一者遍計所執相	謂一切法假名安立自性差別，乃至為令隨起言說。	眩翳人眼中所有眩翳過患。	如彼清淨頗胝迦上所有染色相應，依他起相上遍計所執相言說習氣當知亦爾，如彼清淨頗胝迦上所有帝青、大青、琥珀、末羅羯多、金等邪執，依他起相上遍計所執相執當知亦爾。
二者依他起相	謂一切法緣生自性，則此有故彼有，此生故彼生，謂無明緣行乃至招集純大苦蘊。	如眩翳人眩翳眾相，或髮毛輪、蜂蠅、苣藤，或復青黃赤白等相差別現前。	如彼清淨頗胝迦寶，依他起相當知亦爾。
三者圓成實相	謂一切法平等真如，於此真如，諸菩薩眾勇猛精進為因緣故、如理作意無倒思惟為因緣故乃能通達，於此通達漸漸修習，乃至無上正等菩提方證圓滿。	如淨眼人遠離眼中眩翳過患，即此淨眼本性所行無亂境界。	如彼清淨頗胝迦上所有帝青、大青、琥珀、末羅羯多、真金等相，於常常時於恆恆時無有真實、無自性性，即依他起相上由遍計所執相於常常時於恆恆時無有真實、無自性性，圓成實相當知亦爾。

2. 三相的了知：

原文：相名相應以為緣故，遍計所執相而可了知，依他起相上遍計所執相執以為緣故，依他起相而可了知，依他起相上遍計所執相無執以為緣故，圓成實相而可了知。

若諸菩薩能於諸法依他起相上，如實了知遍計所執相，即能如實了知一切無相之法，若諸菩薩如實了知依他起相，即能如實了知一切雜染相法，若諸菩薩如實了知圓成實相，即能如實了知一切清淨相法。善男子！若諸菩薩能於依他起相上如實了知無相之法，即能斷滅雜染相法，若能斷滅雜染相法，即能證得清淨相法。（譯文略）

無自性相品第五

1. 依三種無自性性，密意說言一切諸法皆無自性

三種無自性性	三性	名義	譬喻
相無自性性	遍計所執相	謂諸法遍計所執相。由假名安立為相，非由自相安立為相，是故說名相無自性性。	譬如空華，相無自性性當知亦爾
生無自性性	依他起相	謂諸法依他起相。此由依他緣力故有，非自然有，是故說名生無自性性。	譬如幻象，生無自性性當知亦爾，
勝義無自性性	依他起相	謂諸法由生無自性性故，說名無自性性，即緣生法亦名勝義無自性性。何以故？於諸法中若是清淨所緣境界，我顯示彼以為勝義無自性性。依他起相非是清淨所緣境界，是故亦說名為勝義無自性性。	譬如幻象，一分勝義無自性性當知亦爾，
	圓成實相	復有諸法圓成實相亦名勝義無自性性。何以故？一切諸法法無我性名為勝義，亦得名為無自性性，是一切法勝義諦故，無自性性之所顯故，由此因緣名為勝義無自性性。	譬如虛空，惟是眾色無性所顯，遍一切處，一分勝義無自性性當知亦爾，法無我性之所顯故，遍一切故。

2.立三種無自性性的原因：

原文：非由有情界中諸有情類，別觀遍計所執自性為自性故，亦非由彼別觀依他起自性及圓成實自性為自性故，我立三種無自性性，然由有情於依他起自性及圓成實自性上增益遍計所執自性故，我立三種無自性性。（譯文略）

3. 一乘妙清淨道的原理：

若諸有情從本已來
未種善根、
未清淨障、
未成熟相續、
未多修勝解、
未能積集福德、智
慧二種資糧。

→ 佛陀為彼依生無自性性宣說諸法，

→ 彼聞是已，能於一切緣生行中，
隨分解了無常無恆是不安隱變壞法已，
於一切行心生怖畏、深起厭患，
心生怖畏深厭患已，遮止諸惡，
於諸惡法能不造作，
於諸善法能勤修習，
習善因故
未種善根能種善根（十信前種解脫分善根位）、
未清淨障能令清淨（十信位）、
未成熟相續能令成熟（十解位），
由此因緣多修勝解（十行位），
亦多積集福德、智慧二種資糧（十回向位）。

→ 彼雖如是種諸善根，乃至積集福德智慧二種資糧，然於生無自性性中，未能如實了知相無自性性及二種勝義無自性性，於一切行
未能正厭、
未正離欲、
未正解脫、
未遍解脫煩惱雜染、
未遍解脫諸業雜染、
未遍解脫諸生雜染。

→ 如來為彼更說法要，謂相無自性性及勝義無自性性

→ 為欲令其於一切行能
正厭故、
正離欲故、
正解脫故、
超過一切煩惱雜染故、
超過一切業雜染故、
超過一切生雜染故。

→ 依聞如是所說法已，
於生無自性性中能正信解相無自性性及勝義無自性性，揀擇思惟，如實通達，於依他起自性中能不執著遍計所執自性相，
由言說不熏習智故、
由言說不隨覺智故、
由言說離隨眠智故
能滅依他起相，於現法中智力所持，能永斷滅當來世因，
由此因緣於一切行能正厭患（加行道）、
能正離欲（無間道）、
能正解脫（解脫道）、
能遍解脫煩惱、業、生三種雜染。

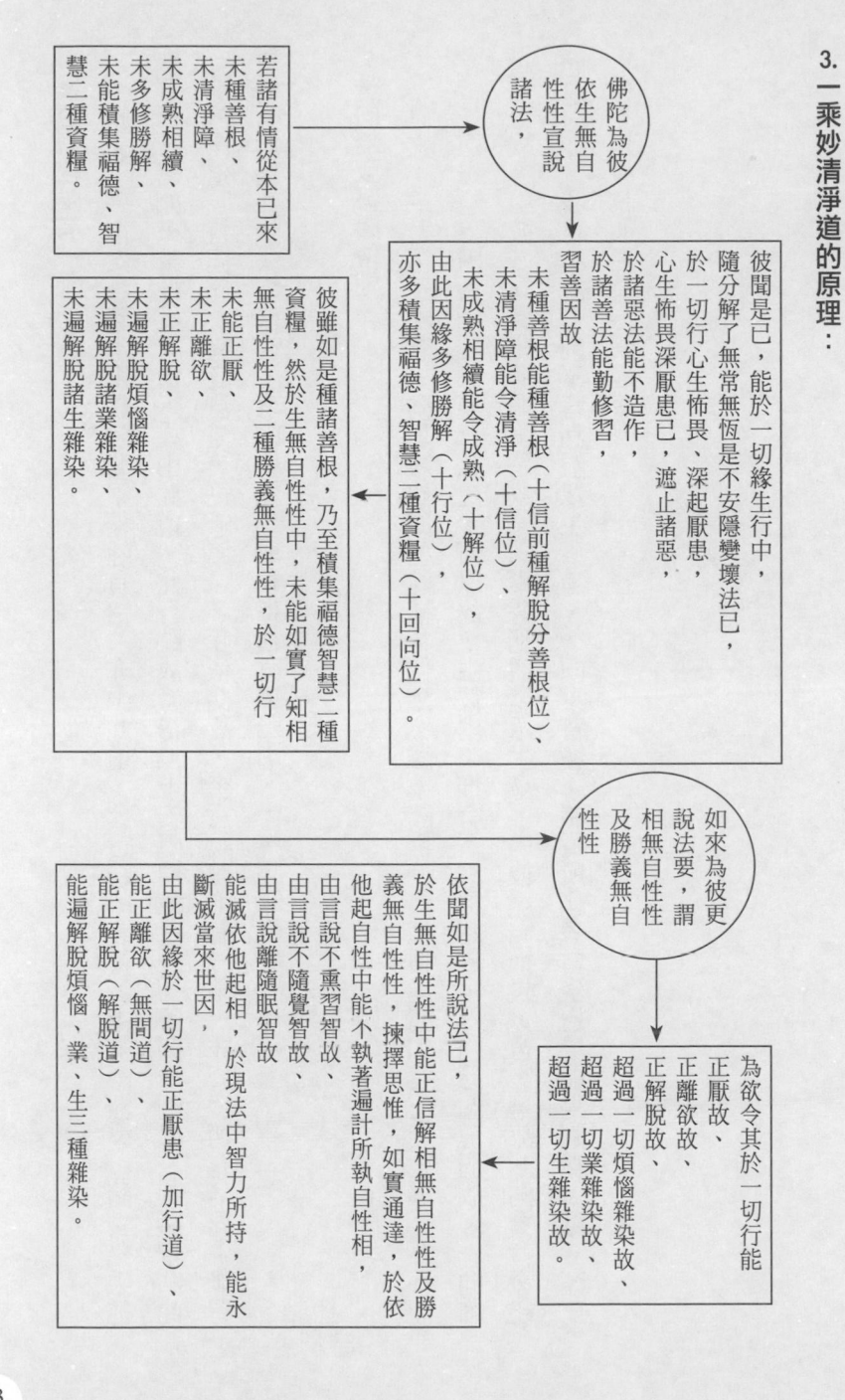

4. 密意說言惟有一乘

原文：「復次勝義生！諸聲聞乘種姓有情，亦由此道、此行跡故證得無上安隱涅槃，諸獨覺乘種姓有情、諸如來乘種姓有情，亦由此道、此行跡故證得無上安隱涅槃。一切聲聞、獨覺、菩薩皆共此一妙清淨道，皆同此一究竟清淨，更無第二。我依此故，密意說言惟有一乘，非於一切有情界中無有種種有情種姓，或鈍根性、或中根性、或利根性有情差別。」（譯文略）

5. 一向趣寂聲聞種姓

原文：「善男子！若一向趣寂聲聞種姓補特伽羅，雖蒙諸佛施設種種勇猛加行方便化導，終不能令當坐道場證得阿耨多羅三藐三菩提。何以故？由彼本來惟有下劣種姓故，一向慈悲薄弱故，一向怖畏眾苦故。由彼一向慈悲薄弱，是故一向棄背利益諸眾生事，由彼一向怖畏眾苦，是故一向棄背發起諸行所作。我終不說一向棄背利益眾生事者、一向棄背發起諸行所作者當坐道場能得阿耨多羅三藐三菩提，是故說彼名為一向趣寂聲聞。」（譯文略）

6. 諸有情意解種種差別：

如來但依如是三種無自性性，由深密意於所宣說不了義經，以隱密相說諸法要，謂一切法皆無自性、無生無滅、本來寂靜、自性涅槃。

於是經中，若諸有情已種上品善根、已清淨諸障、已成熟相續、已多修勝解、已能積集上品福德智慧資糧，彼若聽聞如是法已，於我甚深密意言說如實解了，於如是法深生信解，於如是義以無倒慧如實通達，於此通達善修習故，速疾能證最極究竟，亦於我所深生淨信，知是如來應正等覺於一切法現正等覺。

若諸有情已種上品善根、已清淨諸障、已成熟相續、已多修勝解，未能積集上品福德智慧資糧，其性質直，是質直類，雖無力能思擇廢立，而不安住自見取中。彼若聽聞如是法已，於我甚深祕密言說雖無力能如實解了，然於此法能生勝解、發清淨信，信此經典是如來說，是其甚深顯現、甚深空性相應，難見難悟，不可尋思，非諸尋思所行境界、微細詳審聰明智者之所解了，於此經典所說義中自輕而住，

若諸有情廣說乃至未能積集上品福德智慧資糧，性非質直，非質直類，雖有力能思擇廢立，而復安住自見取中。彼若聽聞如是法已，於我甚深密意言說不能如實解了，於如是法雖生信解，然於其義隨言執著，

若諸有情未種善根、未清淨障、未熟相續、無多勝解、未集福德智慧資糧，性非質直，非質直類，雖有力能思擇廢立，而常安住自見取中。彼若聽聞如是法已，不能如實解我甚深密意言說，亦於此法不生信解，於是法中起非法想，於是義中起非義想，於是法中執為非法，於是義中執為非義。

7. 了義與不了義的三時教法

初時	婆羅痆斯仙人墮處施鹿林中，惟為發趣聲聞乘者，以四諦相轉正法輪，雖是甚奇、甚為稀有，一切世間諸天人等先無有能如法轉者，而於彼時所轉法輪，有上有容，是未了義，是諸諍論安足處所。
第二時	惟為發趣修大乘者，依一切法皆無自性、無生無滅、本來寂靜、自性涅槃，以隱密相轉正法輪，雖更甚奇、甚為稀有，而於彼時所轉法輪，亦是有上、有所容受，猶未了義，是諸諍論安足處所。
第三時	普為發趣一切乘者，依一切法皆無自性、無生無滅、本來寂靜、自性涅槃無自性性，以顯了相轉正法輪，第一甚奇、最為稀有，於今世尊所轉法輪，無上無容，是真了義，非諸諍論安足處所。

分別瑜伽品第六

1. 大乘中修奢摩他、毘缽舍那的依住

菩薩法假安立及不捨阿耨多羅三藐三菩提願為依、為住，於大乘中修奢摩他、毘缽舍那。

2. 四種所緣境事

四種所緣境事	奢摩他毘缽舍那所緣	修道次第上所緣
一者有分別影像所緣境事，	毘缽舍那所緣	通地前地後
二者無分別影像所緣境事	奢摩他所緣	
三者事邊際所緣境事	奢摩他、毘缽舍那俱所緣	見道登初地時證得，後後地中以分別影像所緣境事，無分別影像所緣境事，事邊際所緣境事三種所緣作意思惟
四者所作成辦所緣境事		證得阿耨多羅三藐三菩提，得所作成滿所緣。

3. 奢摩他的涵義與次第：

佛陀為諸菩薩所說法假安立，所謂契經、應誦、記別、諷誦、自說、因緣、譬喻、本事、本生、方廣、希法、論議。
→ 菩薩於此善聽善受、言善通利、意善尋思、見善通達。
→ 即於如是善思惟法獨處空閒作意思惟，復即於此能思惟心，內心相續作意思惟。
→ 如是正行多安住故，起身輕安及心輕安。
→ 菩薩能求奢摩他

4. 毘缽舍那的涵義與次第

由以上奢摩他所獲得的身心輕安為所依
→ 於如所善思惟法內三摩地所行影像觀察勝解。
→ 捨離心相
→ 即於如是三摩地影像所知義中，能正思擇、最極思擇、周遍尋思、周遍伺察，若忍、若樂、若慧、若見、若觀。
→ 菩薩能善毘缽舍那

5.未能得輕安的隨順奢摩他，毘缽舍那勝解相應作意：

隨順奢摩他勝解相應作意	諸菩薩緣心為境，內思惟心乃至未得身心輕安所有作意
隨順毘缽舍那勝解相應作意	諸菩薩乃至未得身心輕安，於如所思所有諸法內三摩地所緣影像作意思惟

6.奢摩他、毘缽舍那，心，識的關係

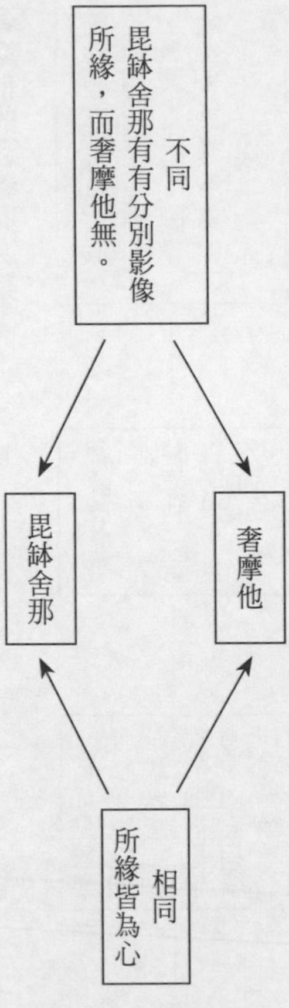
不同
毘缽舍那有有分別影像所緣，而奢摩他無。
奢摩他
毘缽舍那
相同
所緣皆為心

7.諸毘缽舍那三摩地所行影像與心無異，為何此心還見此心的奧秘：

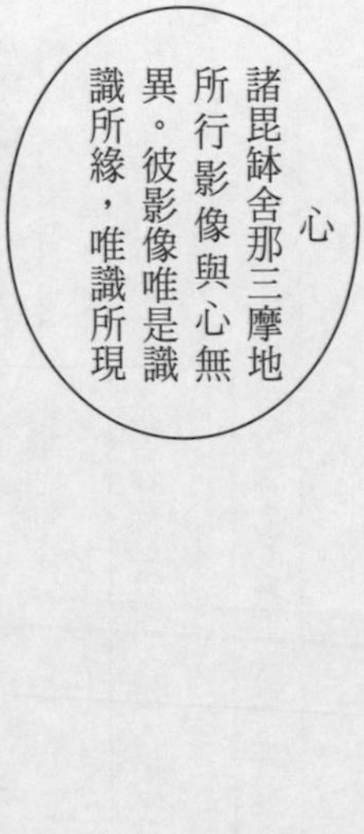
心
諸毘缽舍那三摩地所行影像與心無異。彼影像唯是識識所緣，唯識所現

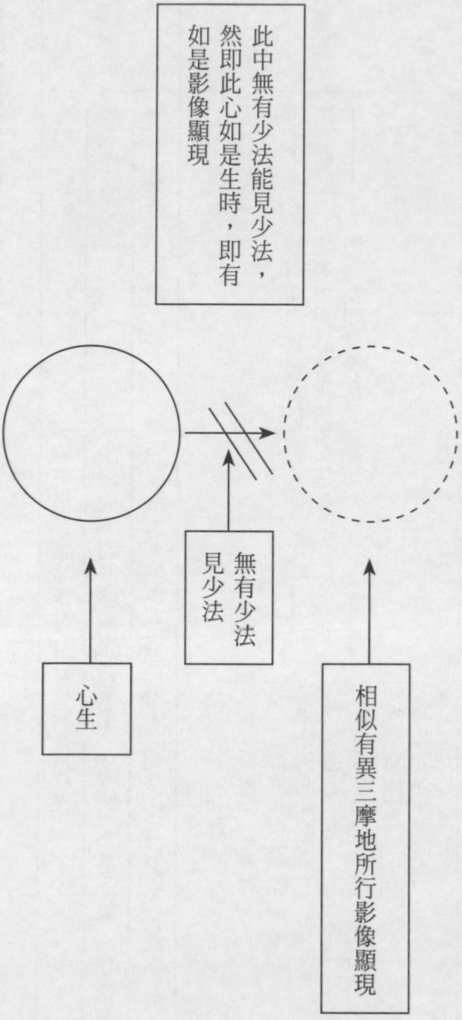
此中無有少法能見少法，然即此心如是生時，即有如是影像顯現
無有少法見少法
心生
相似有異三摩地所行影像顯現

8. 有情日常自性而住、緣色等心所行影像與心、識關係

諸有情自性而住、緣色等心所行影像與心，無有異，而諸愚夫由顛倒覺，於諸影像不能如實知唯是識，作顛倒解。

（以上三項是佛陀說一切唯識的道理）

9. 一向修毘缽舍那，奢摩他和奢摩他毘缽舍那俱轉的涵義：

菩薩一向修毘缽舍那	相續作意唯思惟心相
菩薩一向修奢摩他	相續作意唯思惟無間心
菩薩奢摩他毘缽舍那和合俱轉	正思惟心一境性
心相	三摩地所行有分別影像，毘缽舍那所緣
無間心	緣彼影像心，奢摩他所緣
心一境性	通達三摩地所行影像唯是其識，或通達此已，復思惟如性

10. 毘缽舍那和奢摩他的分類：

毘缽舍那	有相毘缽舍那	純思惟三摩地所行有分別影像毘缽舍那。
	尋求毘缽舍那	由慧故，遍於彼彼未善解了一切法中為善了故，作意思惟毘缽舍那。
	伺察毘缽舍那	由慧故，遍於彼彼已善解了一切法中為善證得極解脫故，作意思惟毘缽舍那。
奢摩他	三種：隨有相毘缽舍那的奢摩他、隨尋求毘缽舍那的奢摩他、隨伺察毘缽舍那的奢摩他 八種：初靜慮（初禪）、第二靜慮（二禪）、第三靜慮（三禪）、第四靜慮（四禪）、空無邊處定、識無邊處定、無所有處定、非想非非想處定 四種：慈無量、悲無量、喜無量、捨無量	

11. 依法奢摩他毘缽舍那和不依法奢摩他毘缽舍那

	名義	修奢摩他毘缽舍那的根性
依法奢摩他毘缽舍那	若諸菩薩隨先所受所思法相，而於其義得奢摩他毘缽舍那	由依止法得奢摩他毘缽舍那故，我施設隨法行菩薩是利根性，
不依法奢摩他毘缽舍那	若諸菩薩不待所受所思法相，但依於他教誡教授，而於其義得奢摩他毘缽舍那，謂觀青瘀及膿爛等、或一切行皆是無常、或諸行苦、或一切法皆無有我、或復涅槃畢竟寂靜如是等類奢摩他毘缽舍那。	由不依法得奢摩他毘缽舍那故，我施設隨信行菩薩是鈍根性。

12. 緣別法奢摩他毘缽舍那和緣總法奢摩他毘缽舍那

	名義		
緣別法奢摩他毘缽舍那	若諸菩薩緣於各別契經等法，於如所受所思惟法修奢摩他毘缽舍那，是名緣別法奢摩他毘缽舍那。		
緣總法奢摩他毘缽舍那	若諸菩薩即緣一切契經等法，集為一團、一積、一分、一聚作意思惟，此一切法隨順真如、趣向真如、臨入真如，隨順菩提、隨順涅槃、隨順轉依及趣向彼、若臨入彼，此一切法宣說無量無數善法，如是思惟修奢摩他毘缽舍那，是名緣總法奢摩他毘缽舍那。	知菩薩得緣總法奢摩他毘缽舍那的五緣： 一者於思惟時剎那剎那融銷一切粗重所依； 二者離種種想，得樂法樂； 三者解了十方無差別相、無量法光； 四者所作成滿相應淨分無分別相恆現在前； 五者為令法身得成滿故，攝受後後轉勝妙因。	菩薩於緣總法奢摩他毘缽舍那：從初極喜地名為通達，從第三發光地乃名為得

另有緣小總法，緣大總法，緣無量總法奢摩他毘缽舍那：

緣小總法奢摩他毘缽舍那	若緣各別契經乃至各別論議為一團等作意思惟，當知是名緣小總法奢摩他毘缽舍那
緣大總法奢摩他毘缽舍那	若緣乃至所受所思契經等法為一團等作意思惟，非緣各別，當知是名緣大總法奢摩他毘缽舍那
緣無量總法奢摩他毘缽舍那	若緣無量如來法教、無量法句文字、無量後後慧所照了為一團等作意思惟，非緣乃至所受所思，當知是名緣無量總法奢摩他毘缽舍那

13. 奢摩他、毘缽舍那中的三摩地

有尋有伺三摩地	於如所取尋伺法相，若有粗顯領受觀察諸奢摩他毘缽舍那，是名有尋有伺三摩地。	若有尋求奢摩他毘缽舍那，是名有尋有伺三摩地。
無尋惟伺三摩地	若於彼相，雖無粗顯領受觀察，而有微細彼光明念領受觀察諸奢摩他毘缽舍那是名無尋惟伺三摩地。	若有伺察奢摩他毘缽舍那，是名無尋惟伺三摩地。
無尋無伺三摩地	若即於彼一切法相，都無作意領受觀察諸奢摩他毘缽舍那，是名無尋無伺三摩地。	若緣總法奢摩他毘缽舍那，是名無尋無伺三摩地。

14. 修奢摩他、毘缽舍那中的止相、舉相、捨相：

	所對治	作意
止相	心掉舉或恐掉舉	諸可厭法作意及彼無間心作意，是名止相
舉相	心沉沒或恐沉沒	諸可欣法作意及彼心相作意，是名舉相
捨相	若於一向止道、或於一向觀道、或於雙運轉道二隨煩惱所染污時，	諸無功用作意及心任運轉中所有作意，是名捨相

15. 修奢摩他、毘缽舍那諸菩薩眾的知法知義

修奢摩他、毘缽舍那諸菩薩眾知法

- 一者知名：謂於一切染淨法中，所立自性想假施設。
- 二者知句：謂即於彼名聚集中，能隨宣說諸染淨義依持建立。
- 三者知文：謂即名、句二所依止字。
- 四者知別：謂由各別所緣作意。
- 五者知總：謂由總合所緣作意。

修奢摩他、毘缽舍那諸菩薩眾知義

彼諸菩薩由十種相了知於義

- 一者知盡所有性：諸雜染清淨法中，所有一切品別邊際，是名此盡所有性。
- 二者知如所有性：即一切染淨法中所有真如，是名此中如所有性。（此中有七種真如，見下圖）
- 三者知能取義：內五色處，若心、意、識及諸心法。
- 四者知所取義：諸外六處。又能取義，亦所取義。
- 五者知建立義：器世界，於中可得建立一切諸有情界。
- 六者知受用義：所說諸有情類，為受用故攝受資具。
- 七者知顛倒義：即於彼能取等義，無常計常，想倒、心倒、見倒，苦計為樂、不淨計淨、無我計我，想倒、心倒、見倒。
- 八者知無倒義：與顛倒義相違、能對治彼。
- 九者知雜染義：三界中三種雜染，一者煩惱雜染，二者業雜染，三者生雜染。
- 十者知清淨義：即三種雜染所有離繫菩提分法。

修奢摩他、毘缽舍那諸菩薩眾知義

彼諸菩薩由能了知五種義故名為知義

一者遍知事：即是一切所知，謂或諸蘊、或諸內處、或諸外處，如是一切。

二者遍知義：乃至所有品類差別所應知境，謂世俗故、或勝義故，或功德故、或過失故，緣故，世故，或生、或住、或壞相故，或如病等故，或苦、集等故，或真如、實際、法界等故，或廣、略故，或一向記故、或分別記故、或反問記故、或置記故，或隱密故、或顯了故如是等類，當知一切名遍知義。

三者遍知因：即是能取前二者的菩提分法，所謂念住或正斷等。

四者得遍知果：謂貪恚癡永斷毘奈耶及貪恚癡一切永斷諸沙門果，及佛陀所說聲聞、如來若共不共、世出世間所有功德，對於這些果位和功德去作證。

五者於此覺了：謂即於此作證法中諸解脫智廣為他說、宣揚開示。

彼諸菩薩由能了知四種義故名為知義

一者心執受義，

二者領納義，

三者了別義，

四者雜染清淨義。

彼諸菩薩由能了知三種義故名為知義

一者文義：謂名身等。

二者義義，復有十種：

一者真實相，　六者即彼真實相等品類差別相，

二者遍知相，　七者所依、能依相屬相，

三者永斷相，　八者即遍知等障礙法相，

四者作證相，　九者即彼隨順法相，

五者修習相，　十者不遍知等及遍知等過患、功德相。

三者界義，謂五種界：

一者器世界，　四者所調伏界，

二者有情界，　五者調伏方便界。

三者法界，

16. 聞所成慧、思所成慧、奢摩他毘缽舍那修所成慧了知其義的差別

聞所成慧	依止於文，但如其說，未善意趣，未現在前，隨順解脫，未能領受成解脫義，
思所成慧	亦依於文，不惟如說，能善意趣，未現在前，轉順解脫，未能領受成解脫義
修所成慧	亦依於文、亦不依文，亦如其說、亦不如說，能善意趣，所知事同分三摩地所行影像現前，極順解脫，已能領受成解脫義。

17. 修奢摩他、毘缽舍那中的智與見

智	若緣總法修奢摩他毘缽舍那所有妙慧，是名為智。
見	若緣別法修奢摩他毘缽舍那所有妙慧，是名為見。

18. 修奢摩他毘缽舍那諸菩薩眾的作意和除遣諸相

真如作意除遣 →

法相：名、句、文、別、總
義相：以上所說十義、五義、四義、三義等一切義

除遣的總原則：
1. 對於諸法相、義相的除遣。
2. 於其名及名自性無所得時，也不觀彼所依之相，如是除遣。

具體為：
如於其名，於句、於文、文一切義當知亦爾，乃至於界及界自性無所得時，亦不觀彼所依之相，如是除遣。

另：
所了知真如義中都無有相，亦無所得。
了知真如義時，能伏一切法義之相，非此了達，餘所能伏。

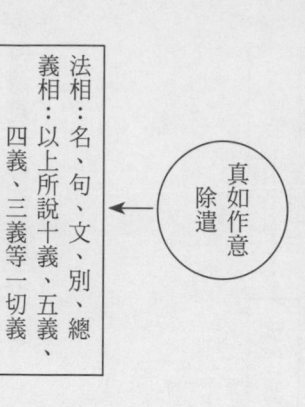

19. 菩薩善修心與觀察心

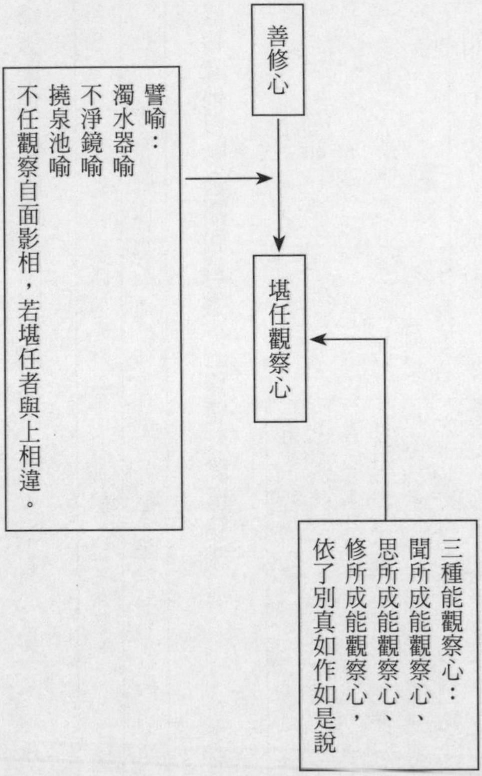
善修心
堪任觀察心
譬喻：
濁水器喻
不淨鏡喻
撓泉池喻
不任觀察自面影相，若堪任者與上相違。
三種能觀察心：
聞所成能觀察心、
思所成能觀察心、
修所成能觀察心，
依了別真如作如是說

20.了知法義菩薩遣除諸相的原理

①空能除遣十種相

了知的十種法義	十種相	空能除遣
一者了知法義	有種種文字相	一切法空
二者了知安立真如義	有生滅住異性、相續隨轉相	相空、無先後空
三者了知能取義	有顧戀身相及我慢相，	內空、無所得空
四者了知所取義	有顧戀財相，	外空
五者了知受用義	男女承事、資具相應故，有內安樂相、外淨妙相	內外空、本性空
六者了知建立義	有無量相	大空
七者了知無色	有內寂靜解脫相	有為空
八者了知相真如義	有補特伽羅無我相、法無我相、若唯識相及勝義相	畢竟空、無性空、無性自性空及勝義空
九者由了知清淨真如義	有無為相、無變異相	無為空、無變異空
十者即於彼相對治空性作意思惟	有空性相	空空

以上就勝來說十種相除遣，是某種空治某種相，但不是說各個空不能治一切相，這就像十二緣起中的無明不是不能生識乃至老等諸雜染法，就勝來說是無明生行，這是由於諸行親近的緣故。

②略圖：

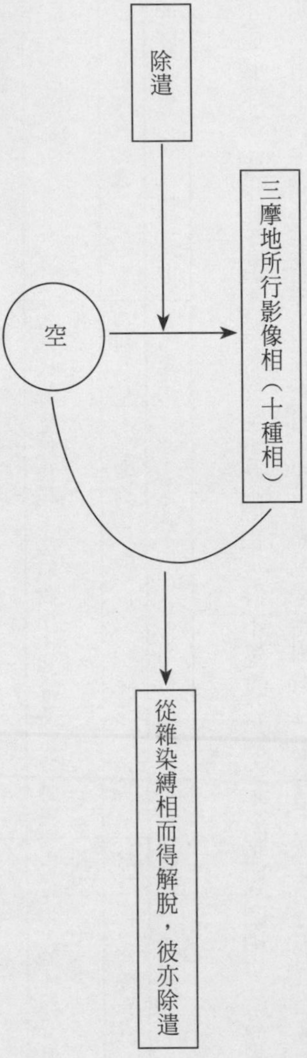

21. 大乘總空性相：

原文：若於依他起相及圓成實相中，一切品類雜染、清淨遍計所執相畢竟遠離性，及於此中都無所得，如是名為於大乘中總空性相。

譯文：如果在依他起相和圓成實相中，對一切品類雜染的遍計所執相和一切品類的清淨遍計所執相畢竟的遠離性，而且於其中都無所得，這稱為大乘中的總空性相。

22. 奢摩他、毘缽舍那的因、果、業

因	果	業
清淨尸羅、清淨聞思所成正見以為其因。	善清淨心、善清淨慧以為其果。一切聲聞及如來等所有世間及出世間一切善法，當知皆是此奢摩他毘缽舍那所得之果。	能解脫相縛和粗重縛二縛為業

23. 奢摩他、毘缽舍那的障與圓滿清淨

	障				
	五種繫中		五蓋中		圓滿清淨
	障	俱障	障	俱障	
奢摩他	顧戀身、財	樂相雜住、於少喜足當知俱障，由第一故不能造修，由第二故所修加行不到究竟。	掉舉 惡作	貪欲	乃至所有惛沉、睡眠正善除遣
毘缽舍那	於諸聖教不得隨欲		惛沉睡眠、疑	瞋恚	乃至所有掉舉、惡作正善除遣

24. 奢摩他、毘缽舍那現在前時的五種心散動：

一者作意散動	若諸菩薩捨於大乘相應作意，墮在聲聞、獨覺相應諸作意中，當知是名作意散動。
二者外心散動	若於其外五種妙欲諸雜亂相所有尋思隨煩惱中，及於其外所緣境中縱心流散，當知是名外心散動。
三者內心散動	若由惛沉及以睡眠、或由沉沒、或由愛味三摩鉢底、或由隨一三摩鉢底諸隨煩惱之所染污，當知是名內心散動。
四者相散動	若依外相，於內等持所行諸相作意思惟，名相散動。
五者粗重散動	若內作意為緣生起所有諸受，由粗重身計我起慢，當知是名粗重散動。

25.奢摩他、毘缽舍那從初菩薩地乃至如來地的對治障

菩薩十地和佛地	奢摩他、毘缽舍那對治障
初地	對治惡趣煩惱業、生、雜染障
第二地	對治微細誤犯現行障，
第三地	對治欲貪障
第四地	對治定愛及法愛障
第五地	對治生死涅槃一向背趣障
第六地	對治相多現行障
第七地	對治細相現行障
第八地	對治於無相作功用及於有相不得自在障
第九地	對治於一切種善巧言辭不得自在障
第十地	對治不得圓滿法身證得障
如來地	對治極微細、最極微細煩惱障及所知障由能永害如是障故，究竟證得無著無礙一切智見，依於所作成滿所緣建立最極清淨法身。

26.菩薩依奢摩他毘缽舍那勤修行證得阿耨多羅三藐三菩提的過程

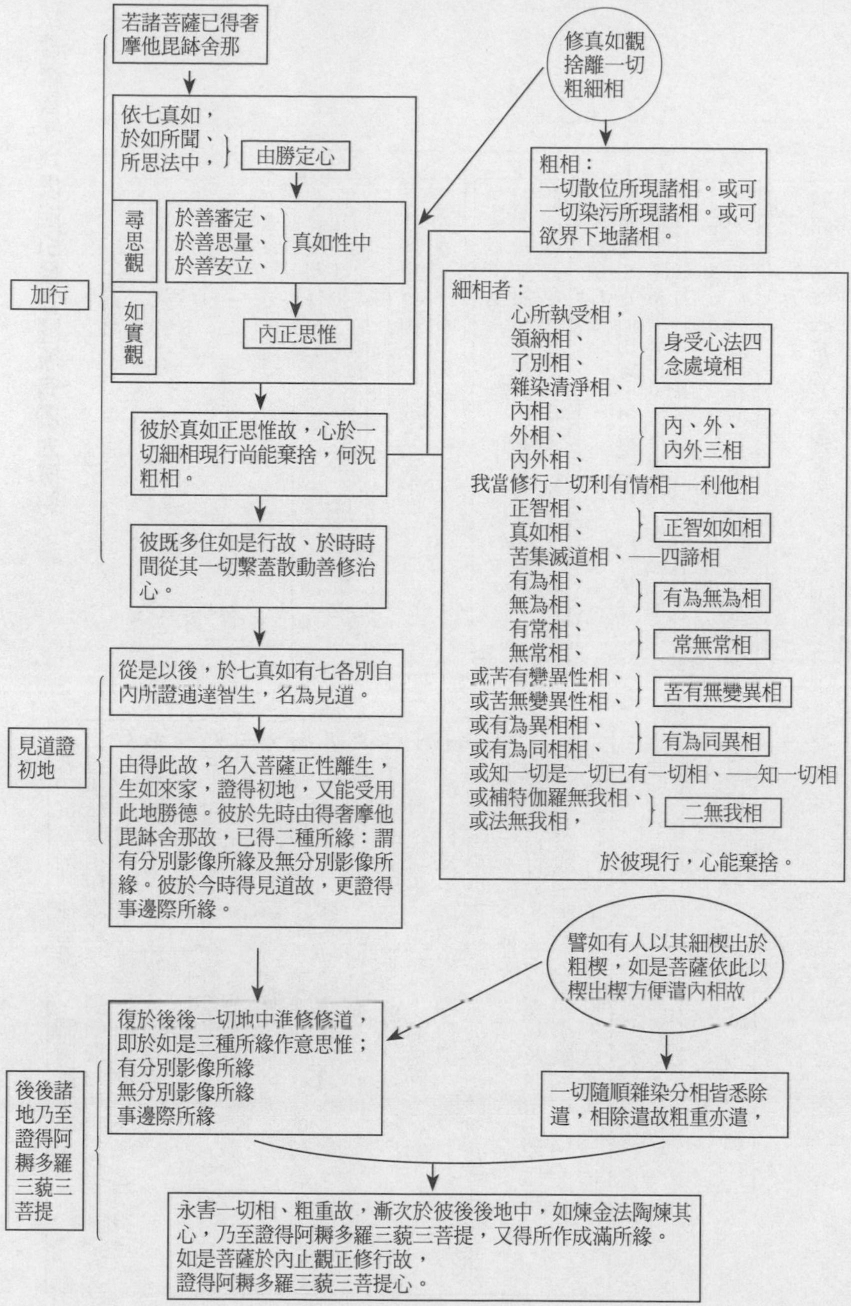
加行
若諸菩薩已得奢摩他毘鉢舍那
依七真如，於如所聞、所思法中，
由勝定心
尋思觀
於善審定、於善思量、於善安立、
真如性中
如實觀
內正思惟
彼於真如正思惟故，心於一切細相現行尚能棄捨，何況粗相。
彼既多住如是行故、於時時間從其一切繫蓋散動善修治心。
見道證初地
從是以後，於七真如有七各別自內所證通達智生，名為見道。
由得此故，名入菩薩正性離生，生如來家，證得初地，又能受用此地勝德。彼於先時由得奢摩他毘鉢舍那故，已得二種所緣：謂有分別影像所緣及無分別影像所緣。彼於今時得見道故，更證得事邊際所緣。
後後諸地乃至證得阿耨多羅三藐三菩提
復於後後一切地中准修修道，即於如是三種所緣作意思惟；有分別影像所緣無分別影像所緣事邊際所緣
永害一切相、粗重故，漸次於彼後後地中，如煉金法陶煉其心，乃至證得阿耨多羅三藐三菩提，又得所作成滿所緣。如是菩薩於內止觀正修行故，證得阿耨多羅三藐三菩提心。
修真如觀捨離一切粗細相
粗相：一切散位所現諸相。或可一切染污所現諸相。或可欲界下地諸相。
細相者：
心所執受相，領納相、了別相、雜染清淨相、
身受心法四念處境相
內相、外相、內外相、
內、外、內外三相
我當修行一切利有情相──利他相
正智相、真如相、
正智如如相
苦集滅道相、──四諦相
有為相、無為相、
有為無為相
有常相、無常相、
常無常相
或苦有變異性相、或苦無變異性相、
苦有無變異相
或有為異相相、或有為同相相、
有為同異相
或知一切是一切已有一切相、──知一切相
或補特伽羅無我相、或法無我相，
二無我相
於彼現行，心能棄捨。
譬如有人以其細楔出於粗楔，如是菩薩依此以楔出楔方便遣內相故
一切隨順雜染分相皆悉除遣，相除遣故粗重亦遣，

27. 菩薩善知六處能引發菩薩所有廣大威德：

善知六處

- 一者善知心生
  謂如實知十六行心生起差別，是名善知心生。
  - 一者不可覺知堅住器識生，謂阿陀那識，
  - 二者種種行相所緣識生，謂頓取一切色等境界分別意識，及頓取內外境界覺受，或頓於一念瞬息須臾現入多定見多佛土、見多如來分別意識，
  - 三者小相所緣識生，謂欲界繫識，
  - 四者大相所緣識生，謂色界繫識，
  - 五者無量相所緣識生，謂空識無邊處繫識，
  - 六者微細相所緣識生，謂無所有處繫識，
  - 七者邊際相所緣識生，謂非想非非想處繫識，
  - 八者無相識生，謂出世識及緣滅識，
  - 九者苦俱行識生，謂地獄識，
  - 十者雜受俱行識生，謂欲行識，
  - 十一喜俱行識生，謂初、二靜慮識，
  - 十二樂俱行識生，謂第三靜慮識，
  - 十三不苦不樂俱行識生，謂從第四靜慮乃至非想非非想處識，
  - 十四染污俱行識生，謂諸煩惱及隨煩惱相應識，
  - 十五善俱行識生，謂信等相應識，
  - 十六無記俱行識生，謂彼俱不相應識。
- 二者善知心住
  謂如實知了別真如。
- 三者善知心出
  謂如實知出二種縛，所謂相縛及粗重縛，此能善知，應令其心從如是出。
- 四者善知心增
  謂如實知能治相縛、粗重縛心，彼增長時、彼積集時亦得增長、亦得積集，名善知增。
- 五者善知心滅
  謂如實知彼所對治相及粗重所雜染心，彼衰退時、彼損減時此亦衰退、此亦損減，名善知減。
- 六者善知方便
  謂如實知解脫勝處及與遍處或修、或遣。

28.無餘依涅槃界中無餘永滅的二種受

一者所依粗重受	一者有色所依受	於有餘依涅槃界中：果未成滿受一切已滅，領彼對治明觸生受，領受共有，或復彼果已成滿受，又二種受一切已滅，惟現領受明觸生受。
	二者無色所依受	
	三者果已成滿粗重受	
	四者果未成滿粗重受	
二者彼果境界受	一者依持受	
	二者資具受	
	三者受用受	
	四者顧戀受	

地波羅蜜多品第七

1.菩薩十地十一分圓滿過程：

十地	名稱	圓滿	未圓滿	四種清淨所攝
初地	極喜地	菩薩先於勝解行地，依十法行極善修習勝解忍故，超過彼地證入菩薩正性離生。	未能於微細毀犯誤現行中正知而行。	增上意樂清淨
第二地	離垢地	能於微細毀犯誤現行中正知而行。	未能得世間圓滿等持、等至及圓滿聞持陀羅尼。	增上戒清淨

十地	名稱	圓滿	未圓滿	四種清淨所攝
第三地	發光地	能得世間圓滿等持、等至及圓滿聞持陀羅尼。	未能令隨所獲得菩提分法多修習住，心未能捨諸等至愛及與法愛。	增上心清淨
第四地	焰慧地	能令隨所獲得菩提分法多修習住，心能捨諸等至愛及與法愛。	未能於諸諦道理如實觀察，又未能於生死涅槃棄捨一向背趣作意，又未能修方便所攝菩提分法。	增上慧清淨
第五地	極難勝地	能於諸諦道理如實觀察，又能於生死涅槃棄捨一向背趣作意，又能修方便所攝菩提分法。	未能於生死流轉如實觀察，又由於彼多生厭故未能多住無相作意。	
第六地	現前地	能於生死流轉如實觀察，又由於彼不多生厭故能多住無相作意。	未能令無相作意無缺無間多修習住。	
第七地	遠行地	能令無相作意無缺無間多修習住。	未能於無相住中捨離功用，又未能得於相自在，	
第八地	不動地	能於無相住中捨離功用，又能得於相自在。	未能於異名眾相、訓詞差別一切品類宣說法中得大自在，	
第九地	善慧地	能於異名眾相、訓詞差別一切品類宣說法中得大自在。	未能得圓滿法身現前證受。	
第十地	法雲地	能得圓滿法身現前證受。	未能得遍於一切所知境界無著無礙妙智妙見。	
（第十一地）	（佛地）	能得遍於一切所知境界無著無礙妙智妙見。	一切分皆得圓滿	

2. 菩薩十地得名、所對治、功德殊勝

十地	名稱	得名	所對治的愚癡和粗重	殊勝安立、功德遞增
初地	極喜地	成就大義，得未曾得出世間心，生大歡喜。	一者執著補特伽羅及法愚癡、二者惡趣雜染愚癡及彼粗重為所對治。	一者增上意樂清淨，二者心清淨，三者悲清淨，四者至彼岸清淨，五者見佛供養承事清淨，六者成熟有情清淨，七者生清淨，八者威德清淨。（佛地沒有生清淨）→
第二地	離垢地	遠離一切微細犯戒。	一者微細誤犯愚癡、二者種種業趣愚癡及彼粗重為所對治。	
第三地	發光地	由彼所得三摩地及聞持陀羅尼，能為無量智光依止。	一者欲貪愚癡、二者圓滿聞持陀羅尼愚癡及彼粗重為所對治。	
第四地	焰慧地	由彼所得菩提分法燒諸煩惱，智如火焰。	一者等至愛愚癡、二者法愛愚癡及彼粗重為所對治。	
第五地	極難勝地	由即於彼菩提分法方便修習最極艱難方得自在。	一者　向作意棄背生死愚癡、二者　向作意趣向涅槃愚癡及彼粗重為所對治。	
第六地	現前地	現前觀察諸行流轉，又於無相多修作意方現在前。	一者現前觀察諸行流轉愚癡、二者相多現行愚癡及彼粗重為所對治。	
第七地	遠行地	能遠證入無缺無間無相作意，與清淨地共相鄰接。	一者微細相現行愚癡、二者一向無相作意方便愚癡及彼粗重為所對治。	

十地	名稱	得名	所對治的愚癡和粗重	殊勝安立、功德遞增
第八地	不動地	由於無相得無功用，於諸相中不為現行煩惱所動。	一者於無相作功用愚癡、二者於相自在愚癡及彼粗重為所對治。	諸地乃至佛地諸清淨展轉增勝 初地中所有功德於上諸地平等皆有，當知自地功德殊勝。
第九地	善慧地	於一切種說法自在，獲得無礙廣大智慧。	一者於無量說法無量法句文字後後慧辯陀羅尼自在愚癡、二者辯才自在愚癡及彼粗重為所對治。	
第十地	法雲地	粗重之身廣如虛空，法身圓滿譬如大雲皆能遍覆。	一者大神通愚癡、二者悟入微細秘密愚癡及彼粗重為所對治。	
（第十一地）	（佛地）	永斷最極微細煩惱及所知障，無著無礙於一切種所知境界現正等覺。	一者於一切所知境界極微細著愚癡、二者極微細礙愚癡及彼粗重為所對治。	

3. 菩薩生於諸有生最為殊勝的四因緣：

一者極淨善根所集起故，二者故意思擇力所取故，三者悲愍濟度諸眾生故，四者自能無染除他染故。

4. 菩薩能行廣大願、妙願、勝願的四因緣：

謂諸菩薩能善了知涅槃樂住，堪能速證；而復棄捨速證樂住；無緣、無待發大願心；為欲利益諸有情故，處多種種長時大苦。

5.菩薩六種所應學事（六波羅蜜多）：

	戒、心、慧學所攝	資糧所攝	五相修學	所應學事的原因	
布施	增上戒學所攝	福德資糧	一者最初於菩薩藏波羅蜜多相應微妙正法教中猛利信解，二者次於十種法行以聞、思、修所成妙智精進修行，三者隨護菩提之心，四者親近真善知識，五者無間勤修善品。	攝受資具饒益有情。	饒益有情
持戒				不行損害、逼迫、惱亂饒益有情。	
忍辱				於彼損害、逼迫、惱亂堪能忍受饒益有情。	
精進	增上戒學、增上心學、增上慧學俱攝	福德資糧智慧資糧俱攝		雖未永伏一切煩惱，亦未永害一切隨眠，而能勇猛修諸善品，彼諸煩惱不能傾動善品加行。	對治一切煩惱
靜慮	增上心學所攝			永伏煩惱	
智慧到彼岸	增上慧學所攝	智慧資糧所攝		永害隨眠	

	四波羅蜜多助伴	六波羅蜜多次第	六波羅蜜多各自品類差別	波羅蜜多諸相違事	波羅蜜多果異熟
布施	方便波羅蜜多	後後引發依，菩薩若於身財無所顧吝，→	一者法施 二者財施 三者無畏施	一者於喜樂欲財富自在諸欲樂中深見功德及與勝利	一者得大財富
持戒		受持清淨禁戒，→	一者轉捨不善戒 二者轉生善戒 三者轉生饒益有情戒	二者於隨所樂縱身語意而現行中深見功德及與勝利，	二者往生善趣
忍辱		為護禁戒便修忍辱，→	一者耐怨害忍 二者安受苦忍 三者諦察法忍	三者於他輕蔑不堪忍中深見功德及與勝利，	三者無怨無壞多諸喜樂
精進	願波羅蜜多	修忍辱已能發精進，→	一者被甲精進 二者轉生善法加行精進 三者饒益有情加行精進	四者於不勤修著欲樂中深見功德及與勝利	四者為眾生主
靜慮	力波羅蜜多	發精進已能辨靜慮，→	一者無分別寂靜極寂靜無罪故對治煩惱眾苦樂住靜慮 二者引發功德靜慮 三者引發饒益有情靜慮	五者於處憒鬧世雜亂行深見功德及與勝利，	五者身無惱害
智慧到彼岸	智波羅蜜多	具靜慮已便能獲得出世間慧。	一者緣世俗諦慧 二者緣勝義諦慧 三者緣饒益有情慧	六者於見聞覺知言說戲論深見功德及與勝利。	六者有大宗葉

6. 波羅蜜多的間雜染法

略由四種加行：一者無悲加行故，二者不如理加行故，三者不常加行故，四者不殷重加行故。不如理加行者，謂修行餘波羅蜜多時，於餘波羅蜜多遠離失壞。

7. 波羅蜜多的非方便行

若諸菩薩以波羅蜜多饒益眾生時，但攝財物饒益眾生便為喜足，而不令其出不善處安置善處，如是名為非方便行。

8. 波羅蜜多清淨相

總說一切波羅蜜多清淨相：

一者菩薩於此諸法不求他知，二者於此諸法見已不生執著，三者即於如是諸法不生疑惑：謂為能得大菩提不？

別說一切波羅蜜多清淨相

一者由施物清淨行清淨施，二者由戒清淨行清淨施，三者由見清淨行清淨施，四者由心清淨行清淨施，五者由語清淨行清淨施，六者由智清淨行清淨施，七者由垢清淨行清淨施，是名七種施清淨相。

善了知制立律儀一切學處，常作尸羅，
能善了知出離所犯，常轉尸羅，
具常尸羅，受學一切所有學處，
堅固尸羅，是名七種戒清淨相。

若諸菩薩於自所有業果異熟深生依信，亦復不待他來諫誨；
一切所有不饒益事現在前時不生憤發；
亦不反罵、不瞋、不打、不恐、不弄、
不以種種不饒益事反相加害；不由恐怖、有染愛心而行忍辱；
不懷怨結；不以作恩而便放捨；
若諫誨時不令恚惱；是名七種忍清淨相。

若諸菩薩通達精進平等之性；有所堪能；
不由勇猛勤精進故自舉凌他；堅固勇猛；
具大勢力；於諸善法終不捨軛；
具大精進；如是名為七種精進清淨之相。

四者終不自讚毀他有所輕蔑，
五者終不憍傲放逸，
六者終不少有所得便生喜足，
七者終不由此諸法於他發起嫉妒慳吝。

若諸菩薩有善通達相三摩地靜慮；有無所依三摩地靜慮；
有圓滿三摩地靜慮；有善修治三摩地靜慮；
有俱分三摩地靜慮；有於菩薩藏聞緣修習無量三摩地靜慮；
有運轉三摩地靜慮；如是名為七種靜慮清淨之相。

若諸菩薩遠離增益、損減二邊，行於中道，是名為慧；
由此慧故，如實了知解脫門義，謂空、無願、無相三解脫門；
如實了知有自性義，謂遍計所執、若依他起、若圓成實三種自性；
如實了知無自性義，謂相、生、勝義三種無自性性，如實了知世俗諦義，謂於五明處；
如實了知勝義諦義，謂於七真如；
又無分別離諸戲論純一理趣多所住故、無量總法為所緣故、及毘缽舍那故；
能善成辦法隨法行；
是名七種慧清淨相。

9. 波羅蜜多五相：

五相	名義	所行業	在波羅蜜多中特點
無染著	不染著波羅蜜多諸相違事	於現法中，於所修習波羅蜜多，恆常殷重勤修加行無有放逸。	最為廣大
無顧戀	於一切波羅蜜多諸果異熟及報恩中，心無繫縛	攝受當來不放逸因	最為廣大
無罪過	於如是波羅蜜多無間雜染法，離非方便行	能正修習極善圓滿、極善清淨、極善鮮白波羅蜜多。	無染污
無分別	於如是波羅蜜多不如言詞執著自相	方便善巧波羅蜜多速得圓滿。	無染污
正回向	以如是所作、所集波羅蜜多，回求無上大菩提果	一切生處波羅蜜多及彼可愛諸果異熟皆得無盡，乃至無上正等菩提。	最為廣大（另在位次上，思擇所作最為明盛，已入無退轉法地者名不可動，若十地攝、佛地攝者名最清淨。）

10. 一切波羅蜜多各有四種最勝威德：

一者於此波羅蜜多正修行時，能捨慳吝、犯戒、心憤、懈怠、散亂、見趣所治，

二者於此正修行時，能為無上正等菩提真實資糧，

三者於此正修行時，於現法中，能自攝受饒益有情，

四者於此正修行時，於未來世，能得廣大無盡可愛諸果異熟。

11. 波羅蜜多的因、果、義利：

一切波羅蜜多大悲為因 → 微妙可愛諸果異熟、饒益一切有情為果 → 圓滿無上廣大菩提為大義利

12. 般若波羅蜜多能取諸法無自性性：

原文「善男子！我終不說以無自性性取無自性性，然無自性性離諸文字、自內所證，不可捨於言說文字而能宣說，是故我說般若波羅蜜多能取諸法無自性性。」

譯文：「善男子！我最終不說以無自性性取無自性性（因無自性性離名言不可說取，若說取，則成為有執著的無自性性，與本義不符），雖然無自性性是離諸文字、自內所證的，但也不可以離開言說文字而能宣說的，因此我宣說般若波羅蜜多能取諸法無自性性。」

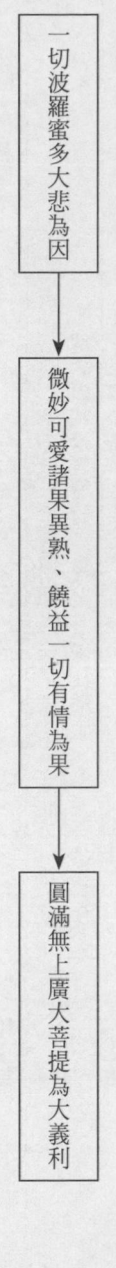

13.三種波羅蜜多：

波羅蜜多分類	分時	名義
波羅蜜多	勝解行地軟中勝解轉時	若諸菩薩經無量時修行施等成就善法，而諸煩惱猶故現行未能制伏，然為彼伏，謂於勝解行地軟中勝解轉時，是名波羅蜜多。
近波羅蜜多	初地以上	復於無量時修行施等漸復增上成就善法，而諸煩惱猶故現行，然能制伏，非彼所伏，謂從初地以上，是名近波羅蜜多。
大波羅蜜多	八地以上	復於無量時修行施等轉復增上成就善法，一切煩惱皆不現行，謂從八地以上，是名大波羅蜜多。

14.菩薩十地、佛地和隨眠（種子）

菩薩十地和佛地	隨眠	粗重斷
前五地	害伴隨眠：諸不俱生現行煩惱，是俱生煩惱現行助伴，彼於爾時永無復有，是故說名害伴隨眠。	皮粗重斷
第六地、第七地	羸劣隨眠：微細現行若修所伏不現行故。	
第八地、第九地、第十地	微細隨眠：從此已去一切煩惱不復現行，惟有所知障為依止故。	膚粗重斷
佛地	骨粗重斷，永離一切隨眠。	

15. 菩薩深信愛樂波羅蜜多，而不深信愛樂波羅蜜多所得果的五種原因：

一者波羅蜜多是最增上喜樂因故，

二者波羅蜜多是其究竟饒益一切自他因故，

三者波羅蜜多是當來世彼可愛果異熟因故，

四者波羅蜜多非諸雜染所依事故，

五者波羅蜜多非是畢竟變壞法故。

16. 如來宣說聲聞乘、大乘惟是一乘的密意：

原文：「善男子！如我於彼聲聞乘中，宣說種種諸法自性，所謂五蘊、或內六處、或外六處如是等類，於大乘中即說彼法同一法界、同一理趣，故我不說乘差別性。於中或有如言於義妄起分別，一類增益、一類損減，又於諸乘差別道理謂互相違，如是展轉遞興諍論，如是名為此中密意。」

譯文：「善男子！像我在那些聲聞乘中所宣說的種種諸法自性，如五蘊、或內六處、或外六處如是等等種類，在大乘中就說那些法同一法界、同一理趣，因此我不說乘的差別性。在這其中或許有如言取義而妄起分別的，一類取義，會定執三乘一向是各自不同，從而增益；一類取義，會定執只有一乘，從而損減。同時又會於諸乘的差別道理認為是互相違背的。這樣會展轉興起諍論。（如此，我宣說或所謂的聲聞乘，或所謂的大乘這些實際上只是一乘。）這樣稱為此中的密意。」

如來成所作事品第八

1. 如來法身：

若於諸地波羅蜜多善修出離，轉依成滿，是名如來法身之相。當知此相二因緣故不可思議，無戲論故、無所為故，而諸眾生計著戲論、有所為故。

2. 如來化身：

遍於一切三千大千佛國土中，或眾推許增上王家，或眾推許大福田家，同時入胎、誕生、長大、受欲、出家、示行苦行、捨苦行已成等正覺，次第示現，是名如來示現化身方便善巧。

3. 如來言音：

如來言音	名義	所攝
契經	若於是處，我依攝事顯示諸法是名契經	四事：一者聽聞事，二者歸趣事，
調伏	若於是處，我依聲聞及諸菩薩顯示別解脫及別解脫相應之法是名調伏。	別解脫七相所攝：一者宣說受軌則事，二者宣說隨順他勝事，
本母	若於是處，我以十一種相決了分別顯示諸法，是名本母。	十一種相：一者世俗相，有三種：

三者修學事，
四者菩提事。
九事：
一者施設有情事，
二者彼所受用事，
三者彼生起事，
四者彼生已住事，
五者彼染淨事，
六者彼差別事，
七者能宣說事，
八者所宣說事，
九者諸眾會事。
二十九事：如下圖。

三者宣說隨順毀犯事，
四者宣說有犯自性，
五者宣說無犯自性，
六者宣說出所犯，
七者宣說捨律儀。

一者宣說補特伽羅，
二者宣說遍計所執自性，
三者宣說諸法作用事業，
二者勝義相，
三者菩提分法所緣相，
四者行相，
有八相：
一者諦實，
二者安住，
三者過失，
四者功德，
五者理趣，
有六種：
一者真義理趣，
二者證得理趣，
三者教導理趣，
四者遠離二邊理趣，
五者不可思議理趣，
六者意趣理趣，
六者流轉，
七者道理，
有四種：
一者觀待道理，
二者作用道理，
三者證成道理，
四者法爾道理，
證成道理分清淨相和不清淨相，

4. 如來所說契經二十九事：

如來言音	
契經	
調伏	
本母	五種相名為清淨： 一者現見所得相， 二者依止現見所得相， 三者自類譬喻所引相， 四者圓成實相， 五者善清淨言教相。 七種相名不清淨： 一者此餘同類可得相， 二者此餘異類可得相， 三者一切同類可得相， 四者一切異類可得相， 五者異類譬喻所得相， 六者非圓成實相， 七者非善清淨言教相。 八者總別， 五者自性相， 六者彼果相， 七者彼領受開示相， 八者彼障礙法相， 九者彼隨順法相， 十者彼過患相， 十一者彼勝利相。

- 一依雜染品說有四事
  - 攝諸行事……說五蘊事
  - 彼次第隨轉事……十二緣生事
  - 即於是中作補特伽羅想已於當來世流轉因事……說我執事
  - 作法想已於當來世流轉因事……說法執事
- 二依清淨品有二十五事
  - 依四事說世間清淨事
    - 繫念於所緣事……說聞慧
    - 即於是中勤精進事……說思慧
    - 心安住事……說加行定
    - 現世樂住事……說四事定
  - 依二十一事說出世間清淨事
    - 超一切苦緣方便事依一事說順解脫分
    - 依四事說順抉擇分
      - 彼遍知事分三
        - 遍知顛倒所依處故
        - 遍知依有情想於外有情生起諸邪行所依處故
        - 遍知內離增上慢所依處故
      - 修依處事
      - 作證事
      - 修習事
    - 依四事說見道
      - 令彼堅固事
      - 彼行相事
      - 彼所緣事
      - 已斷未斷觀察善巧事
    - 依六事說修道
      - 彼散亂事
      - 彼不散亂事
      - 不散亂依處事
      - 解除修習劬勞事
      - 修習勝利事
      - 彼堅牢事
    - 依四事說無學道
      - 攝聖行事
      - 攝聖行眷屬事
      - 通達真實事
      - 證得涅槃事
    - 依二事說殊勝及非殊勝
      - （第一事）
      - 及即於此不修退事（第二事）

（此圖引自觀空法師從藏譯漢補譯的《解深密經疏》）

5.《解深密經》中的四種道理：

四種道理	觀待道理	作用道理	證成道理	法爾道理
原文	若因若緣能生諸行及起隨說，如是名為觀待道理。	若因若緣能得諸法，或能成辦，或復生已作諸業用，如是名為作用道理。	若因若緣能令所立、所說、所標義得成立，令正覺悟，如是名為證成道理。	如來出世、若不出世，法性、安住、法住、法界，是名法爾道理
譯文	諸因諸緣的勢力，生起諸行，諸行生起時要觀待諸因諸緣，以及對此隨起言說時要以名身、句身、文身等觀待諸行而起，這樣稱為觀待道理。	諸因諸緣具足而能得諸法或者能成辦或諸法生起後能有諸業用，這樣稱為作用道理。	對於諸因諸緣能夠使所安立的宗義，所說立義的依據，解釋先所說的立義獲得成立，由此還能令人生起正確的覺悟。這樣稱為證成道理。	不管如來出世或不出世，法性、安住、法住、法界，這樣稱為法爾道理。

6.證成道理的五相清淨和七相不清淨

現見所得相	謂一切行皆無常性、一切行皆是苦性、一切法皆無我性，此為世間現量所得，如是等類是名現見所得相。
依止現見所得相	謂一切行皆剎那性、他世有性、淨不淨業無失壞性，由彼能依粗無常性現可得故，由諸有情種種差別依種種業現可得故，由諸有情若樂若苦、淨不淨業以為依止現可得故，由此因緣於不現見可為比度，如是等類是名依止現見所得相。
自類譬喻所引相	謂於內外諸行聚中，引諸世間共所了知所得生死以為譬喻，引諸世間共所了知所得生等種種苦相以為譬喻，引諸世間共所了知所得不自在相以為譬喻，又復於外引諸世間共所了知所得衰盛以為譬喻，如是等類當知是名自類譬喻所引相。

圓成實相	謂即如是現見所得相、若依止現見所得相、若自類譬喻所得相，於所成立決定能成，當知是名圓成實相。
善清淨言教相	謂一切智者之所宣說，如言涅槃究竟寂靜，如是等類當知是名善清淨言教相。
一切同類可得相	若一切法意識所識性，是名一切同類可得相。
一切異類可得相	由隨如是一一異相決定展轉各各異相，是名一切異類可得相。
非圓成實相	若於此餘同類可得相及譬喻中，有一切異類相者，由此因緣，於所成立非決定故，是名非圓成實相； 又於此餘異類可得相及譬喻中，有一切同類相者，由此因緣於所成立不決定故，是名非圓成實相。

7. 一切智者相：

略有五種：

一者若有出現世間，一切智聲無不普聞，

二者成就三十二種大丈夫相，

三者具足十力，能斷一切眾生一切疑惑，

四者具足四無所畏宣說正法，不為一切他論所伏，而能摧伏一切邪論，

五者於善說法毘奈耶中，八支聖道、四沙門等皆現可得。

8. 契經、調伏、本母不共外道陀羅尼義（三藏總持義）：

原文：善男子！若雜染法、若清淨法，我說一切皆無作用，亦都無有補特伽羅，以一切種離所為故，非雜染法先染後淨，非清淨法後淨先染。凡夫異生於粗重身執著諸法、補特伽羅自性、差別，隨眠妄見以為緣故計我我所，由此妄謂我見、我聞、我嗅、我嘗、我觸、我知、我食、我作、我染、我淨如是等類邪加行轉，若有如實知如是者，便能永斷粗重之身，獲得一切煩惱不住，最極清淨，離諸戲論，無為依止，無有加行。善男子！當知是名略說不共陀羅尼義。

譯文：對於雜染法、對於清淨法我說一切皆沒有作用，也沒有補特伽羅，因一切種離所為的緣故。雜染法不是先染後可轉淨的，清淨法也不是後轉淨先前是染垢的。凡夫眾生於有漏五蘊的粗重身起執著諸法、補特伽羅有自性差別，這是由於凡夫眾生以隨眠種子和妄見以為緣而遍計有我和我所，並由此妄見而認為有我見、我聞、我嗅、我觸、我知、我食、我作、我染、我淨這樣等類的邪加行轉。如果能如實地知道這樣的道理，便能永斷煩惱的粗重之身，獲得一切煩惱不住，最極清淨，離諸戲論，無為依止，無有加行。善男子！應當知道這是略說不共陀羅尼義。

9. 如來心生起的原因：

原文：善男子！先所修習方便般若加行力故有心生起。善男子！譬如正入無心睡眠，非於覺悟而作加行，由先所作加行勢力而復覺悟；又如正在滅盡定中，非於起定而作加行，由先所作加行勢力還從定起。如從睡眠及滅盡定心更生起，如是如來由先修習方便般若加行力故，當知復有心法生起。

譯文：善男子！這是由於先前所修習方便般若加行力的緣故而有心自然生起。善男子！這好像正入無心睡眠的人，不是在睡眠中作覺醒的加行，而是由於睡前所作的加行勢力而使其覺醒；這又像有情正在滅盡定中，其在定中不作起定的加行，是由於入滅盡定之前所作的加行勢力使其從滅盡定出。像從睡眠和滅盡定中的心再生起一樣，如來由於先前修習的方便般若加行力的緣故，應當知道再有心法生起。

10. 如來境界五界：

一者有情界，二者世界，三者法界，四者調伏界，五者調伏方便界。

11. 穢土八事易得：

一者外道，二者有苦眾生，三者種姓家世興衰差別，四者行諸惡行，五者毀犯尸羅，六者惡趣，七者下乘，八者下劣意樂加行菩薩。

穢土二事難得：

一者增上意樂加行菩薩之所遊集，二者如來出現於世。

1.《藏要》第一輯，《解深密經》。
2.《大正藏》第十六冊，《深密解脫經》、《解深密經》、《佛説解節經》、《相續解脫地波羅蜜了義經》、《相續解脫如來所作隨順處了義經》。
3.《大正藏》第三十冊，《瑜伽師地論》。
4.《大正藏》第三十一冊，《顯揚聖教論》、《成唯識論》。
5.圓測法師，《解深密經疏》，金陵刻經處版、佛陀教育基金會版、《卍新纂續藏經》版第二十一冊。
6.歐陽竟無居士編，《解深密經注》，金陵刻經處。
7.太虛大師，《太虛大師全書》精第七冊《解深密經綱要》，《解深密經——如來成所作事品講錄》（臺灣善導寺佛經流通處出版，財團法人印順文教基金會，一九八〇）。
8.演培法師，《諦觀全集》第七冊，《解深密經語體釋》（臺灣天華出版事業有限公司，一九八六）。
9.巨贊法師，《現代佛學》，一九五九年一月號（總一〇一）；一九五九年二月號（總一〇二），《〈解深密經·無自性相品〉述意》。

10. 濟群法師，《內明》第二四六期，《〈解深密經〉與唯識思想》；《〈解深密經〉要義說》，《解深密經講義》，網路版。

11. 韓清淨居士，《瑜伽師地論披尋記》，網路九校版。

12. 智藏論師造，韓鏡清居士譯藏為漢，《瑜伽師地論攝抉擇分所引解深密經慈氏品略解》。

13. 宗喀巴大師著，法尊法師譯，《宗喀巴大師集》（第四卷），《依止〈解深密經〉辨了不了義》（民族出版社，二〇〇三）。

14. 《佛光大詞典》電子版。

15. 《中華佛教百科全書》電子版。

16. 《中國百科全書》（佛教篇）電子版。

17. 《丁福保佛學大詞典》電子版。

白話佛經

解深密經

2013年1月初版　　定價：新臺幣290元
有著作權・翻印必究
Printed in Taiwan.

主編　賴永海
譯注者　趙錠華
發行人　林載爵

出版者　聯經出版事業股份有限公司
地址　台北市基隆路一段180號4樓
編輯部地址　台北市基隆路一段180號4樓
叢書主編電話　(02)87876242轉203
台北聯經書房：台北市新生南路三段94號
電話：(02)23620308
台中分公司：台中市健行路321號
暨門市電話：(04)22371234ext.5
郵政劃撥帳戶第0100559-3號
郵撥電話：(02)23620308
印刷者　文聯彩色製版印刷有限公司
總經銷　聯合發行股份有限公司
發行所：新北市新店區寶橋路235巷6弄6號2樓
電話：(02)29178022

叢書主編　簡美玉
編輯　梅心怡
特約編輯　吳淑芳
校對　蘇淑惠
封面設計　陳文德
內文排版　翁國鈞

行政院新聞局出版事業登記證局版臺業字第0130號

本書如有缺頁，破損，倒裝請寄回台北聯經書房更換。　ISBN 978-957-08-4120-6 (平裝)
聯經網址：www.linkingbooks.com.tw
電子信箱：linking@udngroup.com

本書中文繁體字版由中華書局（北京）授權出版

國家圖書館出版品預行編目資料

解深密經/賴永海主編．趙錠華譯注．初版．
臺北市．聯經．2013年1月（民102年）．
328面．14.8×21公分（白話佛經）
ISBN 978-957-08-4120-6（平裝）

1.經集部

221.761　　101025031